安全治理丛书

西南政法大学安全治理与社会秩序维护研究院
重庆大学外国语学院　　　　　　　　　　　　联合主持

但彦铮　彭　静　主编

ACADEMIC PRESS

A subsidiary of Harcourt Brace Jovanovich, Publishers

New York London Toronto Sydney San Francisco

哈考特·布雷斯－约万诺维奇出版社学术分社

执法的边界

警察惯常的行为方式

THE MANNERS AND CUSTOMS OF THE POLICE

〔美〕唐纳德·布莱克 — 著
DONALD BLACK

彭 静 代孟良 — 译 但彦铮 — 校译

社会科学文献出版社
SOCIAL SCIENCES ACADEMIC PRESS (CHINA)

献给赫尔曼及安妮·伊丽莎白·布莱克

安全治理与秩序的法律之维
（代总序）

法律与秩序，是人类社会两个永恒的主题。

20 世纪 70 年代以来，世界范围内确立的犯罪控制领域的所谓制度与思想模式，在进入 21 世纪初期之时，正面临着前所未有的挑战与巨大的变革压力。犯罪控制的制度与思想是由警察、法院、监狱等一系列国家机构所支配的，而所有这些国家机构在现代性来临时，就在安全与秩序的生产过程中占据了中枢地位。① 在任何时代和任何国家，有关犯罪及其防治的话题与主题往往不可避免地被卷入重大的社会与政治变革之中。尤其是自治理论在国内外兴起以后，有关犯罪、安全、风险与治理的理论及政策话题，不仅受到各国犯罪学、警察学（公安学）、社会控制、公共安全治理以及公共政策等相关学科理论研究者们的关注，更是各国政府在制定有关社会治理与安全治理方面的政策和法律时所重点关注的话题。有关犯罪治理、安全产品供给的话题，还涉及国家形象与能力（如"成功国家"与"失败国家"）的变化、公众对刑事司法的信任、公众对和谐稳定的社会秩序的期盼以及维护社会秩序、构建安全责任共担制、和谐社会的有序参与等传统和非传统社会秩序维护机制及其现代化重构问题。

当前，我国处于深化改革开放、加快转变经济发展方式的攻坚时期，如何有效地维护我国 21 世纪战略机遇期的社会稳定，成为当下政策制定者和学者们关注的重要话题。

---

① 〔英〕麦克·马圭尔、罗德·摩根、罗伯特·赖纳等：《牛津犯罪学指南》（第四版），刘仁文、李瑞生等译，中国人民公安大学出版社，2012，第 61~74 页。

平安是国家繁荣昌盛、人民幸福安康的前提。建设"法治中国"和"平安中国"是在中国共产党第十八次全国代表大会后，中共中央总书记、中央军委主席、国家主席习近平最早提出的实现"两个一百年"奋斗目标、实现中华民族伟大复兴的"中国梦"的重要战略举措。建设平安中国，事关中国特色社会主义事业发展全局，中国特色社会主义事业需要在一个和谐稳定的社会环境中稳步推进。深入推进社会治理创新是建设平安中国的基本途径，对推进国家治理体系和治理能力现代化具有重要意义。促进安全和维护社会秩序需要成本，保障安全和维护社会秩序的手段措施和方式方法需要明确的道义上的正当性。企图不受限制地满足对更多安全的渴望，会对公民自由与一般社会生活造成严重的否定性的影响。① 要处理好改革、发展与稳定和秩序的关系，就必须坚持法治观、制度观和治理观。维护社会秩序和实施安全治理，不仅需要正确的理论指导，还需要科学合理的制度设计以及充分且多样化的实践。因此，需要理论与实践有机结合，全社会共同参与，坚持"古为今用、洋为中用"的理念，兼收并蓄，立足国情和当前实际并放眼未来，充分发挥法治的引领和保障作用，积极进行理论创新、制度创新和实践创新，创造安全稳定的社会环境。

安全和平安是人们在满足基本生存和生理需要以后最基本的需求，安全治理以及社会秩序维护是人类社会的永恒主题，任何社会任何时候都有正常的社会秩序和安全需求。随着治理理论的兴起，国内各个学科也开始重视运用治理理论拓展研究领域。本研究团队长期从事警察学（公安学）、犯罪学和社会治安问题的研究，追踪研究国外安全治理理论的发展与各国开展安全治理实践的最新动态，特别关注自美国"9·11"事件以来，世界各国在警察权和反恐立法及实践方面的最新成果，试图将国外犯罪控制、警察科学、安全治理、刑事司法等方面的研究成果进行借鉴与吸纳，并结合中国的国情和实际，开展以问题为导向的实证研究，为公安学的理论体系和知识体系建构，为21世纪国家战略机遇期社会秩序维护和平安中国建设提供理论支撑。

---

① 〔英〕麦克·马圭尔、罗德·摩根、罗伯特·赖纳等：《牛津犯罪学指南》（第四版），刘仁文、李瑞生等译，中国人民公安大学出版社，2012，第653页。

随着 21 世纪全球化的不断发展，国家在保障公民安全方面的方法和途径发生了巨大的变化，引发了人们对于安全对美好社会的作用以及保障安全的机构等重大规范性问题的关注，也提出了如何界定安全和公共安全产品供应等具有挑战性的理论问题。国家治理（state governance）是自阶级社会以来最重要的政治现象之一，其本质在于通过其属性及职能的发挥，协调和缓解社会冲突与矛盾，以维持特定的秩序。关于治理的概念，让-皮埃尔·戈丹认为，"治理"（governance）这个词本身就是问题之源。他认为，"治理"有多种角度的解释，但"如果说治理是一种权力，那它表现为一种柔性且有节制的权力"；他还认为，"治理这个词从 13 世纪起就在法国阶段性地流行过，其最初的意思在很长时间内都可以和'统治、政府'（一直沿用至今）以及'指导、指引'画等号"。最新的研究成果显示，"在 17 世纪和 18 世纪，治理是关于王权和议会权力平衡的讨论所涉及的重要内容之一，而在那个时代，王权在实现过程中开始依靠一些新的原则，而从这些新原则中，诞生了公民权利和市民社会理念"。① 这一理念一直延续至 21 世纪，并有了新的现代内涵。治理是指对警察政策的形成与方向的宪法性、机构性安排。②

20 世纪 90 年代末以来，国内学术界开展了治理理论和实践的研究。随着研究的深入，西方治理理论与中国本土治理理论的错位现象逐步凸显，国家发展和治理的实践表明，治理理论只有在本土化的基础上才能实现理想的重塑。在运行意义层面，"社会治理"实际是指"治理社会"。换言之，所谓"社会治理"，就是特定的治理主体对社会实施的管理。在制度层面，国家治理、政府治理和社会治理的目标都指向在坚持中国特色社会主义根本和基本制度的前提下，破除一切不适应生产力发展要求的体制机制，创新释放生产力和社会活力的体制机制，以完善和发展中国特色社会主义制度。③ 面对 21 世纪全球化背景下社会转型的大趋势，必须探索出符合本国国情的社会秩序维护与安全治理的基本理论、制度和实践路径。

---

① 〔法〕让-皮埃尔·戈丹：《何谓治理》，钟震宇译，社会科学文献出版社，2010，第 4 页。
② 〔英〕麦克·马圭尔、罗德·摩根、罗伯特·赖纳等：《牛津犯罪学指南》（第四版），刘仁文、李瑞生等译，中国人民公安大学出版社，2012，第 651 页。
③ 王浦劬：《国家治理、政府治理和社会治理的基本含义及其相互关系辨析》，《社会学评论》2014 年第 3 期。

"安全治理丛书"正是遵循这样一种基本的逻辑，进行知识谱系和理论体系的建构与实践验证：借鉴其他学科发展的历史经验，首先进行中西古今比较，以问题为导向，对当前我们在维护社会秩序中面临的犯罪问题、安全治理问题和其他社会治理问题开展实证研究，真正形成具有中国特色的社会主义社会秩序维护和安全治理理论。该系列丛书是西南政法大学安全治理与社会秩序维护研究院整合校内外资源，紧紧围绕"深化平安建设，完善立体化社会治安防控体系"这一目标，以警察学（公安学）为支撑，依托法学、政治学和社会学等相关学科，围绕"平安中国"进行跨学科研究的成果。①

为了全面、详细和系统地了解安全治理的理论渊源、制度变革及政策实践，本系列丛书包括三大部分：最新的警察学、社会与犯罪治理、安全治理的国外译著丛书；我国近代社会治理与安全管理的理论与相关古籍整理的勘校丛书；以问题为导向，对当今社会秩序维护与安全治理问题的实证研究和理论创新著述。

为此，我们与社会科学文献出版社合作，陆续推出了"安全治理丛书"第一批译著，包括《警察学百科全书》《警察学导论》《古罗马公共秩序》《冲突与控制：19世纪意大利的法律与秩序》《警察：街角政治家》《英国警察：权力与政治》《警务与警察权导论》《执法的边界：警察惯常的行为

---

① 安全治理与社会秩序维护研究院项目，起源于2009年11月28～29日，我在中南财经政法大学主办、刑事司法学院承办的"中国刑事司法改革与侦查理论研究学术研讨会"上，做的题为"安全治理理念的兴起与警察学理论转型"的一个简短的报告，认为司法体制改革应该从警务模式和警务观念的转变开始，关键是要配置好国家权力与公民权利的关系，并提出转型的具体设想（具体信息参见中南财经政法大学刑事司法学院新闻网，http://gaxy.znufe.edu.cn/A/? C‐1‐272.html，以及物证技术学实景图像库网站，http://jyw.znufe.edu.cn/wzjsx/xwzx/200912/t20091202_21260.htm）。随后，我便开始着手社会与安全治理方面的"知识谱系"的建构。该科研平台项目自2010年开始获得西南政法大学中央财政支持地方高校发展专项资金的资助，2012年7月27日由重庆市财政局以《重庆市财政局关于下达2012年中央财政支持地方高校发展专项资金预算的通知》（渝财教〔2012〕154号），正式获得批准，2013年开始实施。其主要发展目标是为警察学（公安学）的研究和学科建设提供理论支撑、实践经验和国内外有关维护社会秩序及实施安全治理的"知识谱系"参考。"安全治理与社会秩序维护研究系列丛书"，是该平台项目的系列成果，主要关注国际国内维度的安全治理的理论及实践，包括与犯罪控制、社会秩序维护、公共安全服务等有关的内容，主要从警察学（公安学）基础理论、犯罪控制与秩序维护视野下的社会秩序维护与安全治理（包括反恐警务）、制度安全与现代国家制度建设、文化安全与文化国家建设等维度，进行理论研究。

方式》《风险社会中的警务》《可疑文书的科学检验》。今后还将陆续推出《安全治理、警务与地方能力》《以使命任务为基础的警务》《警察绩效评估》等经典译著。该系列译丛，以警察科学的知识和理论体系的建构为主要内容，既有百科全书式的巨著，又有西方警察发展历史及警察学教材，还包括当代警务改革、警察科学理论以及安全治理理论发展方面的最新著作。这些著作的译述，能够帮助我们了解西方警察学的发展历程及最新发展成果。

我们又与知识产权出版社合作，推出了"社会治理丛书"，包括《警务发展与当代实践》《警察的政治学分析》《新警察学——国内与国际治理中的警察权》《21世纪的安全与通过环境设计预防犯罪（CPTED）——关键基础设施保护的设计与犯罪预防》《解读警察文化》《澳大利亚警政》《警察权、公共政策与宪法权利》《跨国法律秩序与国家变革》《德治：道德规则的社会史》等译著和著作。该系列丛书中的译著，主要关注各国运用警察学、犯罪学和相关理论维护社会秩序和开展安全治理活动中的做法，兼具理论与实践。同时，该丛书还包括部分以我国当前的社会治理问题为导向，进行专题实证研究的学术著作。

"读史可以明智"。"了解和熟悉历史才能把握现在；研究并洞悉现在才能展望未来。"警察在社会与安全治理的过程中，具有十分重要的地位。我国的现代警察制度肇始于清末新政时期，在民国时期得到长足发展。一批受过警察学专业训练的学者和实务人士在培养新式警察和进行现代警察制度研究方面发挥了积极作用，特别是他们以法治视角去观察和思考警政制度，形成了较为优秀的学术成果。这些成果既力图与当时的域外警察研究接轨，呈现对当时来说较为先进的理念，也致力于结合国情，总结中国式治理经验。为此，我们与法律出版社合作，推出了"民国时期警政研究勘校丛书"。该丛书收录了民国时期警政研究的代表性作品，是一套兼具警政研究学术价值、警察制度史料价值和警政实务现实意义的优秀丛书，丛书作者都是民国时期的专家。其中，有内容全面的《警政全书》，有给当代以学术滋养的《警察法总论》，也有关注特殊地域的《乡村警察的理论与实验》，还有梳理历史的《中国保甲制度·里甲制度考略》，等等，十几本著作各有鲜明特色。从这些著述中，我们能把握民国警政研究的基本面貌和内核。同时，我们还与知识产权出版社合作推出

"中国近代社会基层治理勘校丛书"，通过历史透镜，审视近代中国乡村社会的村治历程及经验，为我们思考当今新型城镇化背景下的农村社会治理提供历史借鉴。

尽管时代发生了诸多变化，但是，近现代的实践和当时学者的思考、研究和建言，仍然具有一定的借鉴意义。有些做法，我们未必赞成，但足以引起思考；有些做法，值得我们借鉴，则更见现实意义；有些做法，已显得不合时宜，但反观其与当时时代的紧密联系，也足以给我们启发。尽管有些学者在当时所处的政治立场不同、身份特殊，但他们的观点不乏真知灼见。历史经验告诉我们，不仅要有科学的理论武装，而且还必须立足于保障"最大多数人的最大利益"，有正确的实践，才能取得治理的成功。"温故而知新"，我们还可以说"温故而创新"。希望这种"外译"和"温故"的工作足以让我们在当代警政研究和推进警政的高度法治化过程中"知新"，进而做到"创新"。"沉舟侧畔千帆过，病树前头万木春"，我们期盼这些著作的重新勘校，能让读者以现代的眼光审视这段历史中有关社会与安全治理的理论、制度及实践，从而做到古为今用、开卷有益。

我们深信，在全面推进依法治国、建设中国特色社会主义、实现"两个一百年"奋斗目标、实现中华民族伟大复兴的"中国梦"的历史征程中，通过对古今中外有关安全治理和社会秩序维护的理论、制度及实践的梳理，可以进一步提升理论水平，增强对中国特色社会主义理论、道路、制度和文化的自信。牢牢把握推进国家治理体系和治理能力现代化的总要求，主动适应新形势，切实增强理论研究的前瞻性，坚持立足当前与着眼长远相结合，发挥法治的引领和保障作用，积极推动社会治理与平安建设的理念、制度、机制、方法和实践的创新，为创造安全稳定的社会环境，提供国内外的理论借鉴与实践经验参考。

最后，本研究得以实施，得益于财政部中央财政支持地方高校发展专项资金建设规划项目，感谢支持该项目立项和为该项目获得批准而付出辛勤劳动的所有人员。该系列丛书中的译著得以翻译出版，要感谢西南政法大学外国语学院、重庆大学外国语学院的很多老师和翻译专业研究生的参与，要特别感谢他们的支持与谅解，尽管对青年学者及研究生而言，翻译国外著作可能是一种培育和鞭策，但同时面临着语言、专业及能力等诸多挑战，即便我们用尽了"洪荒之力"，仍有可能存在不足与问题，万望各界专家海涵并指正。对参与该项目的所有同事、学界同人以及出版社的朋友，对他们对本系列丛书能够克服重重困难得以顺利出版所给予的支持、鼓励和体谅，在此表示由衷的感谢！

西南政法大学

安全治理与社会秩序维护研究院但彦铮

2015 年 12 月·山城重庆

前　言

本书标题（*The Manners and Customs of the Police*）并不新颖，但是与本书要表达的精神内涵和文章内容是一致的。这个标题会让人联想到一个世纪前的人类学著作，有关探险腹地的调查报告，以及被视为异域风俗甚或野蛮的鲜为人知的部落奇遇。同之前的研究一样，本书主要基于田野调查，在研究目的、风格和呈现方式上也有相似之处，而且有更多的科学依据。本书的研究对象是当代美国的警察行为。具体考察的并不是所有警察的"行为方式"（manners and customs），而是警察作为执法者的行为方式。本书旨在把执法行为作为一种自然现象看待。

本书第 1 章阐释了作为法律职业的警察工作，讨论了如何运用法社会学理论来预期并解释警察工作，证实了该理论在不同的警察研究背景——包括巡逻、侦查、风化行为处理、青少年案件办理、贫民区执法、交通执法以及遏制骚乱等工作——方面的相关性。第 2 章考察了案件如何引起警察和其他执法人员的关注，以及运用法律实施大规模社会控制这一过程的意义。接下来的三章呈现了对三个城市巡逻警察的观察结果，考察了他们的日常工作，涉及他们把某行为界定为犯罪和实施逮捕的条件，以及他们处理熟人纠纷（如丈夫和妻子、父母和孩子以及邻里之间）的模式。最后一章由 M. P. 鲍姆加特纳（M. P. Baumgartner）与笔者共同撰写，探讨如何鼓励人们自己处理冲突，而不是依赖警察和司法人员。最后，本书附有关于法律作为科学测量中的问题的说明（首次发表于一份西德的期刊），以及在三个城市所使用的调查表格。

首先需说明的是，本书收入了已发表的文章，因而存在一些不足之处。一方面，文章内容上，一定程度的重复是不可避免的；另一方面，由于许多文章是在 1970~1979 年完成的（书稿的完成时间跨度较大），在分析方法甚至写作风格上，章与章之间并不完全一致。比如导论部分和第 5 章"警察解决纠纷"与其他章节的差异尤其明显。同时还必须提及另一个局限：实地观察是在数年前完成的（1966 年对三个城市展开的研究）。因此，调查的结论不可能完全适合今天的警察行为。从理论的角度来看，这不是最重要的，与法学理论有关的数据甚至更为久远，但是对调查结果有兴趣的读者应该谨慎（尤其是关于种族歧视问题，在第 4 章"结论"部分有一个简要的评论）。这些调查结果仍以现在时态出现，这是人类学中称为民族志的现在（ethnographic present）的惯例。所有这些努力，都是希望保持某种平衡，也希望本书的研究具有一定的实用和理论价值。

本书是对密歇根大学社会学系社会组织研究中心的小阿尔伯特·J. 赖斯（Albert J. Reiss，Jr.）负责的项目的一个总结，该项目始于 20 世纪 60 年代早期。1964 年夏天，笔者作为一名研究生加入该项目，率先研发了一种分析报警电话的技术（根据掌握的录音），并且在总统执法和司法行政委员会（President's Commission on Law Enforcement and Administration of Justice）的赞助下（1966~1967 年），考察了底特律警察局负责巡逻和青少年事务的警察的行为（1964~1965 年）。之后与赖斯（Reiss）教授合作执行了对波士顿、芝加哥和华盛顿的巡逻警察工作的实地考察。本书的第 2~4 章来自笔者的博士论文，是对三个城市的研究，于 1968 年完成。在接下来的几年里，笔者继续致力于这方面的研究，开始是作为耶鲁大学法学院拉塞尔·塞奇（Russell Sage）委员会的成员（1968~1970 年）——一个由桑顿·惠勒（Santon Wheeler）和亚伯拉罕·S. 戈德斯坦（Abraham S. Goldstein）指导的项目——后来成为耶鲁大学社会学系成员（1970~1979 年）。本书最终在由詹姆士·沃伦伯格（James Vorenberg）和劳埃德·E. 奥林（Lloyd E. Ohlin）成立的哈佛大学法学院刑事司法中心完成。

笔者在每一章都向许多人和组织表达了感谢，感谢他们的建议和支持，同时感谢最初发表本书有关章节的期刊。此外，笔者很荣幸获得耶鲁大学行为科学出版基金的资助并完成此书。马尔科姆·M. 菲利（Malcolm M. Feeley）、彼得·K. 曼宁（Peter K. Manning），劳伦斯·W. 谢尔曼（Lawrence W. Sherman）从整体上为本书提供了修改意见。本书手稿由艾琳恩·伯恩斯坦（Arlene Bernstein）、安娜·科伊尔（Anna Coyle）、凯茜·基廷（Kathy Keating）和玛丽·马克萨（Marry Markiza）打印。出版社的工作人员也提供了大量的帮助。最后，借此机会还要感谢莫伦·米勒斯基（Maureen Mileski），感谢她对这个项目的重要贡献，同时还要感谢笔者在哈佛大学的助手兼同事鲍姆加特纳（M. P. Baumgartner）多年来给予的巨大帮助和鼓励。

目　录

CONTENTS

第 1 章 导论*

对警察行为的理解，与对自然界其他事物的理解一样，可以有不同的角度。例如，警察作为一种职业，拥有自己的亚文化及关于招募、社会化、社会分层以及流动性的模式（Wilson，1963，1964；Westley，1970；Van Maanen，1974）。警察部门是典型的官僚行政机构，这本身就为研究警察提供了主题（Peabody，1964；Skolnick，1966；Reiss and Bordua，1967）。警务关涉政治（Wilson，1968；Muir，1977）、人际关系（Preiss and Ehrlich，1966；Sykes and Clark，1975），甚至关涉戏剧与文学艺术（Manning，1977）。事实上，可以从社会科学中几乎任何一个角度对警务工作进行实证研究。尽管如此，关于警务工作最受认可的一个方面却是：警务工作是一种社会控制，一种对越轨行为进行界定并做出反应的权力体系。警察是处理公民投诉并对他们自己所定义的侵犯行为提起诉讼的法律官员。警务工作可以说是法律生活中最引人注目的：它与大多数人密切相关，也可能是最具争议性的。即便如此，现有已经发展成型的科学理论，很少能够预测和解释为何在不同环境中，警务工作会发生不同的变化。

本章要说明如何将法社会学理论应用于警察行为的研究。本章首先讨论这样一种观念，即警务工作被当作一种法律存在来理解，相应地，警务也被视为一种在社会空间中的位置和方向上会发生变化的法律现象来理解。随后的各节主要介绍在当代美国城市中进行的一项警务调查，该项调查涉及巡逻工作、犯罪侦查工作、风化警务工作、青少年、贫民区、交通执法以及骚乱等方面的问题。这些调查的每一项内容都是对警察主要活动的描述。此外，本书还对法社会学理论提出了质疑。总之，这项调查也为本书研究内容提供

---

* 鲍姆加特纳（M. P. Baumgartner）对本章的初稿提出了评论意见。

了一个开端。虽然接下来的章节主要与巡逻警察的日常工作有关，但是将警察通过法律实施社会控制的问题放在巡逻工作的背景下来认识，仍具有重要意义。

1.1　法律层面的警务工作

法律可以被理解为一种可量化的变量，即定量变量（quantitative variable），在某种程度上说，人们通过法律在整个国家体系结构内对越轨行为进行界定和回应（Black，1976：2-3，1979b）。① 越轨行为发生得越多——不论是在个案中还是在诸如社区或社会这样更大的环境下——产生的法律就越多。例如，在民事案件中，一起诉讼就意味着法律的增加，因为它将某个人或团体的行为定义为不受欢迎的行为。如果原告（或起诉人）获胜，又会再次增加法律的量（quantity of law），因为法院的判决结果是对控诉的正式认可。如果法院判决赔偿原告的损失，法律的量也会增加，并且赔偿数目越大，法律的量的增加就越多。与此类似，在刑事案件中，法律的量随着起诉行为和判决结果的增加以及惩罚严厉程度的提高而增多。

同样的道理，警察通过众多的方式决定着法律的量，因为他们有能力在不同的情境中进行或多或少的社会控制。例如，当一位公民向警察打电话投诉时，接电话的警察可能派出巡逻车去处理，也可能置之不理。如果派了一辆警车，便意味着已把法律引入该投诉情境之中，因为这相当于对这起投诉赋予了官方的正式认可。② 到达现场后，受派遣处理这起案件的警察如果填写了一份涉嫌犯罪的正式报告，就会进一步增加法律的量，如果进而通知刑事犯罪侦查局（detective bureau）处理此事，就有引发更为广泛深入的调查

3

---

① 出于这些目的，如果某行为被认定为不受欢迎，那么该行为就会被视作越轨行为，而不管其是不是一种"不适当的"（wrong）行为、一种"滋扰"（nuisance）行为、一种"骚乱"（disturbance）行为、一种"危险的"（dangerous）行为、一种"疏忽大意的"（negligent）行为、一种"变态/病态的"（sick）行为或其他任何行为。

② 关于法律和社会控制的观点忽略了某些情况下警务工作与越轨行为无关的问题。例如，当医疗问题与冲突不相关时，协助解决医疗问题不应该被理解成法律的分配，即使是警察大量的时间被以这种方式占用。同样的道理，帮助找回失踪儿童、帮助处于困境的机动车辆驾驶人员、处理安全隐患（如倒下的树木或掉在地上的电线）以及其他服务类的工作，更适合放到助人行为（helping behavior）的社会学问题中进行研究。

的可能性，甚至可能实施逮捕。警察到达现场发现被指控的嫌犯时，他们可以自行决定是否实施逮捕——从而可能使法律增加，或者选择以相对次于逮捕的方式，对某个人或多个人进行讯问、搜查、警告或者训诫等，以此来行使他们的法定职权。无论什么时候，只要警察以官方身份行动，他们的各种社会控制行为，包括被某些人认为的残忍惩罚方式，都可以被理解为法律的运作。因此，警察在任何情况下运用绝大部分法律的行为，都是凭借自己的法定职权对人们生活的一种干预。

还应当指出的是，法律在其运作方式方面是有变化的，同样，在法律的量的方面也会发生变化（Black，1976：4-6）。一般来说，社会控制的方式与警察有关，由于警察工作的对象常常是那些被视为违反了刑法中禁止性规定并理应受到法律惩罚的人，因而与警察相关的社会控制方式具有刑罚上的特征。但是在某些情况下，警察也会采用其他的社会控制方式。其中一种就是调解模式（conciliatory style），这一方式强调恢复社会和谐而不是惩罚违法犯罪者。在处理家庭成员间或邻居间这种有持续往来关系的人际冲突时，警察通常会采用调解的方式（参阅第 5 章）。有时，警察也会采用社会控制的治疗模式（therapeutic style），以处理需要帮助而不是惩罚越轨行为者的情况。这种情形经常发生在某人被确认患有精神疾病时。此外，警察有时甚至会采用社会控制的补偿模式（compensatory style），要求越轨者向据称受害的人支付损害赔偿。总之，在警察工作中涉及的法律的量和法律运作方式都不是毫无根据的，每一次法律的量的变化都必须得到解释。

1.2　社会空间的关联性

法社会学理论通过法律在社会空间中的位置和方向来预测和解释法律的变化（Black，1976）。社会空间有多个维度，并且每一个维度都与预测和解释法律的每一种表述有关。具体包括：会造成财富分配不均的纵向维度；描述人际关系分布情况的横向维度；与社会生活有关的象征性方面的文化维度；涉及人们集体行动能力的团体维度；以及由权威和社会控制分配决定的规范维度（Black，1979c）。例如，根据法律在纵向空间中的偏高或偏低，或者根据法律上行或下行的方向，可以预测和解释一个极其富有的人投诉一个相对富有的人时法律的量和方式，反之亦然。法律也会随着互动结构的位 4

置和方向的不同而发生变化。例如，涉及争议双方的关系距离或他们融入社会生活的程度时，法律也随着由族裔群聚（ethnic enclaves）或生活方式分隔限定的文化空间中的位置和方向的不同而改变。法律还会随着人们在不同组织之间以及组织内互动程度的不同，以及在其他社会控制机构——比如家庭、学校或教堂——所定义的规范秩序中的位置和方向的不同而变化。

例如，法社会学理论预测，当一个地位较高的人投诉一个地位较低的人时所涉及的法律的量，比起一个相反方向的投诉所产生的法律的量会更大（Black，1976：21，50，65，92，114）。这意味着比起一个上行的诉讼，下行的诉讼发生的可能性更大；比起一个下行的犯罪行为，一个上行的犯罪行为可能受到更严厉的惩罚；比起一个地位较低的人，一个地位较高的人更有可能得到法院的撤销判决；等等，依此类推。在横向投诉的情况下——身份地位相当的人们之间——法社会学理论预测，当一方当事人的地位提高时，涉及的法律也将增加。至于在法律和相关距离或熟悉程度的相互关系上，该理论预测，在同一社区或社会圈内，法律的量将直接随着人们的关系距离而变化，关系越是疏远，法律的量越多。① 因此，与亲属或朋友相比，人们更可能对陌生人提起诉讼；与侵犯他们的至交好友（intimates）相比，法院对实施侵犯行为的陌生人的判处会更严厉；等等，依此类推。下面是来自法律理论的另一个命题：法律与其他社会控制成反比（Black，1976：107）。这意味着在非法律性权力越强的地方，例如，父母和孩子之间、丈夫和依赖其经济支持的妻子之间，或者雇主和员工之间，求助于法律的情况相对而言就比较少。如果一个受到非法律性权力影响较大的人被告到法庭，不出所料的话，法院的判决会相对宽容些（这就解释了为什么青少年和女性比起成年人和男性来，通常会得到不太严厉的处理结果）。以上这些以及与其类似的公式化表述，预测和解释了在整个社会环境下法律的变化。例如，预测谁对谁提起诉讼，谁会在法庭上获胜，谁会得到更多或更少的补偿、调停和帮助（例如精神医疗），甚至在刑事诉讼程序中，谁会被以何种方式处罚，以及

5

---

① 这里的关系距离不仅可以通过人们之间的交往范围、频率以及相互关系的持续时间来测量，还可以通过他们之间的社交网络的本质关系和数额来测量（Black，1976：41）。另外，严格来说，法律和这类关系距离之间是一种曲线型而不是直线型的关系，因为在隔着最远距离的人们之间，几乎不存在法律上的关系，比如生活在不同社会或部落的人之间（Black，1976：41-43）。

处罚的严厉程度有多大。法社会学理论可以告诉我们：一个群体或一个社会圈是否存在法律的运作，如果存在，法律的量是多少，并且会以何种方式出现。这一理论同样可以应用于警务工作。

法社会学理论表明，警务工作将随着它在社会空间中的位置和方向而改变。这就意味着，警务工作——比如警察处理个案的方式，取决于被指控的罪犯与原告或受害者的社会特征，以及当事人之间关系的本质特征。它也取决于警察自身的特点以及他们与所涉公民的关系。例如，警察受理的投诉方向可能是上行的、下行的或水平的，并且在关系空间中的跨越度可能很大也可能很小。对于处理案件的警察，其身份可能比涉案公民的身份偏高、偏低或是相等，其可能与公民很熟悉或是不太熟悉。诸如这些变量，能预测和解释警察将如何处理每一起他们受理的案件，以及在通常情况下，他们将如何采取一系列的各种行为——例如，达到某种程度时，他们会进行何种资源分配以处理所受理的事件，是派便衣警察还是其他专业部门的警察去处理，抑或不了了之。同样，邻里或社区群体的社会特征，也能预测和解释警务工作的本质（Carroll and Jackson，1979）。

在所有这些场景中，理解跨越社会空间的警务工作的变化方式是可能的，包括较高或较低的社会地位的分布，下行或上行的投诉行为，在亲密结构之中和相互之间的关系，组织以及亚文化的结构，以及有无其他社会控制方式的存在。由于法社会学理论假设，警察行为大体上遵循与法律生活一样的原则，因此对警察的研究可能受到其他法律知识的启发，反过来，警察研究本身也有助于构建更庞大的知识体系。它可以通过提供自己的场景范围来检验法律理论，并在必要时对其进行完善，提出可以推广到其他法律现象的公式化表述来做到这一点。事实上，每一项警务工作——巡逻工作、侦查工作、查禁色情等不道德行为的风化警务工作（vice work）等——都提供了这种机会。现在，我们首先来看看警察的巡逻工作。

1.3 巡逻工作

巡逻警察是警察部门的基层力量，男性警察（以及不断增加的女性警察）身着统一制服，驾驶配备有无线电的警车，或是列队迈着整齐的步伐巡行于公共场所，处理他们自己或其他人认为值得警察注意的各类案件。（有关巡逻和其他警务工作方面的参考文献目录，参阅 Manning and Van Maanen，1978：附录；对于定量研究的述评，参阅 Sherman，1980b）。巡逻警察所处理的绝大部分案件，是普通公民拨打报警电话要求巡逻警察为他们提供服务（Black，1968：45；Black，1973）。由于警车通常是警方为了应对公民的这些需求而调度派遣的，[①] 因此，巡逻工作的社会位置和方向，在很大程度上是由公民决定的，而不是由警官自己决定的。这就意味着最为常见的情况是，最初是由公民而非警察来定义何种行为应当被视为"犯罪"，或者至少在某种程度上说，正式的官方警力派遣行为最初是由公民所决定的。需要补充的是，电话报警本身就意味着法律的增加，并且一般而言，运用法社会学理论的原则，可以解释选择案件的模式（Black，1976，1979a；Gottfredson and Hindelang，1979）。例如，由于法律与社区中人们的关系距离成反比，因此，与侵犯方是自己朋友或亲戚相比，人们面对陌生的侵犯者更有可能呼叫警察。而且，法律与其他类型的社会控制成反比，即比起生活在平等家庭或平权家庭（egalitarian families）下的人们，父权家庭（patriarchal families）中的人们不太可能呼叫警察来处理他们的家务冲突（参阅第 5 章第 124～128 页）。理论上，用这种方式来预测和解释呼叫警察的每一通电话是可行的。

---

① 该概括归纳建立在目前作者对报警电话的分析基础之上，作者于 1964 年 4 月 21 日对芝加哥警察局接到的报警电话，以及在通讯中心总机交换台负责处理这些呼叫电话的警官所做出的回应进行了分析。（为了分析，听取和查看了报警电话谈话录音和编码内容。）在 24 小时内，记录了 6172 个报警电话，58% 的报警电话涉及投诉犯罪或其他扰乱社会秩序的行为；23% 的报警电话是请求援助，诸如医疗急救和交通事故等请求事项；11% 的是咨询信息，如有关法律或法律程序的问题；4% 的报警电话涉及向警察反馈一些信息，如失踪或走失人员的归来；3% 的报警电话是投诉警察自身，通常是由于他们在最初接到报警电话之后未能及时出警。（进一步的详情，参阅 Reiss，1971b：70-72；Bercal，1970）82% 的报警电话要求警察派遣警车，其中确实调派警车出警的占 84%。8% 的报警电话中，警察则告诉报案人该问题将被转移至其他部门，尽管不能肯定是否实现转交。4% 的报案人被告知向其他地方寻求帮助，如所属辖区警察分支机构或其他政府机构。2% 的报案人被告知该要求不合理，在另外的案件中（5%）他们被劝说撤回投诉。在另外 1% 的报警电话中，警官未做解释只是简单告知该问题是一个民事案件（civil matter）而不是警察事务（police business）。此外，当报案人喋喋不休时，1% 的报警电话遭到了挂断。然而，应该承认警察回应电话的情况随着城市的不同而不同（参阅 Manning，1980b）。在同一座城市中，警察也会根据紧急程度不同而做出不同回应，在一些案件中会立即调派警察，而在另一些案件中则不会调派警察。巡逻车本身也会在一些案件中做出不同的回应，一些案件中会立即驱车前往，在其他案件中则是不慌不忙，甚至是磨磨蹭蹭（参阅第 5 章第 117 页）。（本书中标注的引用页码均为原书稿页码。——编辑注）对于一个现代部门的通信制度的综述，包括警察回应报警电话以及无线电调度（Rubinstein，1973：第 3 章）。

警察满足了大多数的报警要求，这本身就值得人们重视，尤其是针对在警务工作其他方面发现的大幅度变动。然而，从法社会学角度来看，警察行为的统一性并不令人惊讶，这是因为受理报警电话的警察对涉事人员的社会特征知之甚少或者一无所知；换句话说，他们在处理报警电话时仅有少许的社会信息可供使用（Black and Baumgartner，1981：即将出版）。通常情况下，警察所获悉的信息仅有报案人的姓名、事件发生的地点以及电话另一端报案人的声音。这些资料提供了少量的有关报案人社会特征方面的线索，如报案人邻居的身份地位（如果这个人是从家里打电话）以及报案人可能的种族信息。然而，仍然有许多关于案件的社会特征的谜团有待进一步揭示。通常情况下，有关被指控的犯罪嫌疑人体貌特征的信息很少，或有待获取，或几乎没有。此外，在很多情况下，报案人并没有直接卷入事件本身，甚至连当事人的面部特征都不知道。

警察与公民面对面直接交谈所获取的信息，比公民通过报警电话给警察提供的信息更多。被派往事故现场的警察，通过与公民面对面的接触立刻就能知晓相关人士的种族信息，此外，由于他们通常会观察这些人的生活环境，就能估计出这些人的社会阶层与生活方式。随着直接面谈的深入，警察可能会获悉许多有关该事件在社会空间中的位置和方向上的信息，包括当事人双方关系的本质特征、双方亲属的社会地位，这些人是否已为人父母、是否经济独立、有无固定工作、是不是邻里或小区住户、是不是累犯等——所有能预测和解释案件处理方式的信息（参阅，例如，Black，1970，1971；本书第 5 章）。设想一下，某人投诉其被他人打了一耳光，这可能发生在以下这些情景中：比如，原告可能是一位富有的白种外来人，在街上被一位社会底层的黑人青年缠住搭讪；或者是一位因丈夫下班归来时，未备好晚餐，而被丈夫毒打的家庭主妇；或者是一位因在赌债上争论不休而被朋友殴打的年轻人；或者是一个因不听从家长命令而被鞭打的孩子；或者是一名在街上被公民袭击的警察；再或者是一名受到警察侵害的公民。警察的反应将随这些案件情况的不同而产生巨大的变化。在一种极端情况下，被指控的犯罪嫌疑人很有可能被逮捕（如果受害者是陌生的有钱白人或是一名警官），然而在另一种极端情况下，投诉者自己可能被视为犯罪者（如果受害者是一名受家长鞭打的孩子，或是受警察袭击的公民）。或者设想一下可能发生强奸案的情形：男人和已婚女人之间、朋友之间、陌生人之间、身份地位相等的人之间，以及具有不同社会地位的人之间，等等。不难推测警察的回应会有怎样的变化。某一起强奸案可能引起人们对受害者的同情和关心，而另一起强奸案则有可能引起人们对受害人的冷漠甚至是歧视。在有的案件中，犯罪嫌疑人可能被视为一个重犯，而在另外一些案件中，犯罪嫌疑人仅仅是被责骂、被无视，甚或只是被给予一个会意的眼神。相似的模式在各种各样的案件中都有发生，因此，有关警察行为的任何概括与归纳，都必须置于该案件发生的社会背景之下。

中产阶层居住的郊区的巡逻工作，与底层阶层居住的市中心贫民区（the inner city）的巡逻工作有极大的差别；巡逻工作对熟人的态度有别于对陌生人的态度；对黑人的态度有别于对白人的态度（除非这些白人是，例如，美籍墨西哥人或美籍波多黎各人）；对成年人的态度有别于对未成年人的态度；对组织的态度有别于对个人的态度；等等。警察处理来自郊区的投诉会更为仔细，在其他方面相同的情况之下，他们很有可能视其为刑事案件（Black，1970：745）。面对社会地位较低的人们之间的冲突，例如贫穷的黑人与青少年，警察的处理会相对简单轻松些，熟人之间的冲突亦然。① 对于发生在丈夫和妻子之间的事件，诸如刺伤或严重殴打这类暴力事件，通常会被视作"家庭纠纷"处理（参阅第5章），如果受害者是作案者的朋友、邻

---

① 同一变量也与公众有关。例如，在作者观察到的一个案例中，一个黑人投诉当他癫痫发作的时候，有人偷走了他的贵重物品。当警官问他如果罪犯被拘捕的话，他是否会确认并签署该项投诉时，他的回答如下：

男：哦，先生，现在我还不知道如何对待那件事。我想这要看他是谁。我现在关心的是如何要回我丢失的东西。（他的姐姐也支持他的立场）

警察：你的意思是说你不关心他偷了你的东西，只要你能把你的东西拿回来吗？

男：唔，我说的意思是，这要看是谁干的。你查明是谁干的这件事，然后我会告诉你我想做什么。

警察：你的意思是说你首先要知道，他是你的朋友还是敌人，是吗？

男：是啊，是啊，你可以那么说。

每个人都咯咯地笑出了声，我们离开了。（作者的调查笔记）

上述例子源于作者1964~1965年在底特律对警务工作的观察结果。在警察每天24小时的日常例行巡逻活动（通常是8小时倒班）中，作者一直陪同他们进行巡逻工作，通过对8个不同的警察局辖区的巡逻工作进行的观察，收集到了最终的观察结果。巡逻工作的实地观察区，包括了一个宽泛的社会经济区域，从最贫穷的城市区域到最富有的城市区域。大部分的现场调查工作是与巡逻分队共同完成的（24个观测周期中有19个是与巡逻分队共同完成的），其余的部分是与警察局的青少年犯罪工作部门［青年事务局（Youth Bureau）］一起完成的。每一次的现场访问后，作者都整理制作了调查笔记（field notes），为本书的写作提供了大量的例证，在本书后面章节中也将有所引用。

居或亲属，其暗中偷走财物的行为则很少被视为"偷窃"。①

黑人之间的争吵——特别是生活在社会底层的黑人——即使涉嫌暴力或受到威胁，都可能被视为微不足道的事情。以作者观察到的一个案件为例，一个黑人态度恳切地向警察投诉，抱怨另一个黑人开车撞了他，却拒绝承担责任。二人怒目相视，相互争执，周围逐渐聚集了一大群人，但是警察似乎对此没有任何兴趣，仅仅让双方互报姓名，之后，警察就离开了。

> 很显然打斗已经不可避免，但这似乎没能使警察感到不安；因为他们只是想离开那里。泰德（Ted）（其中的一名警察）甚至说那个年长的黑人（被指控的犯罪嫌疑人）显而易见处于醉酒状态，其争吵感觉是在"说大话"。当我说双方马上就要开打了。我的意思是，当我们在那里的时候，我以为他们要开始挥拳相向了。当我们开车离去时，弗兰克（Frank）（泰德的搭档）转身对我说："你听说过吗，他们黑人简直就像是一群黑猩猩②？"（作者的调查笔记）③

当接线员转接的某个报警电话涉及黑人时，警察可能从根本上设法回避处理该事件。例如，在一起被指挥中心调度员描述为"家庭纠纷"的案件中（警察知道涉事人员是社会底层黑人），警察到达时会极轻地敲门，显然是故意想让寻求帮助的人不知道他们已经到了。

> 正当我们走到破败的砖瓦房的门口时，哈罗德（Harold）（一名警官）说："大约一个月以前，我来过这里，男主人开门出来时手里端着一把霰弹猎枪。"吉恩（Gene）（哈罗德的搭档）什么也没说。当然，

---

① 很明显，这类模式削弱了犯罪率的有效性，而犯罪率是作为衡量整个社会空间中警察工作的标准（参阅 Black，1970；比较 Kitsuse and Cicourel，1963）。不用说，犯罪率仍然是针对人类行为的最糟糕的衡量标准，因为公民甚至不告知警方可能被视为犯罪的许多事件。

② 本书中的部分用词作为体现田野调查的原始资料，例如"黑猩猩""黑鬼"等，具有一定的实际意义，做保留处理。——编者注

③ 从一开始就应当承认，之所以选择这个例子以及在后文提到的更多的例子，仅仅是为了说明警务工作的变化种类正是法社会学理论所揭示的变化类型。不应该认为这些例子必然描述的是在各种情境下的典型警察行为；恰好相反，选择这些事例通常是因为它们是普通模式中的极端实例。

我们没有一个人直接站在这间房屋的门前。吉恩轻轻地敲了敲（防风暴或寒风的）防风门。没有人回应。我们能够听见屋里放着音乐，灯也亮着。尽管如此，吉恩没有再敲门，而是说："好吧，如果他们不开门，对我再好不过。咱们走吧。"因此，我们离开了，返回了警察局。（作者的调查笔记；把该案与第5章原书稿146页提及的案例相比较）。

另一个警察对黑人做了如下评论：

> 我最喜欢与劳动人民打交道——就像我自己这类人。最不喜欢与黑老鬼这类人打交道——我宁愿离他们远远的。（作者的调查笔记）

比起黑人之间的冲突，更不受警察重视的是黑人对白人的投诉。例如，一个警官曾告诉我一个他们曾经办理过的案件，这个案件涉及不同种族间的事情。

10
> 有一次我们得到了一个外勤（派遣）任务——有人受到威胁……当我们到达那里时，发现了一个大约16岁的黑鬼孩子，他说自己想去看望他的（白人）女朋友，当他到达女朋友的家时，她家的老头（父亲）告诉他，如果他再来，就会朝他开枪。我的天，这也正是我想说的！如果这是我的女儿，那黑鬼老是来缠她，我也会朝他开枪。（作者的调查笔记）

然而，如果这是白人对黑人青年的投诉，该案就会朝相反的方向发展。警察的反应肯定会完全不同。

总的来说，不管属于哪个种族，牵涉青少年的案件都可能出现这样的情形。青少年之间的冲突会被视为无足轻重的，无论是对报童的抢劫、恐吓和殴打，还是对其财产的损坏，都会受到怠慢。青少年投诉成年人受到的关注较少，这类投诉可能被无视，甚至因其自身行为的原因而受到责罚。相反，成年人投诉青少年则很可能被看作一个很严重的问题（参阅第5章第152~155页）。

根据处理案件警察的个性特征，以及卷入案件的每个公民之间相互关系的性质，同样能预测并解释警察的反应。例如，如果投诉丈夫施暴的女性是一名警官的姐姐或妹妹，警察可能更关心她的问题，然而，如果侵犯方是一个轮班在家休息的警官，警察会不太愿意采取行动去维护报案人的利益（参阅第 5 章第 174 页）。当当事人与警察是同一种族、民族，甚至是同一性别时，他们更倾向于同情与他们最相像的这一方（参阅第 5 章第 174～175 页）。

没电话需要处理时，巡逻警察大多做自己喜欢的事。尽管许多警察首先会利用这一时间进行放松和娱乐——包括在巡逻车里睡觉或喝酒、拜访朋友或看体育赛事——不过多数警察在这期间还是会做一些警务工作。一些警察几乎随时都保持着警惕，积极主动进取，不停地巡视他们认为可能值得他们去的地方，然而，另外一些警察似乎会抓住一切机会开溜，逃避责任。大多数人介于这两个极端之间，时不时进行一些适度的监视，通常情况下都处于一种放松的状态。（主要参阅 Rubinstein，1973：第 4～6 章；Kelling，Pate，Dieckman and Brown，1974：第 11 章）。那些被派到相对富裕地区的警察通常有最自由的时间从事他们喜好的各种巡逻工作。在贫民区，警察常抱怨他们负责的地盘（或巡逻区域）犯罪活动太"活跃"，以至于除了回应报警电话外，他们什么事也干不了；然而，在城郊巡逻的警察则更可能会抱怨他们的辖区是如此的"死气沉沉"，以至于让他们觉得无聊之极。然而，不得不承认，这些差异部分是警察局警务政策带来的结果，警察局根据警务政策的规定分派巡逻车：巡逻车的数量与寻求服务的报警电话的概率有关，越富裕的区域巡逻车就越多，从而这里的警察有更多的时间自由巡逻（*Yale Law Journal Editors*，1967b：882）。这样也使得临近街坊的警察能更好地保护该社区的邻里居民（虽然这也允许他们有更多的时间完全地回避工作）。他们能够更仔细地观察到"可疑情况"以及"正在进行的犯罪活动"，例如，在某些地方，当有要求时他们会提供一些特殊的服务，诸如当房屋主人外出度假时，检查暂时没有人住的房屋。在贫民地区，如此请求会被视为是可笑的。然而，在所有的区域，当警察在街上发觉某人言行举止"可疑"时，有时会对其进行拦截和盘查询问，并对其搜查（"搜身"）。年轻人、在白人社区活动的黑人，以及出现在高档社区的低层人士，特别容易受到这种方式的对待（Werthman and Piliavin，1967；Sacks，1972）。

当不需要回应指挥调度中心的无线电报警电话的派遣任务时，警察也会抽出一些时间，去处理那些已经引起他们关注的反复出现的"问题"。通常情况下，这类"问题"的当事人包括那些频繁聚集街头，或者在街角或商业区

11

制造"噪声"的年轻人。事实上，青少年是此类积极进攻性巡逻工作的首要目标，因为他们的任何让成人觉得受到滋扰的行为，都给警方采取行动提供了恰当的理由（Baumgartner, 1981b）。在一个典型的实例中，一位汽车餐厅老板投诉一群十几岁的青少年经常在他的停车场绕圈［对于驾车的美国年轻人来说这是一种主要的社交方式，但是对于许多警察来说这是一种"白痴的炫耀"（idiot parade）行为］。后来，有两位警察声称要打击这种行为，还得到餐厅老板免费用餐的回报。其中一位警察解释道：

> 有时候你会得到一个半价或二五折的优惠（饭菜价格），在那个地方我们几乎从没有享受过餐费全免的待遇。诀窍在于我们帮了那个家伙一个大忙。我们把朋克摇滚乐迷从那儿赶走，现在他的生意好了一倍。你知道"白痴的炫耀"是指什么吗？嗯，我们过去常常在那个地方的后面停车，每次都有几个家伙开车绕着那个地方转上几圈，然后才开溜，我们以侵入私人财产领地为由给他们开罚单（填写了一张交通罚单传票）。这就是我们治理那个地方的方式，那个餐厅老板真的很感激。我们以自己的方式为他的经营提供便利条件，他也以他的方式为我们提供方便。（作者的调查笔记）

在一个类似的例子中，另外两个警察则绞尽脑汁想方设法对付一群放学回家的黑人孩子：

> 大约一个街区这么远，我们看到几个黑人孩子朝几个方向仓促地逃散，很明显是看到了我们的汽车（巡逻车）的反应。特德（Ted）（一名警察）对另外一名警察说："我们追他们一会儿——把他们赶跑。"然后对我说道："每天（早上八点到下午四点倒班之前）放学之后我们不得不来这里，看着这些小毛刺头（黑人）。我们不得不像驱赶一群刚从丛林里跑出来的动物一样，把他们赶下小道——他们其实就是一个牧群。"（作者的调查笔记）

与青少年"问题"有关的最常见的巡逻工作，主要涉及命令青少年离开他们占据的地方（通常是一个街道的角落）。例如：

  4 个 16~17 岁的男孩子故意装作仅仅是在街角一家小食品杂货店附近站着交谈。C 警官把车驶到路边，对 P 警官说："你的孩子罗伊，也在这儿。" P 警官猛瞪了那群男孩，然后叫了他们其中一个人的名字，严厉地喊道："喂……今天你们站在这里干什么？……嗯?!"其中一个瓮声瓮气地咕哝道："我们什么都没有做。"然后，P 警官再次大声地吼道："赶快给我离开这里！立马从我眼前消失！"他们停止了交谈。接着，P 警官更粗鲁地吼道："给我滚！"他们全都离开了，消失在拐角处。我们继续巡逻，然后 P 警官告诉我："这群孩子总是在同一个角落制造麻烦——经营那家小店的老板常常打电话来投诉他们。他们也没做什么特别的事——他们只是对经过此地的女孩评头论足，然后站在角落里喝汽水（软饮料），挡他人道而已。我们最多只能以在公共场所闲逛游荡罪带走他们，但是我知道法官又会把他们放出来。"（作者的调查笔记）

许多积极主动进行的、带有进攻性质的巡逻工作，是直接针对有车的人们实施的。除了例行的交通巡逻工作之外（将在本书第 32~36 页进行讨论），通常也涉及未成年人的骚扰行为和所有年龄段的黑人的"可疑"行为：

  当我们正要驾驶到主干道停车标志处时，我们停靠在一辆大轿车旁边，里面坐着四个成年黑人，其中三个在后面，一个在前面。鲍勃（Bob）用手电筒朝里面照了一下，说："在等人吗？"其中一个对他应了一声"是的"。鲍勃回答说"好吧"，然后我们驾车离去。这几个黑人很明显对这事不满意，但是什么也没说。他们仅仅瞪着我们。（作者的调查笔记）

混合群体——黑人和白人组成的情侣，特别容易受到关注。一名警察向我详细叙述了下面的一件事：

  有一次，我在一个有趣的场所外看见一辆车停着，我觉得最好检查一下。当我开车到这辆车的旁边时，发现里面有一个黑人和一个白人女孩。女孩看起来仅有 16 岁。于是我下车走过去询问是否一切都好，你 13

知道，我又要求看看驾照和登记信息。那黑鬼做出一副我无权对他进行检查的样子——你明白的，就像没有什么异样似的。女孩看起来真的很漂亮，男的就跟别的黑人没啥两样……我无论如何都不明白，那个女孩怎么愿意与他待在一起……得了，面对这种情况我无事可做，也就离开了。（作者的调查笔记）

（需要注意的是，许多警察怀疑年轻情侣在车里发生性行为时，喜欢悄悄接近，然后用手电筒朝车里照射。当笔者问及警察，他们发现这类情形后采取了什么行动时，一个警官回答："哦，我们什么也不做——没有我们可做的，除非是一些匪夷所思的行为如他们是同性恋。我们只不过是消遣一下，发出些嘲笑的嘘声，就像观看色情电影一样。"）

不论是给警察打电话的人们率先发起，还是警察自身主动发起，巡逻工作都是随着社会空间的位置和方向的不同而发生变化的。当一个公民寻求帮助时，警察的反应与案件牵涉的人有关，当警察可以自由地挑选他们喜欢处理的案件时，民众中仅仅只有少数人会成为他们选定的目标对象。这就引发了警察工作带来的"歧视"或"偏见"问题。当警察用不同的方法系统性地处理同类案件时，当案件与相关人士的社会特征有关时，警察在适用法律的过程中很可能发生歧视行为，很显然，在警务工作中歧视行为是一个普遍存在的现象。事实上，法社会学理论假设，没有歧视的法律是不存在的，并把这点视为理所当然（Black，1976）。然而，这种现象的具体特征不完全是显而易见的。

例如，种族歧视通常是指整个社会对黑人比对白人的要求更苛刻，但这并不是法社会学理论所能够准确预测的，种族歧视将警察的实际行为过分简单化。与此相反，该理论预测，对涉嫌罪犯的黑人的处理，将取决于受害者的社会特征。如果犯罪侵害的方向是上行的，即触犯的是一个富有的白人，预测结果是其将受到严厉惩罚，对于一个被白人警察亲手揪出来的黑人，尽管没有受害者，预测结果亦然。如果富有的白人侵犯黑人，白人受到相对温和的对待是预料之中的事，然而，贫穷的黑人侵犯其他的贫穷黑人，比起侵犯白人来，会受到没那么严厉的对待（参阅本书第 4~5页）。应该记住的是，法律理论根据变量诸如整体性、社会地位、当事人的组织、他们的亲密程度、可获得的非法律控制的数量等（参阅本书第

3~5 页），也能预测歧视。法律理论不仅能预测巡逻工作中的歧视，还能预测其他警务工作中的歧视。

1.4 侦查工作

对警察而言，绝大部分的犯罪调查工作都是侦探的工作，即努力地在"警察已经知晓的犯罪案件"中，找出真正的罪犯。虽然对侦查的研究相对较少（Skolnick，1966：第 8 章；Sanders，1977），法社会学理论也揭示出侦探的行为是如何随社会空间的不同而发生变化的。

侦探了解到的大多数犯罪，来自负责最先处理投诉的巡逻警察编档存储的"犯罪报告"。因此，当普通公民从一大堆事件里挑出他们认为的犯罪案件，并将其呈报给警察时，巡逻警察再从中挑选出他们碰到的案件，最终选出来的案件才能被侦探所知。[①] 相应地，由侦探决定是否对这些案件开展调查，调查多少起犯罪案件，在辨识犯罪嫌疑人以后是否实施逮捕，以及何时逮捕。在这样做的时候，侦探就参与了法律的分配活动。

转递到侦探手中的犯罪报告，提供的信息不仅包括罪行，而且包括在社会空间中它们发生的位置和方向，包括受害者各种各样的特征以及受害者与其指称的犯罪嫌疑人之间相互关系的特征。例如，侦探了解到受害者是一个个体或是一个组织，了解到案发地邻居的身份，受害者的种族、性别、年龄、职业（如果有的话），还有可能获悉一些关于犯罪嫌疑人的信息（例如，在报告犯罪时使用的记录表格，参阅 Sanders，1977：54）。[②] 社会信息的性质特征能够预测和解释侦探们接到犯罪报告的第一反应。一些案件可能被视为"大"（big）案或"重特大"（important）案件；其他的案件则被视为"小"（little）案或无关紧要的"轻微"（insignificant）案件（Sanders，1977：95-96）。例如，针对一起破门而入的夜盗案件，如果受害人是企业公

---

① 巡逻警察对他们处理的大部分案件都有自由裁量权，因为当他们受理投诉到达现场进行处理时，通常情况下，投诉者指控的犯罪嫌疑人都已经不在现场了。在这类案件中，有 77% 的案件会被律师归入"重罪"（felonies，即受到一年以上的监禁）的范围；有 51% 会被归入"轻罪"（misdemeanors）的范围（Black，1970：737）。

② 在许多情况下，罪犯的身份从一开始就是显而易见的。（例如，这一结论适用于故意伤害罪和强奸罪。）这类案件对侦探来说只不过是一场马马虎虎的"过场秀"（walk through），因为他们只需要做很少的侦查工作就能够将罪犯绳之以法（Sanders，1977：276）。

司而不是普通家庭，就有可能被视为一件"较大"（bigger）的案件并立即引起警方的高度重视；或者，即使是发生在普通住户的盗窃案件，但是受害人是居住在城郊富人区的大户人家，而不是居住在黑人贫民区或其他下层阶级居住区域的家庭，那么同样可能受到特别关注而成为"特大"案件。在一些案件中，侦探一接到通知就立即开始侦查，在其他一些案件中他们更加随意了事，甚至还有一些案件他们什么都不做。因此，在一些案件中继巡逻警察初次访问之后，受害者再也听不到来自警察方面的任何信息。如果罪犯侵犯的对象是比自己地位高很多的人，就会有大量的侦探被调派到该案从事侦查工作，这些侦探甚至可能夜以继日地工作，直至发现犯罪嫌疑人并对其提出正式的犯罪指控为止。（尽管这种事例非常少见，但在电影和电视剧里面却经常这样描述有关案件的处理过程。）因此，对于谋杀卓越政治家、商人或社会名流的犯罪案件，警察可能极其勤勉地开展声势浩大的侦查活动，并且锣鼓喧天号角齐鸣地大造声势；然而，如果被谋杀的是贫民区的无家可归者，则可能被归类为"意外事故造成的死亡"（death by misadventure）（或一个类似的标签），从而不会开展任何形式的侦查。袭击警察的案件，同样也会被视为"大案"（参阅本书第36~40页）。

根据侦探最早从犯罪报告中得到的社会信息，以及侦探随后对案件的侦查进度，可以预测侦探调查一起案件（称为"侦破"犯罪）时所投入的时间和精力。例如，当访谈受害者时，他们能获得有关事件社会位置的更为详细的信息，在一些案件中，这些信息可以决定在哪个阶段会停止调查，而在另一些案件中，这些信息则会决定需要扩大调查的范围。例如，在一起破门入室的夜盗案中，如果侦探推断盗窃犯有可能是受害者的前任配偶或朋友，他们可能决定不再进一步追查此事。或者，在侦探了解到受害者有前科犯罪记录，或是一名妓女、一名同性恋、一名精神病康复者，或是这样或那样的声名狼藉的人，他们就可能会放弃继续调查，对案件不予理睬（Black, 1976: 113-117）。除此之外，在侦探看来，访谈者提供的信息的可信度——不论是受害者、证人、犯罪嫌疑人或是无论其他什么人——直接取决于其社会地位，因此侦探会更有可能忽视那些穷人、黑人、年轻人、过往旅客和未受教育者等所告知的信息（Black, 1979c: 157-159）。一些控告者不能说服警察相信他们所声称的事，他们的投诉会被归类为"毫无事实根据"（unfounded）或只是一些"可疑情况"（而不是某种犯罪行为）；然而其他人发现他们的报告从一开始就是完全可信的。一名实地观察侦探调查工作的社会学家，报告了以下发现：

> 作为"可疑情况"，侦探在提交入室盗窃投诉报告时拥有广泛的自由裁量权。当一个或更多的涉嫌犯罪的要素消失时，侦探不仅可以将投诉记录为一个涉嫌犯罪行为（而不是一个真实发生的犯罪行为），而且当其认为该投诉毫无事实根据时——即使在缺乏确凿的证据支持他的怀疑的情况下，他同样有可能将投诉者列为犯罪嫌疑人（Skolnick，1966：197）。

同一侦查员随后还讲述了一个投诉者报告的抢劫案，他对这起抢劫案的报案产生了怀疑：

> 一个黑人送货员声称他替老板保存的货款被抢劫了。他指了指自己头上的肿块，又继续讲述他的故事，但是侦探并没有相信他的话。这种投诉被归类为可疑情况，不会归类到"受案报告"（offenses reported）这个范畴……通常情况下，侦探会集中精力于"真实的"犯罪案件的侦查，忽视"可疑情况"的调查（Skolnick，1966：172）。

因此，那些被视为可疑的报案人，再也不会收到来自警察方面的任何消息；相反，对那些更可信的人而言，侦探可能频繁地拜访，并告知案件调查的进展情况。根据法社会学理论，可以预测什么样的人会得到什么样的回应。

巡逻警察通过撰写有关他们处理的一些案件的官方报告来有效地创造社区的"犯罪率"（"向警方报告的犯罪"，即警察已经知晓的犯罪案件）（Black，1970；Pepinsky，1976b）。当侦探用他们自认为满意的方式，成功地开展调查并查明罪犯时就算"解决"（solving）了，只要查明了犯罪人他们就可以说自己经办的案件已经"破案"（clear）（不管是否需要对犯罪嫌疑人实施逮捕）。侦探通过这种方式破获的案件的数量与警察获悉的犯罪案件总数之比，就是警方所谓的"破案率"（clearance rate），破案率被广泛地用作衡量其工作效率（Skolnick，1966：第 8 章）。这种破案率仅仅建立在被侦探视为"真实"犯罪的案件数量的基础上，然而，在一些警察认为案件毫无事实根据或仅仅是存在可疑的犯罪报告中，这种方式就不能作为衡量警察效率的一种措施。此外，侦探并不会平等地关注每一个能影响破案率的案件，他们尤其渴望"破获"那些他们认为的"重大"案件。根据其在社会空间的位置和方向，我们可以预测一起案件的重要性。

在所谓的重大案件诸如抢劫、强奸或知名人士被来自低阶层的陌生人谋杀的案件中，侦探可能竭尽全力查清犯罪嫌疑人并通过逮捕的方式结案。他们可能在犯罪现场寻找相关的物证，比如指纹、轮胎印以及毛发样本等，访问大量的潜在的证人和线人，开展广泛的询问和讯问、甄别谎话［"测谎仪"（lie detector）检测］和列队辨认（line-ups）（受害者或证人通过一个单向的镜子观察辨认里面列队等候的嫌疑人）。如果案件不大，也就是说，如果受害者提供的信息的可信度值得怀疑，例如受害者是一个贫穷的黑人，或是墨西哥裔美国人，侦探就不会采取上述行动。①

破获尤其是盗窃这类犯罪案件的方法——很少为大众所知——也与侦查行为的社会性质特征有关。与对犯罪嫌疑人提出明确的犯罪指控不同，侦破盗窃类案件的方法主要是劝说犯罪嫌疑人针对自己的罪行承担责任。犯罪嫌疑人的这种供认，被警察视为一种表示信任的秘密协议，警察通常将免予起诉作为一种策略，以获取嫌疑人供述他们参与的所有的其他犯罪行为（Skolnick，1966：174-175）。犯罪嫌疑人往往也愿意甚至渴望做出这样的供认，因为警察会对他们最初被逮捕时所犯的罪行给予相对宽大仁慈的处理［降低犯罪指控的等级，例如将破门入室的夜盗罪（重罪）指控为一般的普通的盗窃罪（轻罪）］。犯罪嫌疑人帮助警察提高他们的破案率，同时警察会在提起指控的时候，在犯罪等级方面给予特别考虑，所以，嫌疑人承认犯罪的行为得到了奖励。下述案件说明了这个过程：

> 亚瑟 C 以汽车盗窃罪被逮捕，后来跟警察合作，承认了另外两起汽车盗窃案和五起手法"漂亮"的入室盗窃案。作为对这次合作的回报，亚瑟得到了几项好处。第一，警察同意放弃两项汽车盗窃罪的指

① 应当注意的是，如果受害者得到某些较高地位的人的支持，案件的重要性可能得到实质性的提高。例如，媒体会广泛报道一个案件，对此感兴趣的个人或组织可能对警察施加压力，敦促警察采取一切措施运用一切手段竭尽所能地找出罪犯。这种情况下，支持者的地位可以帮助我们预测警察将采取何种行动。

控，只指控亚瑟一项入室盗窃罪。第二，亚瑟的正式供认已递交给了法院，表明他只犯了一项入室盗窃罪（Skolnick，1966：174）。

一个侦探小队长解释了为什么会这样处理这些案件：

> 我们让他避重就轻地接受一项指控，是因为我们并不想让公众知道他还参与了其他的盗窃案。如果被公开，对于我们为什么没有对他实施的其他盗窃案提出指控，到时可能引发问题，并且公众并不明白这些事（Skolnick，1966：174-175）。

一个罪犯的供认导致多起案件告破，这种做法有利于犯罪嫌疑人，尤其是在许多警察不知道的犯罪案件中。犯罪嫌疑人供述了他们实际上并没有实施的犯罪，对此一点也不令人惊讶。例如，在一起案件中，两位被指控实施了一次入室盗窃的犯罪嫌疑人，愿意承认上百件以前发生的罪案：

> 逮捕之后大约十来天的时间，来自邻近城市的负责盗窃案的警察频繁地访问韦斯特维尔监狱（Westville Jail），因为杰罗姆（Jerome）和詹姆斯（James）他们俩可能对超过 500 起盗窃案件负有责任。詹姆斯本人向警察招供了超过 400 起案件。我目睹了几次对詹姆斯关于他可能实施的盗窃案的讯问，在我看来，对于他来说"谎称"自己实施了事实上根本就没有犯下的罪行以帮助警方提高所谓的结案率，这对嫌疑人而言是一件相对简单的事。一个人不必要表现出特别的精明强干——詹姆斯就这样，他觉察出侦探勾销陈旧悬案的心情是愉悦的……当他表示对自己两三岁的记忆模糊时，他因此造成了一种局面，即警察要么非常谨慎从而放弃可能的破案机会，要么"提供"信息以帮助他回忆起某事（这种做法对于观察员而言，似乎是很容易帮助重新恢复记忆的）（Skolnick，1966：178）。

这两个犯罪嫌疑人也以其他方式与警察开展合作，每个人都最终被指控了一项轻罪。其中一个被拘留监禁了四个月，而另一个 30 天之后就被释放了。

大量破获的案件仅仅涉及代表受害者权益极少的法律适用，法社会学理论预测侦探将主要为控告人保留在其他方面预计不会引起注意的策略。这些包括受害者具有相对低的社会地位这类案件。例如，在黑人贫民区附近的入室盗窃案，比起那些在具有较高社会地位的人居住区域内发生的案件，将更有可能以这种方式结案。后者将更容易受到个体的关注，并通过实质性的侦查工作和逮捕等方式侦破案件或者结案。[①] 也就是说，一起犯罪案件的解决方式，取决于其在社会空间中的位置和方向。[②]

18

1.5　风化警务工作

现代社会中的美国警察，将自己大量的时间与精力，消耗在一系列他们和许多公民所熟知的"不道德行为"（vice）的事情上。这些行为活动因此也被贴上"无受害者的犯罪"（crimes without victims）[③] 的标签——通常情况下，人们并不会将此行为视为是不道德的，因为一般来说参与这些行为的人都是两相情愿的，他们也不希望法律介入他们的私事。大的警察局一般会有一个特别行动组来处理这些不道德的行为——一般是设立"不道德行为部门"（vice bureau）或"道德小组"（morals squad）——根据禁止行为的具体种类，又会进一步分成几个任务不同的专业组。警察对绝大部分不道德行为的打击工作，与非法持有和贩卖某些改变心智的精神迷幻类药物有关，例如海洛因、可卡因、麦角酸酰二乙氨（LSD，摇头丸，一种精神迷幻剂）和大麻，这些药物也是缉毒队（narcotics squad）职责范围内典型的打击对象。有伤风化的不道德行为还包括，诸如：赌博、卖淫、同性恋、出售色情杂志，以及违反当地法规出售含酒精的饮料的违法行为。警察积极主动地追

---

① 斯科尔尼克（Skolnick，1966：176）推测，警察可能已经把上面描述的原始案件看作"异常重要"（unusually important）的案件，部分原因在于受害者是社区中"重要的公民"（leading citizen）。还需要补充一点，不像一些暴力犯罪行为，发生在社会底层居住区域的盗窃案件很少得到媒体的公开报道，或者受害人很少得到其他社会组织或较高社会地位的公民提供的帮助。这进一步增强了警方开展大规模结案整治行动的合适性和正当性。

② 对于这个原因，将不同社会经济地区的破案率和结案率进行比较，可能模糊不同环境下侦探行为的差异性。

③ 目前不清楚这个短语是何时应运而生的，但是在学术文献中首先使用它的是舒尔（Schur，1965）。

查不道德行为，并对其提起诉讼，而并非依靠公民的投诉，[①] 在这个意义上讲，警察从事的反不道德行为的警务工作，本质上是"主动式"的而不是"被动式"的（Black，1973）。因此，警察在打击不道德行为方面使用的许多执法战术，在通常情况下是处理其他犯罪行为中不常见的。

例如，缉毒工作的一大特点是，警察投入很多精力，却仅仅为了了解有 19 关毒品的违法行为。[②] 为了达到这个目的，使用的主要技术方法却是发展警方的秘密线人网，线人网主要由那些为毒品使用者熟知的人，以及那些想在逮捕后换取豁免或宽大处理而愿意帮助警察破案的人组成（Skolnick，1966：第 6 章；Rotenberg，1967：第 19 章；Gould et al.，1974：72-76）。其他的人也愿意提供信息，以换取某种报酬或其他需要特别关照的事项：

> 非瘾君子（non-addicts）[例如坐落于"红灯区"（vice districts）的酒馆和旅店的经营者] 愿意与警察合作，其目的是想避免警察找麻烦，或更为重要的是，避免检查和颁发营业执照的"官方"机构带来的麻烦。如果警察报告他们的地方是那些不受欢迎的不良分子的"主要聚居窝点"（hangouts），它们可能就会被关闭……此外，对于那些酒店或宾馆的酒保来说，他们经常成为被盗物品黑市交易的信息中介，因此他们希望警察对这些活动睁一只眼闭一只眼，以交换能够发现可以逮捕的瘾君子的信息，这对酒保来说是再正常不过的事情。因此，酒店老板和酒保对警察来说是一个稳定的常规信息的主要来源……酒店经理将（也）会把客房的钥匙交给警察，允许他们在客人不在房间的时候搜查房间，并且一些酒店业主也会允许色情控制特勤队搭线窃听他们的电话交换台（Skolnick，1966：123）。

---

① 尽管单个的不道德行为案件很少是被公民报告和追查的，但是人们有时会给警察打电话或写信告知相关信息，或提供有关某个特定街区或其他位置存在不道德行为的"内幕消息"。例如，在芝加哥（1964 年），绝大多数写给警察的匿名信涉及这类投诉（Reiss，1971a：85-86）。警察对各种各样不道德行为的关注程度，也反映出大众的需求，各类群体在报纸或社论上进行声明和抗议，并给政客施加压力，而这些政客有能力影响警察局行政管理人员。

② 以下对毒品执法的评论主要与专业化的便衣侦探警察的工作有关 [在毒品亚文化中便衣侦探因"缉毒警探"（narcs）著称]，相关情况参阅曼宁的研究（Manning，1980a）。有关制服巡逻警察进行的毒品执法的讨论由寇提斯和米勒提供（Coates and Milley，1974）。

除了使用线人，警察还采用"秘密行动"（underground）渗透进吸毒者和毒品贩卖者网络，从而揭发毒品贩卖的违法行为。一般来说，"秘密行动"本身在一定程度上也涉及一些法律所禁止的行为，例如，为了达到骗取毒品贩子信任的目的，而渗透进贩毒网络提供可供购买的毒品或使用毒品。在缉毒队的警察也会通过与其他司法管辖权供职的同行保持紧密联系，以了解违法行为，包括他们在一些案件上与州和联邦警察进行合作。这些联系甚至可能是跨国的，当美国缉毒当局请求墨西哥政府摧毁大麻，或请求土耳其政府控制鸦片的时候，就会开展跨国合作与联系。最后，缉毒官员可能征集经过特殊训练的警犬，以侦测暗藏在旅行箱或密封的暗格内的毒品的气味。

警察也会投入许多精力和使用智谋去侦查其他禁止性行为。例如，在一个城市，警察用望远镜远远地监视疑似妓女的卖淫活动，并且同样也会使用线人调查卖淫活动。此外，对许多卖淫妓女的逮捕都得力于警察或临时雇员的秘密调查行动，这些临时雇员乔装成顾客，并积极地引诱妓女招揽生意（Skolnick，1966：100-102；Rotenberg，1967：第16章）。便衣警察则各展手段尽其所能地使妓女相信他们是真正的顾客，在有些情况下，他们甚至脱掉自己的衣服，假装准备进行性交易（Rotenberg，1967：219-220）。同样的，为了吸引和识别同性恋，警察采用被有些人称为寻找同性恋（trolling for queers）的"拖捕"（钓鱼执法）策略（作者采访得知）。其主要手段是一名警员在公共更衣室里暴露自己，假装对同性接触感兴趣（Rotenberg，1967：第17章，特别是第234~235页）。

应该指出，警察为了掌握参与卖淫活动这类人员的信息，在执法活动中会经常参与一些人们可能视为不合适的活动。例如，缉毒工作中，警察例行公事地实施了逮捕，但在律师或法官看来，被捕人的行为可能并不违法（Gould et al.，1974：79）。一些逮捕依据于错误的或是"栽赃"（planted）的证据。因此，一名警察给一个调查人员讲述了如下一段话：

> 一些家伙不得已时，会给毒品瘾君子栽赃一些麻醉药品，但是我不会这样做……如果你在房间里，可以把一个袋子（毒品）藏在地板下的某个地方，并且十分确信稍后会被其中的另外一个（警察）找出来。如果其他人没找到，终究你自己也能够在现场发现这些毒品。这种做法

我已经考虑过很多次了，事情做起来并不难，总有一些警察会这么干……（Gould et al., 1974: 82-83）。

有卖淫嫌疑的女性也是很容易受到伤害的。在某个城市，一位调查员发现所谓的打击卖淫活动特勤小组实施的逮捕行为，几乎占了某个特别区域犯罪逮捕总量的一半。绝大部分涉案女性——每晚 40 到 50 人不等——被捕仅仅是因为警察认为她们是妓女，而不是因为看到她们在招揽客人，或是看到她们在做通常被警察视为不合法的勾当（La Fave, 1965: 453）。以著名的"对扰乱治安者的调查"（Disorderly Person Investigations，简称"D. P. I. s"）条款规定为例，诸如这样的逮捕，其目的是进行骚扰而不是进行起诉：

> 如果一名女性被发现在卖淫很猖獗又很出名的地方游荡，或是她曾经因勾引、招揽客人，抑或是因妨碍或扰乱治安而被捕过，那么她就会被拘留……如果有卖淫行为则有可能被逮捕，（尽管事实上）她们在被逮捕的时候，是因为别的目的而出现在餐馆或是街上。其他女性，甚至并不知道警察的逮捕部分地是因为她们以前的逮捕记录，当被警察发现她们深夜出现在卖淫活动高发地区时，也会被逮捕。在这种地区，诸如某位女性缓慢地行走在大街上，随后站在街道的某一角落，或是站在门后这样的事实，都成了被捕的理由（La Fave, 1965: 454）。①

事实上，在开展课题调研的那个时期（1956~1957 年），在该区域的任何女性被看见与男人说话，而该女性又不能证明是他的亲戚，或同另一个种族的男人讲话，都易遭到逮捕（La Fave, 1965: 455）。侦查员指出，所有这些做法的一个"毫无疑问"的结果是，一些事实上根本没有从事卖淫活动的女性遭到了逮捕（La Fave, 1965: 455）。

以骚扰为目的的异装癖者（transvestites，通常是男性装扮成女性）也会被逮捕。在城市里，警察至少会逮捕那些他们在公众场合看见的任何异装癖者，并将他们关进监狱一天，第二天就释放（La Fave, 1965: 第 23 章）。

---

① 对这类大规模逮捕的虚构描述（建立在作者当警察的经历上），参阅温鲍的研究（Wambaugh, 1970: 78-86）。

此外，这类人"在被逮捕时，通常还会受到讥笑嘲讽，并且当在对他们进行立案登记（录入警察的记录档案）时，他们通常会竭力脱掉自己的一些女性装扮"（La Fave，1965：469）。① 逮捕也经常用来骚扰那些惠顾诸如赌博、非法销售白酒的地方的人。例如，在底特律的一个巡逻警管区，所谓的清理小组（cleanup squads）在6个月内实施了592起有关参与赌博活动的逮捕，其中仅仅对24起赌博行为提起了诉讼。在同一时期，针对违反禁酒令的行为实施了420起逮捕，结果只对36起提起了诉讼（La Fave，1965：473）。

关于警察在反不道德行为的执法工作中是如何实施搜查的，有些情况还得说明一下。例如，在对西海岸的一个城市［韦斯特维尔（Westville）］的缉毒工作的研究中，人们发现"对某个犯罪嫌疑人的房间实施非法的试探性搜查，……在韦斯特维尔市的警察和州警察看来都是可以接受的行为"（Skolnick，1966：144）。我引用其中一个警察的话，他说：

> 的确，（在没有取得搜查证的情况下）事先进行偷偷的秘密搜查（take a peek）是不完全合法的。这不是一个你经常会谈起的警察策略。但是如果你在秘密搜查行动中真有所发现，你便会停下来想一想，你会如何通过合法的搜查方式来发现违法的证据呢。如果你一无所获，你就不必浪费许多宝贵的时间（Skolnick，1966：144）。

在另外一个城市，一名社会学家采访了一名警察，对毒品搜查也做了如下的评论：

> 一般情况下，当我进入一间房子的时候，我并不特别担心我是否持有（搜查）证。有时候，当你没有搜查证而进入房屋的时候，你总得给屋里的人一个合理的交代，但这种情况并不多见。如果你真有所发现，他们不会说你的进入和搜查是非法的。但如果你什么也没有发现，他们会觉得没了担心，通常也愿意忘记整件事情。此外，吸毒者也不太可能抱怨这类事。他们知道他们有罪，并且他们最想的就是远离众人的

---

① 这些逮捕的一个有趣特征是在观察的时候，在成文法中异装癖者没有得到明确的禁止（La Fave，1965：69）。

视线。他们与没有搜查证进入的警察大吵大闹，对他们而言没有什么真正的好处，如果警察将他们转交缉毒队，他们会受到缉毒警察的特别"青睐"（逮捕）（Gould et al., 1974：77-79）。

除了财产搜查之外，缉毒警察经常实施人身的搜查，或者"拍身搜查"（frisk），这些行为都有可能被视为不合法的行为（Skolnick，1966：145-148）。他们也可能轻而易举地使用各种强制手段。例如，如果他们想搜查某个房间或公寓（没有搜查证），而刚好有人在里面，他们可能会破门而入并抓捕或者威胁在场的人。正如一名警察评论的：

> 当你已经很确定时，如果听到房屋内有较大的动静，你会等不及有人来开门，就踹门而入。一旦进屋，你就得迅速地制服他们。如果快速将他们扑倒在地并戴上手铐，你可能避免一场全力搏斗（Gould et al., 1974：79）。

通常会在深夜进行这样的搜查，除了能给警察带来意想不到的好处外，还有助于降低案件难度和震慑涉案人员。

最后，应该注意的是，在反不道德行为工作中警察可能有时会私自惩罚他们所谓的罪犯。正如一位警察所评论的：

> 有时候我们不得不打人，这是真的。当我还有得选是给他鼻子一拳呢，还是让自己受他一拳时，事情自然而然就这样了，我打了他……更重要的是，如果有人朝我挥舞棍棒，我绝不会在我还手之前，让棒子打到我。我会给他一顿教训。也就是说，必须让人们知道是不能袭击警察的。三周前，我在逮捕一个家伙的时候，他想用椅子砸我的头。我将这个家伙摔倒在地暴打一顿，打得连他爹妈都认不出来了。对此我并不感到内疚，我认为我们不得不那样做。三天以后，这家伙的律师来到法庭，开始夸夸其谈说他的当事人如何遭到了警察的残忍殴打。我承认踩了他几脚，但是那是他活该，是他挑起的。如果我们不那样做，任何一个半吊子的小阿飞都以为袭警以后是不用付出代价的（Gould et al., 1974：81-82）。

人们不应当认为所有从事反不道德行为工作的警察，都像前面几页所描述的那样，在实践中只采取一些例行公事的做法。但是，一个很重要的问题是要认识到这种警务工作在某些方面，尤其是在侵入性和严重性方面，有着根本性的区别。事实上，在美国各大城市警察局的警员中，从事反不道德行为工作的警察的人均逮捕率是其中最高的警种之一，这一点是不容置疑的。[①] 也许这与他们考虑如何对这些案件进行筛选有关，同时，从根本上讲还与他们为什么要投入大量的时间与精力去处理不道德事件有关。

23　　被视为不道德的行为涉及一些非传统的消遣（unconventional recreation）方式，也就是涉及只有一小部分人追求的某种寻欢方式。那些被当作罪犯处理的寻欢作乐的人，既可能是消遣活动的提供者，也可能是消费者，或者两者兼而有之。无论如何，这种消遣方式的一个基本事实是行为的异常性，正是因为这一特性才受到法律的压制（Black，1976：69-73；Baumgartner，1981a）。不过，同样看起来很清晰的是，警察也仅仅是将其注意力直接放在有限的范围内，即只关注那些表面看起来符合不道德行为标准的行为。例如，在麻醉品（毒品）案件的执法活动中，警察很少或根本就不关心违禁药物（illicit drugs）的使用问题，这是那些依赖传统生活方式其他方面习俗的人经常使用的药物。因此，尽管像内科医生这类群体对鸦片成瘾率高得出奇，警察也不会在医疗界发展线人。更何况，即使警察得知某位医生是瘾君子，也很少会将其逮捕，或是让其遭受其他"街头瘾君子"经常经历的其他侮辱性行为（总体上参阅 Winick，1961）。各行专业人士使用大麻和可卡因的情况也大致如此。麻醉品执法的主要对象是那些生活方式严重偏离主流文化，并且视吸毒为整体生活方式的一个构成部分的少部分人。在美国，这些人大都是年轻的黑人，他们公开地蔑视占社会主导地位的价值观，更喜欢

---

① 如果不是要保护所谓的弱势群体免遭无理的逮捕的话，这类逮捕率甚至会更高，因为许多弱势群体通过向警察提供谁参与了不道德活动的信息，而能够以此与警察进行直接的交换以免遭拘捕（主要参阅 Sherman，1978）。应该指出的是，穿制服的巡逻警察也对不道德行为逮捕总数的增加做出了重大的贡献，特别是在滥用毒品的违法犯罪行为的拘捕方面，贡献极大。曼宁（Manning，1980：119）指出，巡逻人员实施的拘捕在整个毒品逮捕行为中占绝大多数，这些逮捕行为通常发生在"例行的交通巡逻拦截"的背景下。然而，事实上，这看起来不太可能是一般的"例行检查"，因为大多数因交通违规而被拦截的人并没有受到搜查。特别是对有关大麻案件逮捕模式的研究，参阅约翰逊、彼得森和韦尔斯的研究（Johnson et al.，1977）。

"爵士乐迷、吸毒取乐以及染色"的亚文化（Finestone，1957），这与所谓的新教伦理正相反（Becker，1963：135-146）。警察也可能对那些拥有波希米亚生活方式（bohemian lifestyle）的人采取行动。警察的秘密行动常常在亚文化盛行的地方展开，例如午夜突袭搜查、个人搜查、骚扰和殴打。有鉴于此，就能明白为何警察会把毒品"安植"到没有毒品的地方：对那些主要因生活方式而违法犯罪的人来说，警察的这一做法是一种有合理性的法律行为。从理论上讲，基于栽赃证据的毒品逮捕与其他毒品逮捕有很多共同之处。

同样的模式也见之于控制卖淫、同性恋、赌博和闲暇时间饮酒（after-hours drinking）的执法活动中，当所有这些案件发生在一个非常规的大背景下，就会吸引到绝大部分法律的注意。最能够吸引警察兴趣的妓女，是那些生活在被称为"花花世界"（the life）里的群体，她们生活在一种称之为"男妓"（pimps）和"皮条客"（hustlers）的亚文化环境中，身着艳服花枝招展地站在具有异国情调的汽车（exotic automobiles）[警察称之为供妓女拉客用的"豪华型定制轿车"（pimpmobiles），一种拉皮条专业用车，内设有寝室设备]中招揽顾客。令警察最感兴趣的同性恋群体，是那些来自"同性恋新世界"（gay world）的男性同性恋。至于赌徒，则是来自"黑社会"的成员。至于社会精英的消遣，即使有越常规或者从技术上说来是不合法的，也很少受到反不道德行为工作中执法技巧的影响。

1.6　青少年

在过去，有时候会设立一种特别警察岗位，专门处理社会空间中某类独特群体的问题。例如，在早期的美国，东部有"对付外地人的警察"（stranger police），西部有"对付印第安人的警察"（Indian police），以及南方有"对付奴隶的警察"（slave police）（Bacon，1939；Hagan，1966）。同样的，在一些较大城市的现代美国警察局设有各种特别部门，成立这些特殊部门的主要目的是处理年轻人问题，或"青少年犯罪问题"["青少年警察队"（juvenile divisions）、"青少年管理局"（youth bureaus）等]。这些部门的警察（与普通的巡逻警察处理青少年违法犯罪行为的方式一样）与不同风格的年轻人打交道：比起成年人，在某些方面他们对青少年的惩罚会更严厉，在其他方面则会更宽大仁慈。

一方面，比起成年人，青少年更易遭受法律禁令、监视、骚扰和降格劣化等境况。他们可能与警察发生冲突，简单来说是因为他们深夜还在街上活动（过去有"宵禁令"），站在某个街角闲逛（与人"争吵不休"），或是因为他们与某个成年人有矛盾，如教师或家长（"屡教不改"），或是因为他们喝了含酒精的饮料（"未成年酗酒"），等等。如果他们站在街角，可能听到来自警察的呼喊或吼叫——"不要吵闹了！""赶紧滚蛋！"，或者只是说"赶紧离开这里！"。一般而言，他们受到警察的密切注视，事实上可能在任何时间遭到搜捕。在旧金山采访的一个男孩描述了下面的事件：

> 就只有我们四个人，我们像以前一样站在角落那里胡侃闲聊。然后这个警察把摩托车停靠在路边并向我们走来。我之前见过他，经常在附近巡逻。他没有说一句话，只是拉了拉夹克的拉链，手里握着一根陈旧的警棍。然后他开始提问，确认我们的身份，我们在做什么，等等。他搜查我们并记下我们的名字还有其他……你知道的，他们要做的事就是把我们的名字写在他的那个便笺本上。他们的目的就是要让我们知道他们掌控着一切（Werthman and Piliavin, 1967：62）。

在其他公共场所的青少年随时也可能被阻拦、审问、搜查，并且如果他们怀有对立情绪或是满不在乎漫不经心的态度，可能受到威胁、逮捕或者殴打。另一个男孩给我讲述了下面的事件：

> 有一天，我们正站在离学校大约有三个街区的街角，这位负责青少年事务的警官（juvenile officer）出现了。他说："嘿，你们这些小男生！赶紧给我过来！"其他人都走了过去，除了一个人，他像是没听见警官说的话。于是警官说："嘿！你这个小痞子，赶紧滚过来！"这样这个小伙子看了看像是听到了，开始慢慢走过去。这时警官走向前去，抓住他的衣领，把他打倒在地，用手铐铐住他，说："我下次叫你的时候，你必须按照我说的做，否则这就是下场！"我们其他人都站在他的警车边，他说："好吧！×你黑妈妈！其他人都给我滚回家去！"就是那样的。他给那个人戴上手铐，带他到少年感化院（一个拘留中心），什

么事也没做，只是站在那里，看着他（Werthman and Piliavin，1967：90-91）。

事实上，在公共场合没有表现出对警察的尊重是青少年何时被逮捕并被移交法庭的主要预测因素（Piliavin and Briar，1964；Black and Reiss，1970：74-75；Lundman，Skyes and Clark，1978：86-87；Chan，1980：6-8）。 25

大多数警察与青少年打交道，都是公民电话投诉的结果（Black and Reiss，1970：66-67），在这种情况下，一名青少年主要的冒犯行为可能是未能向一个成年人表现出顺从。例如，在作者对底特律负责青少年事务的警官的行为进行观察期间（参阅本书第 8 页，注释①），学校看门人说他呼叫警察，仅仅是当他与年轻人有麻烦的时候，而这些年轻人都是"令人讨厌的"或"很难对付的"，当青少年学生对他们的不当行为（比如从学校体育馆偷了衣柜的财物）道歉时，看门人一般不会报警。其中的一个警官也提到他"不断接到来自学校校长的电话"，并且这些报警电话通常与"自作聪明"的男孩有关：

> 我讨厌说这些，但有时他们会给我们打电话讲关于一个男孩的事，仅仅是因为他们出于某种原因不喜欢他。但后来一些报警电话确实涉及那些需要帮助的坏孩子，他们会认为那是一个好男孩，仅仅是因为他说一些恭维他们的好听的话……只因为这个孩子对校长喊了一声"先生"，然而另一个孩子并没有这样做，意味着警察是否会给这个孩子做一份犯罪记录。（作者的调查笔记）

虽然大多数针对青少年的投诉电话似乎都是女性打来的，投诉邻里附近的年轻人，但仍然有许多投诉电话来自商业人士，如"汽车餐馆"（drive-in restaurants）和药店的经理。只有极少数的父母会打电话投诉自己的孩子（参阅第 5 章第 152~155 页）。因此，当成年人认为自己没有足够的能力运用适当的社会控制手段对付年轻人的行为举止时，他们就会打电话投诉，这似乎会导致青少年警务活动的上升。通常情况下，这种投诉电话与在公共场所的青少年的行为有关，在那里他们远离了权威的控制，通常在其他情况下他们的行为都受到权威的控制。

虽然巡逻人员最初会处理绝大部分有关青少年的投诉，同时还要负责对付大部分青少年在公共场所的骚扰活动（Black and Reiss，1970；Lundman et al.，1978），当实施逮捕行为时，该案就会移交到负责青少年事务的警官手里。在这一阶段，青少年通常会进一步经历在很大程度上是为他们保留的一些权利保障程序。例如，青少年事务警官往往会对涉案的年轻人进行道德说教，通常是告诫他们行为的不当性，并极力向他们指出其行为的自私和愚昧之处。① 在一个案件中，一个15岁的男孩因偷了自行车而被抓获，下面是该男孩与警察的一段对话：

26

　　　　警官："为什么你要偷走它？"

　　　　男孩："我用它骑回家。"

　　　　警官："你用它骑回家吗？难道你没想过这个车的主人也要骑吗？"

　　　　男孩："我猜是这样的，先生。"

　　　　警官："你猜的吗？"

　　　　男孩："是的，先生，他要骑车回家。"

　　　　警官："你什么时候才能学着不偷别人的东西？"

　　　　这个男孩垂下了头。

　　　　（作者的调查笔记；另请参阅第5章第152~155页）

在羁押期间，警官也普遍地通过羞辱和贬损的方式使这些年轻人服从于他们的控制，而这些经历往往超出了大多数成年人曾经体验过的经历。例如，在这样一起案件中，三名男孩被带到警察局，因为当两名巡逻警官注意到他们正检查一辆废弃的汽车时，他们开始逃跑。这种行为往往会被视为"擅自拆解"（tampering）汽车的行为，于是他们被指控企图偷盗汽车内的零部件或物品。在警官提出了这样的指控后，遭到孩子们的强烈否认，警官继续采取如下的举措：

---

　　① 这可能是特别常见的，在社会地位上当警察面对的青少年与他们具有相似性时，会做出不一样的处理方式。例如，一些证据表明，比起对待黑人青少年，白人警察对待白人青少年是说服教育的，可是他们对黑人的正式的处置或惩戒可能更严厉（Suttles，1968：204，注释10）。

"过这边来，清空你们的口袋，你们这帮混蛋！"同时监督他们来到办公桌旁边。他们照做之后，开始回到他们坐着的地方，但是警官会命令他们继续站着。接下来，他继续仔细检查筛选每一个孩子的物品。它们中只有一个皮夹子，警官查看了里面所有的物品。他开始以冷嘲热讽的语气评论每一件物品，近乎是一种非常令人憎恶的尖酸刻薄的语调。他发现了一封信，这封信是一位女孩写给男孩的——相当于是一封情书，警官几乎是用尽全力地大声朗读，然后说："这一定是位漂亮的正派姑娘！难道这就是你喜欢的追求女孩子的方式？哼！"（作者的调查笔记）

在整个调查过程中，警察明确表示他不相信这些男孩，并且在某一时刻他问了这样的问题：

你们哪一个愿意弯下腰来，让人用短桨板重重地打击一下，为他们的所作所为付出代价？谁认为他是罪有应得的？嗯？（其中一个说他愿意。其他的都保持沉默。）好吧，至少你们当中有一个愿意像一个男人那样挺身而出，坦诚地负起他自己的责任。你们另外两个真让我恶心。（作者的调查笔记）

随后，他向每个男孩的家里打了电话，在电话中他以如下的方式责备他们的父母：

他带着自作聪明的语气。例如："X 夫人吗？你有一个叫 Y 的儿子吗？你有吗？你知道今晚他在哪里吗？……不，恐怕他不在你说的那个地方。此刻你的儿子正在警察第 16 辖区分局。难道这不是很好吗？"然后他告诉她这个男孩的所作所为，并要求她来警察局把她的儿子接走。（作者的调查笔记）

27

最后，这位警察带着轻蔑的表情，命令这三个男孩坐到地板上，直到他们的父母来接他们回家。在另一个案件中，同一个警察想要羞辱一个男孩（他称这位小男孩为"废物"），他让这个男孩子蹲在地板上，像一只鸭子一样绕着房间转："看起来你歪歪斜斜地躺在椅子上很舒服嘛。也许你需要一些锻炼，不是吗？为什么你不像鸭子一样摇摇晃晃绕着房间走一会儿呢，嗯？"（那个男孩说他"膝关节受过伤"，于是没有服从警察的要求。）

即使上述例子是一种极端的个别现象，但是现有的证据表明，比起成年人来，青少年更容易受到警察的暴力对待，尽管性质不是那么严重。据一名接受作者采访的警察说，父母亲对这类行为的投诉是"非常常见的"，尤其是当他们的孩子受到警察的虐待时。除此之外，一位有一定级别的警官指出，青少年拘留中心的一名官员抱怨，其中一些来到这里的男孩，身上都有"戒尺"（paddling）击打后留下的"伤痕"，这是他们在拘留期间遭受殴打后留下的疤痕。在另一项研究中，接受采访的青少年也报告说，警察实施的体罚很频繁，并且描述了好几个事例（Werthman and Piliavin，1967：92-98）。一个男孩补充说："他们从来不会在车里殴打你。一直等到将你带到警察局后才会殴打你。"

尽管青少年在街头和警察局经常受到粗暴的对待，然而在案件的最终处置当中，警察的行为会受到相对的约束。同等条件下，比起成年人来，如果被拘捕的青少年不被进一步提起诉讼的话，更容易在警察局处理阶段就被释放。这看起来有点自相矛盾，特别严厉而又特别宽大两种极端情形的混合，却反映了青少年栖身的社会控制下的这个奇特世界。一方面，在户外公共场所年轻人在很大程度上过着没有成人权威影响的生活。另一方面，在家和学校，他们受到大量的来自父母和老师的社会控制。这就是说，在他们的日常生活中，青少年经历了成年人所带来的极端程度的社会控制，而不是法律控制。而且，法律与其他社会控制成反比（Black，1976：107-111），这意味着在某一方面青少年生活的环境状况吸引了法律，但在另一方面又排斥法律。在公共场所，警察有效地填补了父母和老师留下的空间：

> 因为城市公共空间中的行为往往围绕成年人生活的急切需求而构建……年轻人以标新立异的方式出现在公共场所会引起关注。可以说，在户外他们远离其保护地，缺乏必要的正当理由，并受到预防性规则（preventive regulation）的支配……青少年警务不是一项由警察或为了警

察而创设的工作；它只是当青少年的行为确实超越了或者被认为是超越了基本的监管控制的范围时，才会启动的一种警务行为（Bittner，1976：84，74）。

然而，一旦在警察局，青少年最容易免予进一步的诉讼行为，因为他们可以很容易被带回家庭和学校的管辖范围之内。事实上，如前面所提到的，对于青少年事务警官来讲，他们采取的正常程序是要求父母来警察局接回他们的孩子，这是一种监护权或引渡的转移。当他们到达警察局的时候，父母通常会对孩子怒目而视并对其大吼大叫，在某些情况下，还会对其拳脚相加，当父母表示他们一回到家还会惩罚孩子时，警察似乎很高兴。事实上，青少年有时会极力寻求机会从警察局中逃跑，其目的是为了逃避面对他们父母时的责难和羞愧。

青少年在家里受到的权威监管的具体特征，会进一步帮助预测警察将如何处理某个案件。受到父母监管相对较少的青少年——比如在一个没有父亲的家庭，而孩子的母亲有一份全职的工作——则更有可能被送到法庭并被移送到某个公共机构进行监管（Black，1976：7）。同样，对于不再去上学的青少年，则更有可能面临更为严厉的处置境遇，因为不这样就会导致在一天的某个时段上他们处于监管的真空状态。① 与成年人相比，所有类型的青少年会受到各种各样的大量的非法律的社会控制——而成年人会受到更多的法律控制——这就解释了为什么青少年在警察局通常会得到宽大处理。② 但

---

① 那些来自没有父亲的家庭的孩子以及不上学的青少年，可能受到更为严厉的处罚，这也反映在官方犯罪统计报告的数据中（例如警察和法院的记录）。这反过来为"未成年人犯罪"（juvenile delinquency）的理论提供了支撑，这一理论在学术界得到了普通承认，该理论认为"破碎的家庭"（broken home）和缺乏学校联结（school attachments）会让孩子更容易出现不当行为（Hirschi，1969）。然而，这些统计数据也能够用法社会学理论来解释，就像用青少年犯罪理论来解释一样（Black，1976：9-10；Cicourel，1968：第 2 章）。就此而论，对所有的事实，法律理论提供了一个激进的截然不同的法律解释，该事实旨在解释谁参与受法律支配的行为（例如，犯罪理论、越轨行为理论等）。事实就是这样，因为越轨行为的分布——被当作受社会控制支配的行为来理解——与社会控制本身的分布一样，而且某个理论如此有效地预测了其他理论所陈述的某种事实（Black，1976：9-10，30-31，54-55，79-80，99-101，117-118）。

② 在经济上依赖于她丈夫的女性，其在法律中的社会位置与青少年具有相似性，并且享有某种类似于警察对青少年的宽大处理：通常情况下，她们被允许仍然处于其丈夫的监护之下（Kruttschnitt，1979：第 7 章）。

是，当青少年出现在街头时，他们就不会享有这样的豁免权。与此相反，除非而且直到有关他们所从属的成年人的信息可获得时，否则大部分青少年会更容易受到警察的伤害。①

1.7 贫民区

涉及无家可归的人——人们称之为"乞丐""无业游民""流浪汉""被遗弃者"等——的警务工作，在某种程度上讲，提供了一项有关法律能够专注于社会空间中的某个特定场所的治理的研究（Bittrer，1976b；Pastor，1978）。许多城市有一些特定的地区被称为"贫民区"（skid row），上述那些人聚集在此；从社会学意义上讲，贫民区与其说是地理问题不如说是一种生活方式，涉及游荡、失业、大量酒精饮料的消耗、觅食、乞讨以及对传统生存模式的原则性排斥（Wallace，1965；Spradley，1970；Wiseman，1970）。此外，贫民区存在大量的违法活动：该地区的居民易受到警察某种程度的特别关注，而在现代社会的其他任何地方，警察都不会如此。

例如，在一个美国城市，一年之内被关进监狱的人中，有 80% 都是"慢性酒精中毒犯罪者"（chronic alcohol offenders），他们绝大多数来自贫民区（Spradley，1970：9）。大多数无家可归的人曾经多次被逮捕过，以致他们都记不清具体的次数；一些人说，他们已被逮捕过上百次（Spradley，1970：80）。虽然有些城市中便衣警察被分派到贫民区执勤，但是对这群人的逮捕大部分是由普通巡警实施的。[那些负责处理贫民区警务的警察是众所周知的，被居住在贫民区的居民们俚称为"公牛"（bulls）和"拾荒者"（rag pickers）等]。当警察看见无家可归的人露宿街头、醉酒、有酒精中毒迹象或在公共场所乞讨时，这些人会遭到频繁的逮捕，但是大部分人被拘留仅仅

---

① 比特纳认为，在公共场所青少年受到了专门的监视，因为众所周知，在其他场合他们受到成年人权威的监管：

假定未成年人受到父母的完全监管，这影响了青少年在社会各个方面存在的意义。诸如"你爸妈知道你在哪里吗？"这样的问题，绝对不会是完全不恰当的问题。在对待青少年和成年人时，受父母家长控制和怀疑的功能性假定，尽管这种假定已经不存在了，创造了一种独特的不对称性（Bittner，1976：74）。

可以想象一下，在奴隶社会里某个奴隶的处境，与青少年的处境没有什么根本性的不同：奴隶一旦离开了主人的家，他们就可能会受到每一个人的监视。

是由于被警察认出是来自贫民区的人，而不理会他们的具体行为性质。正如一个人解释所说：

> 一旦你遭到逮捕，表明他们认识你，并且当他们需要你时，随时都会把你逮捕（为了塞满警车）。他们只会说，"过来吧，我们走！"（Wiseman，1970：79）。

另一个同样的情形：

> 一个人被逮捕多次之后，如果在定期整治期间他碰巧在周围，必然会被逮捕（大规模逮捕）——不管他是否喝得烂醉，这是一件理所当然的事（Wiseman，1970：79）。

一些人甚至说，他们才从监狱释后不久就又被逮捕，在被逮捕之前，他们也只是有过一次醉酒或做了一些通常不被视为违法犯罪行为的其他事情（Spradley，1970：112；Wiseman，1970：80）。正如在上述笔记中所引用的某个人所说的那样，在警察的"围捕"（round-up）行动中，来自贫民区的人都有可能被抓捕，在清剿行动中在场的每个人都可能被逮捕（Bittner，1967b：704，注释 24；Spradley，1970：124；Wiseman，1970：68）。或者当某个其他人被带走时，另外的人碰巧在场，他也可能被逮捕：

> 有时逮捕醉酒的人主要是因为警车是空着的。在一个案件中，一个巡警请求警车带走一位被逮捕的人。当警车正打算返回时，警察拦住驾驶员让他停一下，因为他看到另一个醉酒的人在路上跌跌撞撞地横穿街道。这个人向警察抗议说，他"甚至连半醉都不算，只是饮了一点而已"。巡警回答说："行，我会让你半醒半醉。"（Bittner，1967b：713）

所谓的旋转门模式（revolving door pattern）即同一个人反反复复进监狱、释放出来，这可能与他们的慢性酗酒有关，但是，非常明显的是，在警察的行为中也存在产生这一模式的因素。因此，无家可归的人经常从一个街区搬迁到另一个街区或从一座城市搬迁到另一座城市，试图在他们被警察认识并立即逮捕之前在街上待上一段时间（Spradley，1970：179）。[1] 但是，从某种程度上讲，他们陷入了"两难境地"（double bind），因为他们自身具有的流动性本身就会吸引法律的关注，并且这也是这些人为何从一开始就如此容易受伤害的部分原因（Black，1976：49-52；有关"两难境地"的论述，参阅 Bateson et al.，1956）。无论如何，可以毫不夸张地说，正如某个专业的学生所言，"法律占据了贫民区人们生活的正中心"（Wallace，1965：92）。

逮捕只是警察在贫民区实施的一种社会控制。在各种各样的其他方式中，他们贯彻实施一种具有完全支配地位的警务策略。警察警告无家可归的人离开街道，盘问他们有关的私人事务信息，不预先通报姓名职务就进入他们居住的旅店房间，搜查并嘲笑他们（Bittner，1967b：708-709）。许多警察用诸如"废物"、"酒鬼"、"醉汉"以及"流浪汉"等词语称呼贫民区那些无家可归的人。例如，一个人回忆起自己曾经被告知，他"仅仅是一个甚至不被值得丢弃到粪坑的酒鬼和流浪汉"（Spradley，1970：141）。有些无家可归的人也属于少数族裔群体中的一员，他们可能经历了不寻常的敌视，比如一个美国印第安人表示他被一个警察称作一个干得一团糟的"×蛋酋长"（fucked up chief），总之，警察普遍认为就不应该给他妈"该死的印第安人"（fuckin' Injuns）"饮酒的权利"（liquor rights）（Spradley，1970：142；Lundman，1974b：133）。如果一个人拿着一瓶酒或一瓶含酒精的饮料，警察可能用警棍把它打碎，不过一些警察更喜欢把它倒在这个人的头上或灌进他的裤子里（Spradley，1970：126；Wiseman，1970：81）。不论是在大街上还是在警察局里，无家可归的人会经常被警察搜走他们的钱物以及其他贵重物品。一名调查员听到许多关于警察假装像个烂醉如泥的醉汉"实施抢劫"（rolling drunks）（拿了他们的钱）的故事，但是直到他实施了下面的实验之后才相信这个传闻：

---

[1] 斯普拉德利（Spradley，1970：177-178）进一步指出，法官的裁判模式有一个类似的效果：既然贫民区的人明白他们在监狱里的刑期与他们被送上法庭的次数直接相关，于是随着他们犯罪记录的增加，他们会更积极地寻求离开其所居住的城镇。例如，西雅图的法律规定，如果能够在长达 6 个月的时间内避免再次被拘留，就可以对以前的拘捕记录清零；因此当他们面临更长刑期的风险增加时，他们通常会离开那个城市，只有在符合初犯的从宽处理条件的情况下，才会在 6 个月内返回。

作者……假装喝醉了，"醉得不省人事"地倒在街头上，并让自己 31
被逮捕。他和其余两个醉汉被关在城市的一个拘留所里，值班警察迅速
窃取了他的钱财。他听到其中的一个醉汉说："外面的人从来都不知道
存在差别对待，而且无论如何任何人都不会相信他们"（Wallace, 1965:
97; Spradley, 1970: 144-147, 152; Sherman, 1978: 163-164）。

警察实施暴力也是很常见的事。事实上，这似乎是警察使用的一个主要
手段，他们用这种手段将无家可归的人从其巡逻区域中驱逐出去。为了促使
他们迁到其他地方去，这些人经常会受到警察的拳打脚踢——事实上，这似
乎是许多警察的惯常做法。在一项研究中，有 1/3（N=94）的接受访问的无
家可归者报告说他们都有这类经历（Spradley, 1970: 125; Chevigny, 1969:
116-121）。下面的解释看起来似乎是一种非常典型的理由：

当一个恃强凌弱的警察注意到我的时候，我正在咖啡馆用餐。我已
在家两个月，出门刚下公交车。那个警察说："我很讨厌看见你在这周围
出现——给我滚出去！滚出我的辖区！"他朝我的屁股踢来，结果踢到了
我的大腿上，使得我一瘸一拐地跛了三四天（Spradley, 1970: 125）。

在一名观察员面前，也发生了一起类似的事件：

接到指示的（警察）前去调查在墓地的两个醉汉。他们一到达就
发现两个白人"正在酒精的作用下呼呼大睡"。没有进行任何的盘问，
年长的警察就直接开始对其中的一个醉汉进行搜身，撕开他的衬衫并用
警棍猛击他的腹股沟。与此同时，年轻的警察对另一个人实施搜身，扯
掉搭在他身上的衣服，露出他的屁股。然后警察用警棍戳那两个醉汉迫
使他们朝墓地栅栏方向走，并边走边用警棍捅他们，逼着他们爬过墓地
的栅栏，嘲笑光着屁股的那个醉汉的窘态。当两个人翻过去时，一个警
察朝他们喊道"我他妈的应该把你拘留起来！"，另一个对观察员说
"这些混蛋们不会回来了；一群垃圾！"（Reiss, 1968a: 13）。

不仅暴力可以迫使无家可归者离开某个特定的区域；而且似乎在某些情

况下，警察基于他们自己的利益而搜索流浪者身上的钱财，是对流浪者在错误的时间出现在错误的地点的一种惩罚。例如，一个人在小巷醉睡或醉倒时，估计会受到警察的一顿脚踢、棒打，或其他伤害，这是势所必然的事。这种警察行为，可能被视为一种折磨。一名警察可能扭伤某人的手臂，拉扯他的头发，踹他几脚，或者采取其他形式的暴力行为。在一个案例中（本书第 3 章至第 5 章报告了一名观察员在对三个城市的研究中所描述的情形），为了唤醒醉酒的人，巡逻警察使用了一种被观察员称为"令人痛苦的手指锁"（painful finger lock）；在另一个案例中，警察故意把嗅盐（smelling salts）① 放到一个人的鼻孔里，直到鼻子开始流血，才让其苏醒。

当贫民区的人被逮捕以及被监禁时，警察对他们使用暴力似乎也是频繁的事（Spradley，1970：124-125，148-149）；但是当一个人完全拒绝服从一名警察的权威时，似乎会发生最极端的暴力行为。因此，在一个案例中，当一名警察在一次街头搜查中从一个人的皮夹子里顺手拿走了 11 美元时，他抗议道："自打什么时候开始你想要在钱包里找到一把枪或刀？"因为这样的调侃语调，他受到一顿残暴的殴打，为了止住流血，他头上的伤口被缝了四针（Spradley，1970：150）。当然，并不是所有的警察都像上面所描述的这些人那样如此的暴力，不过，社会中多数人很少或不担心会受到这种程度的野蛮对待。

警察对待无家可归的人的处理方式说明了同时占据多个社会位置的人的命运，就其本身而言每一处社会位置都会遭遇法律。通常情况下，贫民区的人同时是贫穷的、失业的、未婚的、非传统的、未受教育的、无组织的、名声不好的、暂住的临时过客，并且除法律以外受到相对较少的社会控制。除此之外，他们经常是具有较高社会地位的人的投诉对象，尤其是商人（Wiseman，1970：66-67），并且一般来说他们普遍受到公众的厌恶。他们在地位上较低，从文化角度来看，他们与警察有相当的距离。所有这些条件增加了适用法律的可能性和幅度（Black，1976）。有时候警察与这些人

32

---

① 嗅盐（smelling salts），又名鹿角酒（spirit of hartshorn），或者碳酸铵溶液（sal volatile），用于提神的一种刺激意识的化学混合物。嗅盐是一种由碳酸铵和香料配置而成的药品，给人闻后有恢复或刺激作用，特别用来减轻昏迷或头痛。它的唤醒机理是，嗅盐所释放的氨气，会刺激人体的呼吸器官（鼻子、肺等）黏膜，使呼吸运动加剧，进而使人苏醒。这是过去人们用于抢救癫痫患者或晕厥患者的一种强气味药，也是过去西方上流社会"淑女"们的必备之物。——译者注

之间能够发展出一种特定的亲近关系——警察骚扰的结果,在某种程度上,警民亲近关系的运行可能约束法律的实施,但在很多情况下这是不存在的,并且无论如何都很少能够长久维持下去。

1.8 交通执法

人与机动车辆的动向是警察另一个主要关注的对象,而这也以它特有的方式阐明了法社会学理论的相关性。特别是,交通执法情况以引人注目的方式,揭示了法律的变化取决于社会信息流动的程度。

就像报警电话一样,通常机动车辆自身只提供了很少的有关其所有者或经营者的社会特征方面的信息。一辆车的经济价值并不是驾驶员社会地位的一个可靠指标,而且其整体外观和车牌登记资料一般也不会增添更多的信息。因此,可以理解的是,在一个大城市里,绝大部分交通违章停车的传票("交通违规处罚通知书")与涉事人员的社会特征无关,因为当警察开具交通罚单时只有车辆在场。然而,即使有时能够辨识出来停在路边的车辆是某个社会地位低下的人所有,如妓女和她们的同伴〔"男皮条客乘坐的高级汽车"(pimpmobiles)〕以及青少年(驾驶的是加高或降低了尾部的汽车),这些人也可能更容易得到罚单。也有可能,在一个小城镇或小村庄,那里的警察对他们遇到的车辆掌握了更多的社会信息,于是选择性的罚单开具情况就会时常发生。例如,比起当地居民,驾车的陌生人可能更容易收到罚单,而该地区的有影响力的居民(leading citizens)则可以享有一定程度的豁免权。

在某种程度上说,对正在使用中的汽车的管理要复杂得多。任何一位曾经搭乘过警车的人都知道,警察常常忽略了许多被视为违反交通规则的事件(Lobenthal, 1970)。交通巡逻警察一贯遵循的政策是,按照他们主管上司的要求,尽可能多地给违章司机开罚单,在完成这种所谓的定额指标(quota)任务之后,又开始放松对交通违章的执法力度(Petersen, 1971; Lundman, 1979)。正如一位警察局长解释的那样:"警察开了如此多的交通罚单,是因为你们助长了他们的行为"(Gardiner, 1969:88)。实际上,在绝大多数交通执法工作中,交通巡逻警察主管充当了原告的角色,不过在一定范围内,他们会把案件的选择权交给一线执法警察,由他们来挑选决定哪些案件会被当作违法行为进行处理。交通违章罚单的定额指标本身会随着不同城市的交

33

通规则的不同而产生变化，^① 即便是在同一个警察部门，也会随着科室的不同而变化，甚至会随着专门从事交通控制的警官对开具罚单的最大预期数而变化。除此之外，就交通警察自己而言，他们更倾向于开具一个警察能够开出的最大数额的罚单——这显然是为了避免他们的主管改变合理的日常工作标准（Petersen，1971：357-358）。作者在底特律市观察到，当地的一些巡逻警察懂得一天应该开出一张罚单，并且常常说："坚持每天开具一张罚单，督察副官不会光顾你。"一个常见的做法是，在他们刚刚换班之初就开出罚单，这样他们就能够在接下来的 7 个小时里不再理会交通执法这件事（Petersen，1971：359）。警察常常用这样的一些话解释自己为什么未能给那些看起来严重违章的行为开具罚单，诸如"今天我的运气好，已经实现愿望了"或"我不需要再开具罚单了，我已经完成任务了"等说辞。在另一个城市，观察员发现在每个月的月末，警察往往会开出更多的罚单——因为他们不得不完成按月确定的定额指标（Lundman，1979：164）。也许还有一点需要补充，很多警察为了完成定额指标，专门到那些以经常违章出名的地方去执法，这样一来即使是那些最小心谨慎的驾驶员也难免被开具罚单。具备这种特征的地方被称为"鸭塘"（duck pond），范·马伦也提到这样的现象（Van Maanen，1974：108）。例如，在底特律的一个分局，许多警察都对十字路口执勤十分青睐，在那个地方许多驾驶人员很难看到"禁止左转"的标志牌。因此，一个好的"鸭塘"能够使警察在几分钟之内就收获一张罚单。另一个广泛使用的方法也能够帮助警察轻轻松松地完成指标，这就是以安全缺陷为由开出一张罚单，但是一般来讲，这种情况不按交通违章行为处罚，如缺少前灯［被称为"独眼龙"（one-eye）］。

然而，不应该推断，完成罚单指标没有考虑到驾驶人员的社会特征。相反，在交通执法工作中，很多警察会公开谈论他们开具交通罚单时已经考虑到这些社会特征。例如，正如有孩子的人被判为有罪时，他们会得到更宽大的处理（Black，1976：49-52）；只要他们的孩子在场并且警察可以看到——他们就不太容易收到交通罚单。

34　　　因此，在一个作者观察到的案例中，一个白人女子"跑到"了一个停

---

　　① 有证据表明，在一些更小的城市和市镇的警察主管（police supervisors）与那些较大的城市的同侪比较起来，不太会以罚单为导向对交通警察进行考核，他们还可能会谴责那些热衷于此的警察（Gardiner，1969：56，85）。

车标志外，几乎撞上巡逻车：

> 厄尔（Earl）警官及时踩下他的刹车。一名妇女载着几个孩子在驾车。当厄尔下车对她进行问话时，发现她没有带驾照——这自然是一种会被带到警察局接受处罚的情形。但是他没有开罚单，而是决定跟着去她家查看是否有驾照，结果她确实有驾照。
>
> 他站在前门门廊跟她说话。与此同时，鲍勃（Bob）（厄尔的搭档）对我说："你知道，当他们没有驾照时，我们应该把人带走。但这是一个带着小孩和其他物品的女士——这只是我们其中的一次变通执法而已。任何一个警察也不可能永远完全按照法律的规定，死板执行……"
>
> 厄尔离开了大约五分钟。当他到达他的汽车（巡逻车）时，他说："老兄，今天我的运气有点背——没一点幸运可言。她有五个孩子。他们在车上不停地吵闹叫喊，这让她心烦意乱。我告诉她我有两个孩子，你有五个——我知道这些孩子是如何调皮捣蛋的……我只是给了她一个警告。"我没有看到他给她一张达克特（ducat）[①]（罚单）。（作者的现场调查笔记）

另一个警察向作者提供了这样的信息，在他任职于警察机关的 9 年间，他从来没有对载着一大家人的司机开具过交通罚单。另外还有一位警官说，他甚至不会阻拦一辆载着孩子的汽车：

> 当他们是独自一人驾车时我喜欢开罚单。我努力做到不拦截载着全家人的车辆。我不这样做时，这些孩子会说："他是一名真正的警察吗？"于是我只好给他的爸爸开了张罚单。在孩子们的眼里，爸爸是不会做错事的，只是我不想让他在孩子们面前难堪而已。（作者的调查笔记）

---

① 达克特（ducat），是从中世纪晚期到 20 世纪晚期在欧洲通用的一种作为贸易币的金币或银币。各种类型的达克特币含有各种不同种类的贵重金属，因而，这些金币在整个流通时间里具有很强的购买力。威尼斯达克特金币在国际范围内得到了广泛接受，像中世纪时期东罗马帝国拜占庭的碟形金币（hyperpyron）和意大利佛罗伦萨人的弗罗林币（florin）一样，或者像现代的英国的标准纯度的货币英镑（british pound sterling）和美国的美元一样，具有世界货币的特征。这里是达克特的俚语用法，意指罚单的金钱金额。——译者注

　　如果警察知道驾驶员本身就是一名警察，面对这种情况他也不会开罚单。正如一名警察解释的那样：

　　　　如果某位伙计是一名警察，他肯定会向我提及——如果他脑子够聪明的话。如果他没有向我表明警察身份的话，那么他就应该得到这张罚单。（作者的调查笔记）

　　其他与警察有关系的人，也有一定程度的豁免权。事实上确实如此，例如，在处理一起交通事故中，当事人是警察的朋友和熟人，是另外一个警察的亲戚，或者是前任警官的亲戚时，都会享有不同程度的豁免权。在一个案例中，警察拦住了一个人，因为他违反了红色交通信号，但是随后当警察得知驾驶员的妻子（当时并没有在车里）就是最近一次他们参加的警员宴会上的一名厨师时，没有开罚单就放过了他。① 出租车司机、卡车司机、消防人员、政府官员以及神职人员——所有那些值得尊敬的人，他们也在大街上从事执法工作或者为公众提供服务——所有这些人都属于很可能得到特别照顾的那部分人。但宽大仁慈并不是选择性执法的唯一形式：许多驾驶员也可能被单独挑选出来给以特别严厉的处罚。

　　在作者开展田野调查的时候，发现一些警察会设法只给黑人开罚单。有一次，正被观察的警察决定专门寻找"独眼龙"汽车，凡是那些前车灯损坏一个的车辆是很容易辨认的。不管怎样，他们很快拦下了一辆黑人驾驶的车辆。当第一辆这样的车——是一对黑人夫妇驾驶的汽车——接近时，其中的一名警官说："他确实是黑人吗？没错！"然后拦下司机，开了一张罚单给他。他的搭档说观察员可能认为他们带有"种族歧视"，俩人对此开怀大笑起来。此后不久，警察注意到了另一辆似乎是"独眼龙"的汽车，但由于驾驶人员是白人，因此他们并没有拦截下来。接下来，他们碰到的只有一个前灯的汽车由一名黑人司机驾驶，在阻拦之前警察又委婉地自问他是否"确实是黑人"，然后才开了一张罚单。这些警察的行为可能并非典型，因为绝大多数警察还是按照交通规则执法，但是值得注意的是，这种事情确实

35

————————

　　① 在许多城市中，尽管与警察有关系（connections）的这些人仍然会收到罚单，但是他们可以被操纵（fixed），或者在稍后的时间内被取消处罚（nullified）（Gardiner，1969：118-126）。

发生了，而且是在一个调查者的面前。

许多警察对年轻人也往往持挑衅性和严苛的态度，他们经常拦截年轻人，并将其作为一种骚扰的手段（另请参阅第 11~12 页，第 24 页）。正如一名调查员所报告的那样：

> 即使在没有具体的违反交通规则行为的时候，驾车的青少年也可能被指控，马萨诸塞州的警察经常开交通罚单并要求车辆注册局（Registry of Motor Vehicles）（不是法院）暂扣执照。注册局的档案里保存了许多罚单，这些罚单并没有提及违法原因而只是简单地写着："不当操作"、"街头飙车"（drag racing）、"污言秽语"（obscene language）、"驾车喧闹"或"驾车扰乱秩序"（driving to a riot）。（Gardiner，1969：151）

最能够引起警察注意的是这样的一群年轻人——除了黑人和其他少数族裔群体，他们驾车宣泄自己的青春活力，他们驾驶的轿车或小型面包车车身上涂画有独特的装饰图案或安装有特殊的设备（例如喷涂在车身上的人物、响亮轰鸣的消声器、超大轮胎或改装过的汽车尾部），以及驾驶各种各样的摩托车（Skolnick，1966：94-96）。

在保险杠上粘着非传统标语口号［"粘贴在汽车保险杠上的小标语"（bumper stickers）］的汽车，也容易成为警察骚扰性或选择性执法的对象。例如，在一项大学生参与的加利福尼亚实验中，驾驶一辆粘贴有激进黑人政治组织"黑豹党"（Black Panther Party）[①] 的标语口号的汽车，就很有可能被警察拦截，并被开具交通处罚通知单（Heussenstamm，1971）。虽然街面上的社会信息是有限的，但是如果获得足够多的信息，便足以导致整个社会

---

① 黑豹党（Black Panther Party），是一个美国的黑人民族主义和社会主义组织，1966 年由休伊·牛顿（Huey Newton）和鲍比·西尔（Bobby Seale）在加利福尼亚的奥克兰创建，活跃于 1966~1982 年。其宗旨主要为促进美国黑人的民权，另外他们也主张黑人应该有更为积极的正当防卫权利，即使使用武力也是合理的。他们反对美国政府，黑豹党认为改变世界必须透过对民众的长期组织和动员，他们试着从大众组织和社区项目规划来造就革命性的社会主义，在黑人社区提供穷人小孩免费早餐、给予社区民众政治教育，希望一点一滴地改变人民想法，并赋予他们力量。黑豹党是美国为少数民族和工人阶级解放战斗的组织之一，由于黑豹党坚持武装自卫和社区自治（实际上就是在黑人聚居区建立黑人革命政权）的原则，多位领导人被处死、暗杀、长期监禁。——译者注

空间中交通罚单的开具参差不齐（比较 Ross，1960：232-235）。

36　　当警察拦截车辆时，他们是否开罚单不仅仅取决于驾驶员是谁，而且取决于他或她的驾驶行为：在其他情况保持不变的情况下，开罚单的可能性与司机和警察的配合程度成反比。抗议自己无辜的司机，或以任何其他方式抗拒或批评警察对驾驶情况的界定，更有可能得到一张罚单。正如一名收到过交通违章处罚通知书的学生所指出的那样："比起其他人来，辱骂警察的人……更有可能收到罚单，并且也没有回旋商量的余地"（Gardiner，1969：151；Skolnick，1966：94；Lundman，1979：164，166）。任何未能向警察表示尊敬的驾驶人员，都会增大收到罚单的可能性，而一个对警察非常恭敬的驾驶员收到罚单的可能性最小。在一项对三个城市的巡逻工作的研究中，只有11%的有"对立情绪"的驾驶员没有被罚款或逮捕，而"文明有礼"的驾驶员中这项比例上升到了35%，对警察表现出"非常恭敬"的驾驶员中则有49%免受处罚（Black，1968：256）。① 然而，这种模式并不是交通行政执法工作中所特有的现象。警察的正当合法性与他们行政执法行为之间的关系也是本书下一章节以及最后一章节的研究重点。

1.9　骚乱行为

很多调查员已经发现，当人们挑战警察的权威时，他们会受到警察特别严厉的对待。因此，就像一个好争论的司机更有可能得到一张交通罚单一样，一个不愿意合作的青少年或成年人——在任何类型的事件中——更有可能被逮捕（Piliavin and Briar，1964；Black and Reiss，1970：74-75；Black，1971：1100，1103，1108；另请参阅本书第 5 章，第 169 ~ 172 页）。此外，一个不服从警察的人更有可能遭受暴力（Westley，1953；Reiss，1968a：18；Chevigny，1969：51-83）。在一些案例中，人们不仅没有表示出对警察命令的遵从或合作，而且极力寻找和使用社会控制手段来对抗警察。在他们这样做的时候，既可能使用暴力手段、人身攻击，甚至可能杀死一名警察，并将

---

　　① 有 37 名驾驶员被观察员判断具有"对立情绪"，有 156 名驾驶员是"文明有礼"的，还有 43 名驾驶员看起来对警察"非常恭敬"。在这个样本中，所有人都是成年人（年满 18 岁）并且是在社会阶层地位中"占主要地位的蓝领工人"。他们既包括黑人，也有白人，另外，补充说明一点，文本中报告的模式两者都适用（Black，1968：256）。

其作为对警察实施的一种惩罚或报复行为。当这种情况发生时，警察会使用在其他案件中很少使用的策略来对其进行更为严厉的打击报复。这个模式在"政治犯罪"（political crime）的背景下表现得尤其明显，正如我们在骚乱、革命和其他常见的暴动期间所看见的那样。

例如，在 20 世纪 60 年代晚期，许多美国城市在骚乱的过程中，出现大量黑人反抗警察的情形。在骚乱过程中，他们在大街上横冲直撞、破坏和抢劫财产，聚集的人群忽视警察多次发出的要求解散集会的命令，向警察扔石头和瓦砾碎片，甚至在某些事件中还向警察和相关军事人员开枪。作为回应，警察和军队往往把所有的黑人视为罪犯，不管他们有无不当行为。成千上万的人被逮捕，并且许多人受到毒打，有时候还会遭受致命的枪击。因此，在 1967 年 7 月 12~17 日纽瓦克骚乱（Newark riot）① 期间，"普通和蓄意的暴力事件充斥着（被指向）整个（黑人）居住的社区……在大街上人们不分青红皂白地对黑人进行拦截、推搡、咒骂、殴打以及枪击（Hayden，1967：47-48）"。然而一些被枪击和杀死的黑人并没有参与任何形式的骚乱。例如：

---

① 纽瓦克骚乱（Newark riot），是 1967 年 7 月 12~17 日发生在美国新泽西州纽瓦克市的一场重大民事骚乱（civil disturbance），在持续 4 天的暴动、劫掠和破坏活动中，黑人群众同维持秩序的军警交战，示威黑人中有 22 人被打死，2000 人被打伤，1600 多人被逮捕，军警中 3 人被打死，50 多人受伤。当时，纽瓦克市存在广泛而严重的警察种族歧视、黑人被银行等金融部门拉红线标示为拒不贷款的对象、缺乏教育机会、失业等严重社会不公正现象，导致当地的非裔美国黑人居民认为他们这些无权无势的人被剥夺了基本的公民权。特别是许多公民认为他们主要地被排除在具有重大意义的政治代表机制之外，并经常受到警察的暴力侵害。在 1967 年美国东北部地区的传统制造业基地，由于产业不景气和企业撤走，该地区的失业和贫困现象非常严重。进一步加剧紧张局势的是，新泽西州政府最终决定将中央病房（central ward）周边的土地清空，以建立一个新的大学医学院和牙科门诊大楼，但是这片土地上居住着大量的低收入人群，住房被推倒后将导致数以千计的家庭流离失所。直接引爆纽瓦克骚乱的导火索是，纽瓦克的白人警察约翰·德西蒙（John DeSimone）和维托·庞特雷利（Vito Pontrelli）逮捕了一名黑人计程车司机约翰·韦尔德·史密斯（John Weerd Smith）。当时史密斯按照交通控制信号灯的指示超过了两辆停着的警车，警察随后追上史密斯并将其逮捕，在送往第四警察分局（Police Precinct）的路途中，史密斯受到了警察的殴打，警察指控史密斯袭警，并对他进行言语侮辱。由此引发了大规模的抗议和暴乱活动。1967 年 7 月 23~28 日，密歇根州的底特律市暴发了震惊世界的空前规模的种族骚乱，黑人同军警间的武装冲突致死 43 人、致伤 2000 多人，底特律全城 1/6 的地方被夷为平地。骚乱还蔓延至伊利诺伊州、北卡罗来纳州、田纳西州和马里兰州。当年在全美范围内的 128 个城市共导致 83 人死亡。——译者注

在夜幕降临之前的周六，警察开枪杀死了三个在家的女人。丽贝卡·布朗（Rebecca Brown）是一名二十九岁的护士助理，当她试图营救她窗口旁两岁大的孩子时，险些被人砍成两半。哈蒂·盖纳（Hattie Gainer）是和丽贝卡·布朗住了二十年的老邻居，她在窗边观望三个外孙时被击中。爱洛伊斯·斯佩尔曼（Eloise Spellman）在海耶斯公寓被击中颈部，当时还有她十一个孩子中的三个在场（Hayden，l967：48-49）。

当警察朝人群开枪时，出去寻找孩子的另一个女人被击中；一个男士刚刚在餐厅用完餐，走出餐馆准备开车离去，警察将其拦住并枪杀，然后扬长而去；另一个人修理自己的汽车时遭到射杀。在另一个例子中，一个人告诉警察他已经受枪伤，却还被另一名警察撞倒在地，并猛踢肋骨（Hayden，1967）。

黑人被冠以"黑鬼"（niggers）的蔑称，还受到各种各样的骚扰以及恶语谩骂。例如，在一个案例中，一位男性黑人与两位女人，在人行道上安静地行走，警察将他们拦住，并"叫那位男性黑人脱掉衣服，强迫他沿街赤裸奔跑"（Hayden，1967：48）。在另一个案例中，一个黑人职业工人在晚上 10 点以后行驶在一条宁静的街道上，遭到逮捕，理由就是在骚乱期间 10 点以后是宵禁时间。结果他被"殴打直至失去知觉，当他在警察局苏醒以后，又被强迫表演有失身份的一些行为，当他的律师去警察局接他时，律师把这种行为描述为'有辱人格的行为'（degrading acts）"（Hayden，1967：48）。除了对个别黑人使用暴力外，警察还毁坏了许多黑人拥有的商业场所，而骚乱人群离去时并没有破坏这些场所（Hayden，1967：49）。总之，警察把所有黑人视为罪犯的倾向随着骚乱的持续而不断增强：在纽瓦克骚乱以及发生在洛杉矶和底特律的类似骚乱中，一项死亡统计研究显示"骚乱发生过程中，警官越来越不加选择地、随意地，而且带着倾向性地杀人"（Bergesen，1980：153）。将这种反应称为"警察骚乱"（police riot）可能是恰当的（Stark，1972）。

从跨文化和历史的视角看，警察对叛乱行为和其他政治犯罪活动的反应，可以被视为共同责任制（collective responsibility）——或者，更准确的说法是集体责任制（collective liability）——现象的一个极端事例；换言之，在一个特定的社会类属（social category）内，所有成员都对他们同伴的任何行为承担责任（Moore，1972；Koch，1981）。例如，在许多部落社会里，某一个人对其他家族的某个人实施了侵害行为，他的亲属都要对他或她的侵害行为承担共同责任（关于非洲的实例，参阅 Evans-Pritchard，1940：第 4 章；Lewis，1961：第 6 章；Peters，1967）。不同群体和社会成员之间发生冲突时，通常也必须承担集体责任：一场战争或一次世仇按照这种方式进行的时候，当一个群体入侵和侵占另一个社群时，也可以观察到相同的现象（Gross，1979：207-209）。① 当冲突双方都是企业集团等组织的成员时，或者双方被社会空间中相当大的距离隔离时，就有可能出现集体责任制。上述证据表明，这种社会控制策略也可能因反抗权威而发生。反过来说，当卷入冲突的双方具有其他特征时，比如他们是不同种族或少数族裔群体的成员时，会更加突显集体责任制的特征（Enloe，1977）。

也许需要补充的一点是，集体责任制往往是互惠的。因此，在另外一个群体看来，人们要对其同伴的行为负责相当于群体中的每一个人要对其成员的行为承担责任一样。因此，在整个 20 世纪 60 年代，许多警察认为所有的黑人要对少部分黑人的行为负责，同样的道理，许多黑人也认为警察应当对他们同伴的行为负责：正如先前已经讨论的那样，在暴乱期间，警察频繁地被黑人选作暴力事件的侵害目标，而一般情况下，很多警察自己却与侵犯黑人的行为没有关系，甚至还有一些警察很可能是站在黑人一边同情他们的人。同样，在正常情况下，许多针对警察的暴力事件，包括所谓的随机攻击（random attacks）和杀人事件，实际上是在一个集体责任制的框架内，对社会控制的赏罚功能的一种真实表达，是对其他警官的不当行为的报复。②

——————

① 许多所谓的恐怖主义也是对集体责任制的一种表达：某特定社会群体（一个民族、宗教、种族、社会阶层，或者其他）的成员被伤害、杀害或者绑架，以报复该群体其他成员实施的"恐怖分子"所谓的越轨行为。虽然恐怖主义的概念通常被应用于反抗群体的暴力行为，但类似行为可能发生在大部分司法官员的身上（Jakubs，1977）。

② 人类学家萨利·福尔克·摩尔（Sally Falk Moore）认为，针对现有已发现的集体责任制度，无论是在哪里发现的，也不管是什么情况，这些对其他成员的行为负有责任的人，将认为他们只是承担自己在群体内的个人责任，毫无疑问，他们绝对不会接受由于他或她的行为施加给他们的责任：

我的假设是，任何一个公司企业集团的每一位成员都有权做出承诺……致力于承担集体责任，推论规则（corollary rule）总是存在的，公司企业可能惩戒、驱逐或放弃那些滥用此项权力的敌对成员，或者在他将自己的责任施加给他们（其他集体成员）的情况下，公司可能不选择支持他……毋庸置疑，在一个承担集体责任的群体或集合体内，从长远来看，个人应该独自对他们的行为承担负责。集体责任并不排除或替代个人的责任。两者都可以且能够同时在不同的社会水平下运行 [Moore，1972：89，93，斜体字省略（italics omitted）]。　　（转下页注）

39　　警察如何应对骚乱，不仅随着他们所遭遇的抵抗程度而变化，而且也随着他们自身组织的构成而变化。例如，由于法律的量直接随着行政机关的组织管理而变化（Black，1976：95-97），可以预计，更有组织性的警察——这些人更易于集中化管理和具有协调性——将对骚乱进行更为严厉的处置。同样，警察机关的规模也很重要，因为在其他条件相同的情况下，大量警察涉及更大的组织化程度。因此，比起地方警察体系来，通常情况下国家警察体系对骚乱的反应将更为严厉，比如在美国每个城市和州都有他们自己的警察机关，而最为严格的警察机关通常是一个非常庞大的、全国性的体系，比如苏联的警察机关。① 组织化程度越高的警察机关，会将更多的行为界定为政治犯罪，并且将更多的人视为他们的敌人（Bergesen，1977）。例如，1917 年俄国革命的随后几年，我们能够在苏联警察的行为中，发现极端严厉的行动。成千上万的人被作为政治犯而遭到逮捕［表现在一个以"社会预防"（social prophylaxis）而著称的项目中］，每一个城市和地区都有明确的逮捕指标，广泛地使用告密者（informers），拒绝担任告密者会被视为一种犯罪行为（Solzhenitsyn②，1973：第 2 章）。对于政治犯罪的集体责任，

（接上页注②）在警察与反抗群体之间运行的集体责任制度，似乎背离了摩尔在她的建构中所描述的模式。因此，在文本中讨论的暴乱期间，从某种程度上讲，似乎既不是黑人也不是警察应该对他们同伴的行为承担任何重大程度的责任，而这些行为使整个群体容易受到惩罚。就此而论，即便是以日常生活为基础，集体责任在这些情况下有可能发生，但是，在一个现代化的城市群体（the segments of a population）中，只能发现非常少量的摩尔所描述的那种内部社会控制（internal social control）。这样的一个事例，可以在二战期间德国人对波兰人的"随机惩罚"（random punishment）中看见——作为对其他波兰人的反抗犯罪行为的回应——在德国人占领华沙期间（Gross，1979：207-212）。集体责任和内部社会控制之间的关系，看起来与这样一些因素是有关联的，比如相关群体的大小、成员的匿名性以及他们彼此间的关系距离（Gross，1979：209）。

① 除了他们的组织机构以外，还有其他多种因素也可能对增强国家警察制度的严厉性发挥作用。与地方警察制度相比较，为了保持他们的永久性固定住所（在当班期间住在营房里面），招募的警察更可能来自他们执勤区域以外的地方，并且可从一个地方轮换到另一个地方——所有这些因素扩大了警察和公民之间的社会距离，相应地提高了他们的严厉性程度（参阅原书稿第 4 页）。国家警察也更容易代表一个单一的种族群体，这可能是一个会进一步增强其严厉性的因素（Enloe，1977）。补充说明一点，就军事制度而言，与地方警察制度相比，增加国家警察制度严厉性的条件似乎更为极端，导致了更大程度的严厉性。

② 索尔仁尼琴（Solzhenitsyn，1918 年 12 月 11 日—2008 年 8 月 3 日），全名为亚历山大·伊萨耶维奇·索尔仁尼琴（Александр Исаевич Солженицын），俄罗斯作家，二战时的苏联炮兵连长，因勇敢获得两枚勋章，1945 年因通信中有不敬语言而被流放哈萨克斯坦 8 年，在哈萨克斯坦的数个劳改营劳动，在一个专门关押政治犯的"特别"劳改营，　（转下页注）

延伸到了整个社会阶层、种族地位、国籍、宗教信仰、职业、协会、亲属关系和朋友。

> 像一场流行病的暴发一样，逮捕席卷了各个街道和公寓。正如人们在并不知情的情况下，将流行病毒从一个人传播给另一个人一样，通过无恶意的行为，例如握手、交谈、呼吸、递交给别人一些东西等，所以，人们也是通过握手、交谈、呼吸、街上的一次偶然相遇而卷入不可避免的逮捕，就像传播病菌一样。因此，如果你打算明天承认你组织了一个地下组织……那么如果今天我与你在大街上握手，这就意味着我也想组织一个地下组织，同样，这也是注定要被逮捕的（Solzhenitsyn, 1973：75）。

在其他时间很少见到叛乱诱发警察做出相同水平的反制行动。在某些 40
情况下，受雇于警察的密探（agents provocateurs）可能怂恿民众参与到被他们界定为政治犯罪的行为中去，以便警察能够对他们实施逮捕（Marx, 1974）。警察甚至可能当场处决那些反对他们的人，不论是现在还是过去，这种实践在世界各地都能找到相应的证据。虽然在这方面那些具有高度组织性的警察似乎是最具镇压性的，但他们会对质疑他们权威的任何人特别感兴趣。

总之，运用法社会学理论可以解读每一种警务工作——派遣巡逻车、记录犯罪报告、追踪调查、给予警告、实施罚款、予以逮捕、殴打公民，上面

（接上页注②） 他从事矿工、砖匠、铸造工等多个工种。此段经历后来成为他作品的主题。他1962年出版了反映集中营生活的作品，并被吸收进作家协会。1968年因作品《第一圈》无法在国内出版而在境外发表，被开除出作家协会，随后获得1970年诺贝尔文学奖，之后因出版描写极权主义的巨著《古拉格群岛》被驱逐出国。他到美国后毫不留情地批评自由主义，苏联解体后又大骂戈尔巴乔夫和叶利钦毁了俄罗斯，其立场让左右两派都无法与之相处。2007年俄罗斯国庆节那天，索尔仁尼琴获得2006年度俄罗斯人文领域最高成就奖俄罗斯国家奖。在获得诺贝尔文学奖37年之后，索尔仁尼琴终于在自己的祖国获得了肯定。普京在颁奖典礼上说："全世界成百上千万人把亚历山大·索尔仁尼琴的名字和创作与俄罗斯本身的命运联系在一起。他的科学研究和杰出的文学著作，事实上是他全部的生命，都献给了祖国。"颁奖典礼结束后，普京对他说："我想特别感谢您为俄罗斯所做的贡献，直到今天您还在继续自己的活动。您对自己的观点从不动摇，并且终身遵循。"（参阅马建光《与俄罗斯命运相连的"流亡作家"》，《环球人物》2008年第16期，第68~70页）他死后，被誉为"俄罗斯的良心"。——译者注

提到的这些行为大部分会涉及法律的运用。因此，在整个社会警察表现为许多机制，通过这些机制法律以一种或另一种方式或多或少分布在整个社会空间中。每一种警务工作都会遇到它们各自产生的社会条件，这些社会条件将预测以及解释所要发生的事件——哪些行为被界定为犯罪，哪些行为被视为严重的犯罪行为或微不足道的无关紧要的行为，谁将被关进监狱，谁会受到棍棒殴打或枪击，等等。

虽然在任何特定的背景下，警察的行为都可以根据法社会学理论进行预测和解释，但是总的来说，最重要的是要认识到警察自身和法律都是外来现象（exotic phenomena），因为，在整个人类历史的大多数社会中，警察和法律这二者并非长期存在（Schwartz and Miller, 1964）。它们只有在条件恰当的情况下才能相遇——例如，在群体中有大量不同程度的不平等现象；疏远冷漠和缺乏人情味的社会关系；为争取生活方式的主导权而进行的斗争；普遍存在的失业、无家可归和隔离现象；在人们处理他们之间的冲突时，只有很少的方法可供选择（Black, 1976）。因此，在现代社会中，警察和法律得以繁荣发展，原因在于有丰富的、恰当的条件。但并不是说警察或其他任何类型的法律生活，应该被认为是理所当然的事情。随着社会的发展，产生法律或警察的部分甚至全部条件可能减少或者消失，并逐渐削弱诸如警察这类法律官员的价值，这对于他们来说意味着很难保持他们目前的发展水平，并且很可能会危及他们的存在。① 警察和法律可能被证明只是一种短暂的现象，只有在我们目前正在经历的这一社会发展阶段中，才能发现警察和法律现象。

---

① 这并不一定意味着，警察正在执行的许多紧急服务将消失（Bittner, 1974），而是说通过警察实施的社会控制可能最终会减少。

第2章　法律的动员[*]

社会控制理论试图理解合乎规范生活的模式以及它与社会组织其他方面的关系。过去几年，虽然社会学和社会人类学在这个方向上取得了一些成果（Ross，1901；Malinowski，1926；Mannheim，1940；Hollingshead，1941；Llewellyn and Hoebel，1941），但是在社会科学里很少能发现这种类型的理论。对于某些目的而言，有关社会控制方面的社会学思想过于宽泛，对于另一些意图而言又过于狭隘。尽管维护社会秩序的条件是限定的研究主题——有的人可能将该主题的研究纳入社会学领域作为一个整体进行研究——然而社会控制的详细研究却集中在官方对越轨行为的反应是如何影响个体动机这方面（Goffman，1961；Andenaes，1966；Scheff，1966；Chambliss，1967）。所以，社会学关注的是约束条件和个体适应这二者之间的关系，然而作为一种自然制度，社会学却忽略了社会控制的特征和完整性（另请参阅，例如，Schwartz，1954；Piliavin and Briar，1964；Black，1970，1971）。在人类学有关社会控制的著作当中，较之这些制度在个体动机层面的影响，其更关注的是社会控制和争端解决的制度层面。然而遗憾的是，人类学家往往强调具体形象的描述，对发展总体理论缺乏兴趣（Bohannan，1965；

---

* 本章翻印自《法律研究杂志》（*Journal of Legal Studies*）第 2 卷（1973 年 1 月），并做了细微的修订：125–149。笔者要感谢约翰·格里菲斯（John Griffiths）、杰罗尔德·古本（Jerrold K. Guben）、罗伯特·卡根（Robert Kagan）、理查德·伦珀特（Richard Lempert）、迈克尔·利博纳蒂（Michael E. Libonati）、莫林·米莱斯基（Maureen Mileski）、小阿尔伯特·J. 赖斯（Albert J. Reiss，Jr.）、戴维·特鲁贝克（David M. Trubek）以及斯坦顿·惠勒（Stanton Wheeler）等对初稿的评论。法律与社会科学拉塞尔·赛奇项目（Russell Sage Program in Law and Social Science）以及法与现代化项目（Law and Modernization Program）提供了支持，这两个项目都是耶鲁法学院主持的研究项目。

Pospisil，1971）。

42　　法律可以简单地被定义为政府的社会控制（governmental social control）（Black，1972：1086）。虽然法律的社会特征错综复杂，但是在法律中最明显的是其特性和程序，而且是所有的社会控制形式所固有的一种特性和程序。不过人们却没有注意到该制度还缺乏其形式化（formalization）、规模化（scale）和侵入性（intrusiveness）。因此，总的来说，解读社会控制的理论工具要通过法社会学研究才能得以形成。在接下来的篇幅里，我要讨论的是法律生活的一个方面：法律动员①或者案件涉及的程序。② 每天都有案件进入法律制度，这并非是件理所当然的事。那些所谓的不法案件和纠纷不会自动地进入法律程序以寻求处置和解决。若不动员法律，法律控制制度就不会与人们的问题产生联系，而这就背离了建立法律控制制度的初衷。法律动员是法律与受益于法律或受法律控制的人们之间的纽带。

　　虽然例外随处可见，但是法理学文献表明，的确很少有对法律动员这一问题感兴趣的研究。例如19世纪，鲁道夫·冯·耶林（Rudolph von Jhering，1877）呼吁公民在他们的任何合法权益遭到侵犯的情况下，都要将其诉诸法律，他认为间断性的法律动员会有损法律的威慑力，同时他声称，公民的权益受到侵犯时，运用法律是他们每一个人的道德义务。罗斯科·庞德（Roscoe Pound，1917）也发出警告称，法律的有效控制权要求每

---

①　虽然动员（mobilization）一词的使用几乎没有标准，但并不完全是这样。例如，布罗尼斯拉夫·马林诺夫斯基（Bronislaw Malinowski）在论述"司法机器"（judicial machinery）时提及了"动员起来"（mobilized）（1942：1250）。尽管如此，在这个语境下我对动员一词的恰当性还是有所疑虑。有研究人员评论该词认为其带有军国主义意味。我同意这些批评意见，但还要补充一点，动员是一个通常用于分析大规模社会现象的专有术语，就像社会为了战争进行的动员或在政治运动中的动员。不过我一直未能找到一个适当的替代词。例如，调用（invocation）含义太窄，而激活（activation）比起动员显得更为笨拙不便。希望有人会最终改进我的措辞。与此同时，我尽量用这种想法来安慰自己：这个词反映出学术界对所分析问题本身缺乏应有的关注。

②　也许需要更多的具体说明：法律制度是指任何政府组织都要参与界定或执行的规范制度。因此，我把全部政府机构作为一种法律制度——比如美国法律制度，但我也会提到一些特殊的法律机构，比如警察部门作为一种法律制度。就案件（case）而言，我是指任何进入法律制度的争端或指控为不合法的事件。例如，只有当提起诉讼时，违约才会成为案件；只有向警方报案时，盗窃才会成为案件。因此，法律动员就是指向法律机构提起或由法律机构提起控告。在某些法律程序中的几个阶段上，才会发生动员。例如，在侦查、质证、起诉以及审判阶段，都会发生法律动员。

个公民随时都要准备好启动法律程序。尽管当代法律评论家和学者偶尔会重复庞德的观点（例如 Jones，1969：21-26），但是法律动员这一问题几乎被完全忽略了。

同样的，法社会学很少涉及法律动员问题。作为一种社会控制制度的法律的研究通常关注法定起诉期限（legal prescription）或制定政策的程序，比如立法的程序，以及我们在司法决策或警察介入过程中的法律配置（legal disposition）问题或是纠纷解决程序。然而法律的动员是一个程序，是处于法律规定和案件处理之间、规则及规则应用之间的一种"介质"。尽管绝大多数社会科学家集中于规则或规则应用的研究，但是仍能够找到一些涉及法律动员问题的文献（Bohannan，1965；Aubert，1967；Mayhew，1968：15-16）。也有与法律动员理论相关的有价值的实证研究，主要围绕人们何时以及为何会诉诸法律来解决问题（Gulliver，1963；Kawashima，1963；Macaulay，1963；Nader and Metzger，1963；Macfarlane，1970）。

在本章的讨论中，我没有关注法律动员时的社会条件，相反，我将讨论的重心放在法律是如何被设置成一个动议的。我试图要阐明的是，作为一种社会控制制度，无论国家是否选择以法律处理某一事件，法律的特征在其中都发挥着至关重要的作用。我考察了法律动员的构成情况，因为它与法律控制的其他方面相关，包括：（a）法律信息；（b）法律可用性；（c）自由裁量权的组织；（d）法律变革。通过对这些方面的考察，我将说明动员制度是如何影响法律生活的各个方面的，如法律系统需要处理的各种案件、人们运用法律的可及性、执法过程中的特殊程度，以及法律对公民道德变化的响应。

2.1 法律动员的结构

某个案件进入法律程序有两个可能的途径。公民可以通过提起诉讼开启法律程序，或者在没有原告参与的情形下，国家凭自己的职权启动诉讼程序。在第一种情形中，由法律机构对公民提起的诉讼做出回应，因此我们可以将其视为一种反应性的动员程序（reactive mobilization process）。在第二种情形中，司法官员并非因公民的诉讼行为而提起诉讼，因此可视为一种积极性的动员程序（proactive mobilization process）。[1]

在整个社会、历史、法律的实体领域，无论法律以什么方式进行动员（是通过公民进行动员还是由国家来动员，或者由两者共同动员），法律动员都存在巨大的变数。有些法律程序是组织性的，政府自身可以提起法律诉讼；但在另外一些程序中，就不能这样做。例如，在美国，政府对传统的所谓"私法"（private law）没有进行法律动员的责任，比如对合同法、侵权行为法、财产法等，政府不负有进行法律动员的责任。任何政府组织或官方授权的机构都无权代表公民个人利益提起私法上的诉讼。只有在法院和法庭里，公民个人才可以在律师的协助下，基于自身的利益提出诉讼主张。[2] 然而美国的公法却展现出了完全不同的情况。这种情形下，政府被授权可以对公民个人的投诉开展独立调查。[3] 这种情况主要出现在由联邦和地方政府负责的领域，如美国联邦贸易委员会、国税局、城市卫生部门和地方行政许可机构等负有执行刑法相关的职责和监管法律制度的职责。由于在例行调查相关的违法行为时，各政府机关须合作，所以在组织性和合法性上，政府有资格和能力启动公法案件。最引人注目的是联邦、州、县和城市警察机关。但是在警察的管辖权以外，还有众多的政府机构参与到公法的积极主动的执法

---

① 在心理学上，就起源而言"反应性的"（reactive）和"积极性的"（proactive）这两个概念已被用来划分个人的行为类型。前者指行为由外在环境引起，后者指行为源于行为者的内在动因（Murray, 1951）。在法律生活的背景下，这些概念的实用性（特别是在对警察的行为进行分析时）首先由杰罗尔德·K. 古本（Jerrold K. Guben）提出。作为反应性的和积极性的法律制度的一种替换概念，我们也可以分别称其为"被动性的"（passive）法律制度和"主动性的"（active）法律制度（Selznick, 1969：225-228）。

② 这并不是要否认国家作为独立的执法者基于维护自身利益的需要，能够而且经常启动私法案件，例如，当政府是合同违约的受害者时，可以以自己的名义提起私法诉讼。问题的关键在于，政府不能代表公民个人提起应当由公民自己启动的私法诉讼。实际上，在许多刑事案件中，政府是可以有所作为的。在私人诉讼行动中，即便是法律援助律师也没有被授予像政府在刑事诉讼中那样的主动权，因为法律援助意味着国家本身应当是没有任何党派偏见的。

③ 事实上，动员视角提供了一个有效的方法来区别公法与私法，虽然这大体上与传统的用法一致。我们可以把公法界定为国家有权积极实施的法律，把私法界定为启动的主动权只属于公民个人的法律。根据这个定义，法律程序形式上可能是公法的一部分，因此在实践中，无论国家是否根据赋予它的职权行事，它的行为都是公法行为的一种形式。

　　这种区别非常接近由拉德克利夫-布朗提出的观点（A. R. Radcliffe-Brown, 1965：219）：

　　在私人侵权行为法律中，在个人或团体之间的纠纷得到解决之前，可以将争议提交裁判庭进行司法裁决；在公共侵权行为的法律中，中央主管机关本身会积极主动地采取行动，提起针对罪犯的诉讼。

活动之中。在苏联，很大程度上由于存在检察官办公室，由国家启动的案件比美国多得多。在刑事案件中，苏联的检察院是公诉职能部门，而且也对所有的民事诉讼活动进行监督，因此可以在任何阶段启动或参与冲突双方或任何一方提起的任何法律诉讼（Berman，1963：239）。在美国早期历史上，其国家主动性远不及今日强大，但是在法律动员方面，美国政府也绝不像历史上的一些政府比如古罗马那样极端被动，罗马共和国时期的政府几乎完全不存在积极主动的执法行为（Lintott，1968）。

然而，能启动案件调查的法律机构在行使其职权时，根本没必要完全发挥其能力。例如，在法律理论和大众心目中，美国的刑事司法程序是具有高度侵犯性（highly aggressive）的程序。在这一程序中，政府在深挖彻查违法犯罪行为并将其向法院起诉方面非常积极，具有高度的侵犯性。但事实上，美国的刑事司法制度与私法制度的相似性，远远超出了我们的认知。当局关注典型的刑事案件，并不是因为这些案件是由警察启动的法律诉讼，而是因为这些案件由普通公民作为原告发起（Reiss and Bordua，1967：29-32）。在一个庞大的警察局中，制服巡逻队承担着警务工作中最繁重的部分，绝大多数警民接触是在公民动员警察的情况下产生的（Black，1971：1090-1092）。警察会着手处理大部分的不道德行为和毒品案件，但是在交通和人群控制方面，则会采取积极进攻性的措施。虽然这种轻重失调的警务模式或多或少地影响了警察在社区中的形象，但是这只是一种特殊的形式。对其他公法体系的最新研究表明，反歧视委员会和住宅法规执行局参与的案件的立案主要依赖公民的投诉（Berger，1967；Mayhew，1968；Mileski，1971b：60-65）。

45

如同任何一项运用了分析法的杰出研究成果一样，面对当今这个以科学实验为依据的世界，对法律程序予以反应性—积极性的解释（reactive-proactive distinction）的方法时而也会碰壁。例如，当法律案件由有偿线人提交给法庭的时候，就会出现一种边缘情况（marginal situation）。在英国，用线人办案的历史源远流长，这些人从他们同伴的违法行为和罪恶行径中获取利益。16~17 世纪，在英国的某些法律领域，尤其是经济领域，其提供的信息是案件得以进入法律程序的主要来源（Beresford，1957）。在早期的美国法律程序中，也常常使用线人（Bacon，1939），并且他们被警察广泛地用于缉毒工作、不道德行为执法和政治监视中。国税局还向揭发逃税人的线人给予金钱鼓励。在法律控制中，作为一名行动者，线人同时扮演了公民投诉者和公共官员的角色。另一个边缘境况是违法者自首和自愿认罪。在中国早期的许多法律领域里，若罪犯在罪行被查明之前主动认罪或供述，将获得完全的豁免（Rickett，1971）。在中国目前的法律实践中，自首就占有重要地位。在西方法律体系中，自首行为也是受到肯定并能带来回报的。

由于法律动员的结构有重要意义，我将从以下几个方面对其进行论述。以下的每个要素在法律控制中都是热点话题，首先是法律信息。

2.2　法律信息

法律信息（legal intelligence），指的是法律制度在其司法权限内对违法行为的理解。了解法律动员是如何有系统地组织起来，对发现违法行为有深46 远意义。对反应性的法律制度而言，它的责任就是侦查公民的违法行为，因而对所有没有法律意识、法律意识淡薄或者选择忍让的人而言，该系统对他们来说就形成了一道控制程序。因此，私法体系如合同法或侵权行为法，对公民未曾告发的大量的违法行为一概不知。[①] 另外，法律信息的公民本位制度（citizen-based system）要求公民得到有关法律案件的信息，否则更无法引起人们对这些信息的注意。然而，从社会学角度看，由于法律控制中各方面的信息丰富性并非科学问题，因此并不存在"名副其实的"甚至是"有效的"法律信息制度（Black，1972）。

2.2.1　接近案件

鉴于反应式的动员策略不能有效地发现和揭露某些特殊的违法犯罪行

---

① 很明显，与许多美国律师所界定的违法概念相比，我认为违法行为的含义再宽泛一些也许更恰当。如果某一行为在事实侦查清楚之后，存在着官方的正式制裁、抵制或者补救的可能性，则将被视为非法。换句话说，如果某种行为容易受到法律诉讼的攻击，则该行为就是非法的。如果某种违反私法的行为，并没有得到像公法对待非法行为那样的回应，我们就不可以将这种行为理解为非法行为，这类概念是必需的。相比之下，只有原告向法院提出诉讼或者在法庭上对该行为进行界定时，美国律师才倾向于将某项违反私法的行为视为非法行为。从这种墨守成规的法条主义观点来看，把私法的动员作为一种有待进行侦查的问题来考虑是不可能的，因为没有法律的动员就没有对违法行为的界定。然而，从社会学的角度看，未实施的私法完全类似于未实施的公法，在这两种情况下，法律的动员都是有问题的。

为，因此在法律系统中经常会出现积极主动性的动员策略。例如，在交通管制中，反应性的策略几乎无济于事，在处理不道德行为或某些涉及"道德品行"的案件中似乎也行不通。通常情况下，那些投诉不道德行为的公民很少有机会接近违法情景，他们不可能向警方报告，大部分有机会接近违法情景的人也不会投诉。因此，如果这类情况确实需要调查，则需要由政府来发起动员。除了根据警察的职权行为发现的犯罪以外，众多形式的违法行为（如逃避个人所得税和企业违反健康和安全标准的案件）不可能被普通公民知晓或意识到。对这类案件的执法，通常需要由政府机构来实施某种检查制度。例如，为了便利实施强制执行计划，政府需要来自公民和组织的自我报告（self-report），正如在税收执法、反歧视调查和工资与物价控制中所看到的那样。登记和许可制度同样能够协助政府获悉相关人员及其活动情况的信息。需要补充说明的是，一个社会越是分化，在特定社会生活领域里的违法行为就越多，因为在这种情况下，犯罪行为被"包裹"起来了，公民调查制度（citizen detection system）对犯罪鞭长莫及。所以，随着社会分化过程的继续，特别是在经济领域，我们看到了一个不断扩大的政府机构参与积极主动执法活动的图景（Durkheim，1893：221-222）。 47

违法地点是另一个制约案件进入法律程序的因素。因此，绝大多数违法行为是发生在私人场所而不是公共场所，这使得政府的执法系统很难接近违法行为。虽然在某种程度上，这种情况的产生是因为法律保护私人场所免受政府的侵扰（Stinchcombe，1963），但是隐私法对法律信息的影响很容易被夸大。即使完全排除隐私法的影响，每一处场所随时都向政府的执法系统开放，违法行为的完全不可预测性仍然会使政府难以获得大部分违法行为的信息。除非能够达到乔治·奥威尔在小说《1984》中所虚构的那种技术程度，否则政府不可能为了必须侦查的一小部分犯罪行为而对所有违法行为进行监控。例如在公共场所巡逻的警官，除了发现相对琐碎的各种犯罪行为外，很少能够发现重大犯罪行为。更严重的违法行为，如杀人、抢劫、重大盗窃，都是在紧闭的门背后暗中发生的。因此，警察依赖普通公民向他们提供已经发生的犯罪的有关信息。当然，许多违法行为超出了公民的知晓范围。然而不可否认的是，一个对政府怀有敌意或者持疏远态度的普通公民的潜在力量，可能削弱政府确定违法行为发生的场所的能力，这一点在各国殖民地的历史和各种独裁专制的法律制度中得到了充分的证明（Massell，1968）。诸如经常使用悬赏举报等手段，都是不受欢迎的执法方式。

在私法中，公民的力量是强大的，没有公民积极参与的执法是不可能的，没有公民的参与，就无从得知哪里有犯罪。例如，人们可以完全忽略家庭法或过失侵权行为法，政府除了将这些领域重新界定为公法以外，也是无能为力。虽然通常认为由于政府的漠不关心或者懒惰，成文法没有发挥作用，但是，实际上法律的消亡更可能是由于公民未能动员法院或其他法律机构。逐渐地，公民对法律失去兴趣，甚至在私下里，法律可能慢慢地死去。

2.2.2 法律信息的限制

任何依赖社会大众积极参与的法律制度，必须要忍受他们所表现出来的纯真无邪和无知愚昧。当大众把他们掌握的法律标准应用到日常生活中时，偶尔就会犯错，这不仅是因为他们缺乏法律训练，而且还为许多社会情境都具有一种法律上的含糊不清的特征。在复杂的法律制度中，由于公民的错误判断不停地被各种各样的法律守门人（legal gatekeepers）阻挡在法院之外。例如在私法方面，主要的守门责任由私人律师来承担（Parsons，1954）。在给他们的客户提供建议的过程中，律师作为法律信息员为更大的法律程序服务，他们日复一日地对案件进行分类整理，并且限制未经整理的案件进入法院。在公法方面，警察、检察官，以及许多附属于行政机关的执法人员（如卫生部门的官员、食品与药品安全督察员及国税局的税务调查专员）对案件进行遴选后剔除了法律的渣滓（legal dross）。如果没有这些守门人，法律制度中的公民信息缺口就会凸显出来。

然而，其他信息损失使那些因公民的误判而导致的损失相形见绌。尤其明显的是，大量的违法行为不为人知，当遭受违法行为侵害时，很多人未能寻求法律的帮助。事实上，公民不情愿如此广泛地进行法律动员，以至于将法律不作为（legal inaction）视为法律生活经验的主导模式。在私法领域中存在的不为人知的违法行为的数量，可能比在公法领域里的更多，尽管这只是一种推测，但是这完全可能存在。通过公民人口调查（United States President's Commission on Law Enforcement and Administration of Justice，1967：17-19），以及其他正在进行的相关研究，法律不作为的情形才开始被人们知悉。例如，一项对瑞典渔村的争端解决的最新研究发现，社会能够被动地承受大量的违法行为，甚至会持续多年，并且包含了众多的明确定义的受害情形（Yngvesson，1970）。事实上，比起违法行为引起的破坏性，法律动员有时候对社会秩序的扰乱更严重，可能导致更糟的社会分裂。

考虑到非法性，相关的研究文献逐渐聚焦于人们何时动员法律这一问题。包含法律纠纷或违法行为的社会关系的性质成为法律动员的一个特别有力的预测因素。我们能够知道，那些诉诸政府及法院的法律纠纷，主要是发生在相对陌生的人之间或生活在不同社区的人之间的法律冲突（Gulliver，1963：204，263-266；Kawashima，1963），而当具有密切关系的人们产生纠纷时，往往倾向于使用不受法律支配的争端解决机制。然而，当不受法律支配的社会控制手段不可获得时，那些具有密切关系的人也会毫不犹豫地诉诸法律来解决争端［在委内瑞拉-皮蒂对松散结构的美国城镇中说西班牙语居民集居的贫民区的研究中可以见到这类模式（Venezuela-Peattie，1968：57-59）］。然而，在社会关系中获得法外控制的可能性往往是关系亲密的一种功能，通过这种关系的持续时间、互动频率、互动强度、相互依赖程度以及参与方之间发生互动的维度数量等指标来衡量这种亲密程度。我们预计，法律的动员在格鲁克曼（Gluckman，1967：18-19）对赞比亚的巴罗策人（Barotse）的经典研究中所称的"多重"关系中并不常见，在这种关系中，个人不是被单一的利益或纽带联系在一起。

上述绝大多数观点也许可以总结为如下命题：纠纷当事人双方之间的关系距离越远，就越有可能通过法律来解决争端（Black，1970：740-742；Black，1971：1107-1108）。通过这种分类构想，我们能够很容易地预测许多经验模式（empirical patterns）。例如，调查发现当与定期交易并具有持续关系的商人之间发生违约时，很少会发生诉讼（Macaulay，1963）。这里，我们可以看到是反应性的法律制度在起作用，这种法律制度增强了公民使用法律作为解决纠纷的一种最后手段的倾向性，因为它允许人们根据自身的情况建立自己的优先顺序。由于公民不情愿诉诸法律，他们的这种态度促使法律成为一种保守的计划（conservative enterprise），在绝大多数情况下，这会使事态按照本来的意图顺其自然地发展。社会研究最终将揭示出，在许多区域和整个社会中存在着法律无法发挥作用的范围，这使得法律动员的完备的综合理论（comprehensive theory）成为可能。①

　　依靠公民积极参与的法律信息制度涉及另一种限制，不管公民动员法律的程度如何，这都照样会发生。这里存在着这样一个简单的事实：反应性的法律制度的运行是以个案分析为基础的（Mayhew，1968：159）。案件一个接一个地进入系统，然后也是一个接一个地得到处理的。这就造成了有关案件之间的相互关系的信息缺口。很难将违法行为的模式与单个的或类似的违法者联系起来。因此需要处理所有这些案件的源头，而不仅仅是处理这些模式的症状。为了发现这些模式，对所有案件的相似性进行系统的研究是很有必要的。

　　某种程度上来说，虽然警务系统确实采用的是案件模式导向分析（pattern-oriented analysis），即靠公民投诉获取案件信息，但是大多数违法行为都逃脱了他们的侦测网络。由此导致的一个结果是，职业罪犯有着更高的"幸存概率"（Bittner and Messinger，1966）。通过对犯罪手法（modus operandi）档案的分析以及政府在其他领域实施的侦查活动，很难发现和证实某些模式化的犯罪行为。对于模式侦测（pattern detection）而言，违法行为的各种变化都有其可控制性，因此探寻违法模式的策略也同样适用。例如，对一个食品污染案件的处理，能够引出对特定种类的食品的所有生产和配送企业的检查，并且这种检查可能揭露某个企业平常违反卫生标准的行为，或者揭露众多企业同一类别的违法行为。事实上，因为很多企业活动就其本质上来说是程序化和重复性的，所以由企业实施的违法行为往往包含某种模式化内容。例如，汽车制造商违反某一安全规定，这通常就意味着社会上还有大量的类似违法行为没有得到查处，并且政府的调查可能揭开其他制造商类似违法行为的盖子。同样的，在有些城市中，当住宅法规执法人员因为人们的投诉而获悉在某个建筑物中存在违法行为时，他们会对整栋公寓大楼进行检查，也可能推定业主在所有方面的行为都不符合建筑法规的具体规定（Mileski，1971b）。在刑事司

---

①　正如先前所提到的，我没有努力调查许多预测法律动员的社会因素。上述我对有关关系距离的讨论，只限于引出此问题，并说明如何运用一般理论进行探索。例如，一个更具综合治理（comprehensive treatment）性质的措施还应当包括：对争议或违法行为的严重性的分析，其严重性可能通过制裁或恢复原状的性质特征来测量，或通过其正在运行的社会秩序施加的影响效果来衡量；社会环境的组织和整合程度；法律动员所需要的各种资源；当事人双方的社会地位；文化背景，包括双方之间的规范整合程度；以及争端解决过程本身的组织，无论是对抗性的还是调解性的、正式的还是非正式的程序。本章的关注——动员的组织——也涉及动员的或然性概率。

法制度中，对毒品或不道德行为的单个投诉的处理，能够为警察提供渗透进犯罪网络和市场的机会，而且可能使警察发现大量的相互关联的违法行为。

来自私法实施与来自公法实施的例证形成鲜明的对比。一个典型的例子是合同法，通常能够从个人或企业的违法行为中发现违法模式，或者从更广泛的法律行为者中寻找违法模式，比如房地产经纪人、邮递公司、保险公司。除了涉及经常性的违法模式以外，单个企业的某一行为背后可能隐藏着大量的违法行为，而这些行为涉及分散在人群中的相关人。正如当一次度假旅行或一项娱乐活动过早地结束时，主办方不会对大多数受害者做出金钱赔偿。虽然像这类对私法的违反可以通过"集体诉讼"（class actions）来补救，因为单个的法律诉讼可以涵盖许多同种类的诉讼请求，但是它们发生的频率远远低于多重私法违法行为发生的频率，如果政府参与的话，集体诉讼的出现频率则会更大。要是所有已知的违法行为的信息将通过一个类似于警务系统的中央处理系统进行处理是最理想的，那么政府会获悉更多的违法模式。目前，唯一的有关私法案件的官方信息来源只有法庭记录。既然任何私法案件在没有到达法院之前都不可能形成私法案件的法庭记录，那么就不可能有关于这些私法案件的法律信息，这与刑事领域的警察记录类似。即便是那些已经存档的法庭记录，在这种情况下也与法律控制的持续过程无关。[①]

同样，避开任何个案的法律程序，也是法律问题在普通公众中分布的一种较普遍的模式。由于社会条件使得任何案件导向的动员制度都无法生效，因此法律纠纷有区别地施加在不同的公民身上。暴力犯罪和各种人际冲突不均衡地折磨着社会地位低下的阶层（例如，与家庭有关的暴力可能在贫穷的黑人群体中特别普遍），而在社会地位较高的人群中，财产问题经常引起诉诸法律的需求。这些从结构上嵌入的模式不是反应性的控制制度直接关注的对象，即便案件记录可能有助于其他类型的各种社会工程（social engineering）的努力。这些模式不可能被指定给某一单独的法律官员，因为法律官员要面对如此众多的孤立的受害者或违法者，他们的工作中的一件非常重要的事情就是盯住那些由更大的社会力量所沉淀下来的社会残渣（social debris）。除了它的威慑效果外（而且其威慑作用大小还是未知的），反应性的法律制度

---

① 本章没有回顾对违法行为做出回应的政府管辖之外的控制方式。例如一些私法侵犯的模式导向控制（pattern-oriented control）：通过信用机构、非正式信誉网络以及黑名单系统。

总是关注和倾听公民遇到的麻烦，然而产生这些麻烦的更深层次的原理和机制被忽略了。从这个意义上来说，案件导向的法律程序总是启动得太迟。①

虽然积极主动性的制度也不能处理导致违法行为产生的社会条件，但它确实有能力干预反应性的制度所缺乏的社会安排。例如，积极性制度能够捣毁赌博集团或者犯罪辛迪加组织，它们可能是一个星期中发生成千上万个违法事件的源头。交通中的警察控制也通过类似的社会工程来参与预防，而在法律程序中只依赖公民的投诉是不太可能达到预防目的的。在特定情况下，积极性制度也有能力阻止违法行为。虽然它不能触及发生在私人场所的许多违法行为，但是积极性制度可以阻止一些公共场所发生的违法行为。尽管很难对预防的程度进行评估，受到情境预防影响的违法行为的形式可能较少。在反应性的法律制度中，这种类型的预防也是很少发生的，只有当公民因为某个即将发生的或者正在进行的违法行为而接触某个法律机构时，该法律机构才会进行干预。因此，过度依赖公民投诉的法律制度，使人们确信预防不是该项制度应当达成的一项主要目标。更具体地说，反应性的制度启动得太迟了。而且对于任何公民本位制度所固有的惰性而言，私法增强了当事人及时获得法庭听审的难度：那些涉及私法问题的人们不能得到警察及时快捷的帮助和建议。虽然这种情况很可能伴随法律的发展而有所改变，但是随着法律对纠纷问题形成控制，私法制度已远远滞后于当事人的需求。

总之，动员制度隐含了一种特定的有关违法知识的组织机构。反应性的法律制度赋予了公民相应的责任，从而将法律引入公民的私人场所，因为在这些地方存在大量的、各种的严重违法行为。积极主动性法律制度能够发现公民不能发现或者不愿意报告的违法行为，公民的能力不足使得许多私人违法行为被遗漏掉了。在反应性的制度中，案件的种类和比例是公民个人投诉的种类和比例的功能性反映。在积极性制度中，案件的种类和比例受控制系统本身的官方资源分布情况影响。因为反应性的制度依赖于公民以及个案的运作程序，它涉及某些信息缺陷，比如几乎无力识别需要进行必要预防的某些违法行为的模式。积极性制度能够应对模式化的违法行为，而不仅仅是违

---

① 这并不是要否认法律机构能够对在反应性动员过程中逐步积累的压力做出回应。例如，针对扒窃案件投诉的高比例，为了更有效地解决这个问题，可能警察部门会组建巡逻队或者实施便衣警探行动。如果是这样的话，对法律管理者和决策者而言，来自公民本位的动员制度的案件是一个重要的信息来源。

法行为的个案。虽然积极性制度具有强大的预防能力，但是在很大程度上来说，这种预防能力对那些边缘性违法行为和少量的个案违法形式的作用是有限的。因此，更为重要的问题是动员制度能否有效预防纠纷问题的产生。

2.3 法律的可用性

前面几节关注的是相关法律系统接近案件的机会，现在我们要反转我们的视角，考虑公民接近法律的机会。我们必须从自下而上和自上而下的角度审视法律生活（Nader and Yngvesson，1973：892），因为每一种法律控制的情形也是一个法律服务的实例。法律对公民的可用性（the availability of law）在法律系统之间以及内部都有明显的区别。按照法社会学理论的观点，这不能被视为是理所当然的情况。让公众接近法律是法律机构的职责。

2.3.1 法律的两种模式

反应性动员制度描绘了一个具有企业家精神的法律模式（entrepreneurial model of law）。它假设公民能主动和合理地追求自己的利益，因为最普遍的最大法律利益很可能是由分散的大量的利己的企业所带来的。这是市场经济在法律上的映射（legal analogue）。

实际上，作为反应性制度的私法组织不仅仅是市场经济的相似物，对市场经济而言，它也是构成法律基础的必要条件。从历史发展进程看，在合同法、财产法和侵权法中出现的"私权利"制度，是伴随资本主义而产生和发展的（Trubek，1971：65-70）。然而在这里，我只想表明公民本位的动员制度（无论何种的动员）都会遵循与市场经济体系一样的运行原则。① 在   53

① 总体上看，这种说法也促成了普通法律制度的建立，就像市场经济一样，这种法律制度是高度分权的（由中央政府向地方政府），有竞争力的，很大程度上是私人的，并对个体间高效率的经营效果（efficient performance）产生强大压力（Posner，1972：49）。波斯纳（Posner）也指出，过失侵权行为法（negligence law）的动员简直就是经济行为：

　　事故相关者经济上的自利提供了制度动力。如果事故的受害者对遭受的损害提出一个有争议的法律诉求，受害者就会支付酬劳请人调查导致这次事故的环境情况；如果调查证明存在赔偿责任，就会向给他造成伤害的一方或其保险公司提出索赔请求；如果不能达成和解，则会在诉讼中坚持自己的诉求；如果确有必要，则会一直上诉到联邦最高法院。另一方也有类似的动机，也需要调查事故发生时的情境，寻求一个合理的解决　（转下页注）

它们的原始形式（primordial forms）中，法律和经济都是自为的体系。相比之下，积极性制度涉及一种所谓的社会福利法律模式（social-welfare model of law），这种模式被界定为以政府强制手段来保障公民的法律利益，尽管政府也会受到公民中个别利益群体的影响。然而，在纯粹的社会福利法律模式中，并没有为公民在法律政策的制定中提供发挥作用的空间，就像在纯福利经济中那样，并没有将人们的意愿系统性地纳入决策的过程中。可以说，积极性制度并不仅仅使法律成为人们的一种可获得物，还是强迫人们遵守法律的一种制度。

虽然这可能不是法律实施的初衷，但是以反应性策略运行的法律制度通常运用法律机制来确保动员是真正意义上的自愿行为，并确保人们具有企业家精神。一个美国的实例表明，道德上是禁止律师开展声势浩大的顾客游说活动的。要是律师可以通过游说顾客来受理法律案件，案件进入法律程序的情况就会发生改变，因为很多其他违法行为的被动受害者毋庸置疑会被说服参与法律动员。① 律师对案件进入法律程序已经发挥了巨大的影响，而且这种影响还会扩大。在美国的制度下，律师能够从一些案件中获得利益，同样的激励会诱使公民个人对某些案件提起法律诉讼，例如在私人反垄断诉讼中的三倍损害赔偿，可能诱使律师游说当事人进行诉讼从而达到招揽业务的目的。在律师通过游说顾客获得业务时，他们实际上已经变成为私人检察官（private prosecutors），从而削弱了法律市场的纯洁

54

（接上页注①）办法，如果做不到这一点，就会在法庭上为自己的行为进行辩护。为个人和企业创造调查事故的经济动机，并将他们的调查结果提交法庭引起关注，这种制度使社会有可能避开精心设计的复杂政府机构，而这种复杂的政府机构在收集有关事故程度范围和发生原因的信息方面是很有用的，如果这方面的信息收集对事故双方当事人而言，没有激励性动机，他们也就不会竭尽全力地开展调查（Posner，1972：48）。

① 分清纯粹的广告行为与积极的游说诱导（active solicitation）可能是非常有益的，因为前者最近在美国得到了认可。纯粹的广告行为仅仅是一个过程，只是简单地告知法律消费者可获得法律服务。然而，积极的游说诱导行为是试图劝诱一个已经了解情况的消费者接受法律服务。与游说诱导行为不同，纯粹的广告行为似乎与具有企业家精神的法律程序相一致，就像在企业决策时一样，法律消费者不会公然违背自愿性和合理性的基本假设。不过仍然存在值得商酌的地方，即使是积极的游说诱导也可能不会妨碍自愿性和合理性的假设。各类诚实的广告和游说诱导行为，通常都被解读为是与市场经济相一致的。

性。"起诉权"（standing）① 的法律原理是支撑企业化法律组织的另外一个制度设计策略。该原理是指，在当事人提起诉讼之前，他们必须证明他们的利益直接受到双方争执问题的影响。在这种情形下，不相关的公民而不是律师被禁止参与法律动员。同理，这种做法是为了保护法律市场的纯洁性。

让公民有理由动员法律，却只为公民提供了很少的便利，这并不令人惊讶。就像任何企业化的诉讼程序一样，反应性的法律制度假定那些想追求自己利益的人有能力这样做。

2.3.2 法律可用性的局限

诉讼成本是对私法可用性的一个普遍公认的限制。为了降低低收入人群的经济负担，法律援助项目和小额索赔法院（small-claims courts）等服务项目已经得以建立。事实上，公民维护其合法权益的能力常常受到他们财富水平的影响，这是确实存在的客观现象。另一方面，在刑法领域，法律代理的质量不取决于原告的财富拥有量。这并不是要否认富有的和社会上有影响力的原告可以从公共机构得到更好的服务（这是一种歧视）。但是，刑事司法制度不会按照这种标准进行安排，不会因为原告富有就能够在法庭上得到更好的律师服务，因为检察官在维护所有原告的利益。

无论是公共场所还是私人场所，在不同的社区中，许多其他情况也能限制法律的可用性。在前现代的法律制度中，由于这些社会通信和运输系统不发达，空间上靠近法律机构可能是一个十分重要的因素。例如，在 19 世纪的中国，如果原告居住的地方离司法机关越远，他们就越不可能提起诉讼。这一点在民事案件的诉讼方面体现得尤其显著，而且在刑事案件方面同样如此。如果原告居住在一个有司法机关的城市里，其民事诉讼将将有 60% 的机会获得最终的处置；而如果原告居住地离司法机关有 71~80 里远的距离（约 24~27 英里），获得最终处理的案件将仅为 20%（Buxbaum，1971：274-275）。

---

① "standing"作为形容词时，是指已经由法律或习惯确定的、长期有效的；作为名词时，等同于诉讼资格（standing to sue），即起诉权或司法救济请求权或原告资格，指一方当事人因与某项纠纷有充分的利害关系，从而可向法院寻求司法解决该纠纷的权利或资格，即有权提出某项法律请求、寻求以司法途径实现某项权利或使义务得到履行。在美国联邦法院，当事人若要取得原告资格须证明：他所反对的行为已经给自己造成了实际损害；他所寻求维护的权益属于制定法或宪法所保障的权益范围之内。——译者注

一些现代化国家目前在社区邻里层面采用人民法庭（popular tribunals）的形式，通过人民特别审判委员会向普通百姓提供法律服务。与此同时，社会融合（social integration）机制对现代化进程本身而言是一个非常重要的因素。前现代社会是以高度的法律可用性为特征。比如，在 17 世纪的马萨诸塞州，每一个城镇都有自己的普通管辖法院，所有的案件都易于进入法院。事实上，易于进入这些法院系统似乎在诱导甚至怂恿人们诉讼，导致诉讼中出现了一些琐碎而无价值的、毫无根据的、无理取闹的案件，因而总体诉讼量比较大（Haskins，1960：212-213）。再回过头来看看英国的情况，平民百姓没有那么容易接近法律。但是在部落社会里，法律的可用性是相当高的。

另一种不时地会干扰反应性的法律程序的力量，是平衡性规范体系（countervailing normative system）：对一些受控的公民而言，非正式行为规范禁止公民动员官方控制的系统。通常情况下，这表现为人们通过动员社会控制系统来对抗与他们地位平等的对手时遇到了阻碍。例如，就人们对警察的态度而言，那些受制于同行规范的人反对"告发"或"告密"行为。在美国黑人的亚文化中，这种道德规范表现得淋漓尽致。在诸如监狱、集中营、精神病院、军队中的基础训练营等全控性机构（total institutions）① 中，我们也能看到强大的反动员行为规范（antimobilization norms）。同样，在殖民地社会的土著居民中、在学校和工厂里，也能找到这些行为规范。即使是在传统的家庭里，孩子们也被教育不要"在闲谈中泄密"。反动员行为规范似乎在普通成员当中表现得更明显，无论何时，在任何一种社会制度的权力结

① 全控性机构（total institutions），又称为总体机构，是加拿大裔美国社会学家欧文·戈夫曼（Erving Goffman）于 1957 年 4 月发表的一篇论文《论总体机构的特征》（*On the Characteristics of Total Institutions*）中首次提出的概念，并于 1961 年在《避难所》（*Asylums*）一书中再次加以论述。全控性机构是指一种对个人进行强制性改造的再社会化机构。在全控性机构里，居住者被限定在这里度过一段指定的时间，并与外界断绝来往或只有十分有限的来往。他们处于某一管理机关或管理者的几乎是绝对的控制之下，过着一种严格的、秩序井然的生活。他们必须放弃自己原有的角色，并承担起新的被指定的角色。他们失去了对个人生活的控制权，被剥夺或部分剥夺了自由和自主权，只能听凭管理机关的摆布。全控性机构通过让它的居住者穿起统一的制服、对个人占有的财产加以限制和规定严格统一的活动时间表，使他们在某种程度上失去了原有的个性特征，并在强大的压力下，被迫接受和服从新环境中的价值标准和行为规范。监狱、罪犯劳改场所、精神病院、修道院、传统式寄宿学校、军营、医院等都是全控性机构。福柯在《规训与惩罚》（*Discipline and Punish*）一书中也对全控性机构进行了论述，将其称为"完全而严厉的机构"（complete and austere institutions）。——译者注

构中，都存在相当明显的分裂。①

如前所述，我们可以认为，在权力体系和易受该体系支配的人之间，每当存在相对公开的冲突时，反应性的法律制度倾向于遭到废弃，而且还会面临更为广泛地要求采取积极性控制策略的压力。因此，我们应当看到，当社会控制问题主要涉及社会底层时，政府将不成比例地采用积极性法律动员制度。例如，在 19 世纪初期的英国，积极警务的出现，反映了精英阶层对底层社会日益增长的阶级意识的恐惧（Silver，1967）。从跨国比较视角来看，我们发现警察当局和政治力量通常是一致的，并且每一种警务系统在一定程度上都是政治控制的工具手段。这一点在经济欠发达的社会尤其显著。在亚洲、非洲以及中东的大部分国家，在早期的殖民政策中能够发现积极警务制度的根源（Bayley，1971）。同样的，似乎也能在罗马共和国发现先发制人的积极性控制措施，这些措施只是适用于奴隶的常规性手段，而且有时候也用于被称为"乌合之众"的城市群体（Lintott，1968：102，196）。法律不当行为的一种常见形式是社会地位较高的公民的肆意妄为，如肆无忌惮地违反合同和担保法、民事过失以及各种形式的失信和腐败行为，这些行为通常都是由反应性动员程序这只温和的手进行处理。

理论上来说，法律对所有人都是可获得的。事实上，在任何法律制度中，法律的可用性对那些有较高社会地位的公民而言，比那些处于社会底层的公民更强。与此同时，法律实施的强制性则更强地适用于处于社会底层的人。因此，像任何一种法律程序一样，法律的动员反映和延续了社会分层化系统（systems of social stratification）。比起以往任何历史阶段，在当代的西方社会中，对大部分公民而言，法律的可用性仍然是超乎寻常的，而且这种可用性仍在不断增强。但同时这似乎也表明，法律强制实施的广度和深度比以往任何时候都要大大增加了。

①　当我在这里强调非正式规范（informal norms）对抗法律动员的作用时，也许需要注意的是，社会压迫的一个标志性特征就是官方的正式机构无能力进行法律动员。例如，在中世纪早期的英国，妇女不能对重罪提起诉讼，除非她起诉的是针对自己家人的暴力犯罪或谋杀其丈夫的犯罪。同样，妇女也被排除在法律程序的其他方面之外，例如不得担任陪审员，结果是女性在很大程度上不能够作证（Pollock and Maitland，1898：第一卷，484-485）。

2.4 自由裁量权的组织

学习法律的学生经常对法律决策发表评论，认为法律决策不可避免地允许法定代理人（legal agent）拥有自由边界（margin of freedom）或自由裁量权。有时候，这种边界不会超过成文法语义上固有的模糊程度，正是这种模糊性导致有关法律在各种不同的具体情况下存在解释上的不确定性。在某种程度上，这种模糊性和事实易变性（factual variability）在法律推理中是不可避免的（Levi，1948）。有时候决策者的自由裁量的边界是如此之大（比如许多行政法规中的规定），以致与其说是法律不如说是人决定了决策的制定（Davis，1969）。

2.4.1 道德多样性

法律制度组织分配自由裁量权，以决定什么时候进行法律干预是合适的。反应性制度把自由裁量权分配给普通公民而不是司法官员。这对法律控制产生意义深远的影响。反应性制度允许公民的道德标准影响案件是否进入法律程序。当人们面对非法行为时，大部分人具备不依赖诉诸法律程序的能力；不知不觉中，这给人们提供了一种参与选择性执法模式（selective law enforcement）的能力。公民自己决定法律事务在他们的私人世界里的职责是什么以及不是什么，每个人都是在法律生活的正式表面下的某种立法者。

人类学家保罗·博安南（Paul Bohannan，1965：34-37）认为，法律是为了使各种社会机构如家庭、宗教的习惯规范（customary rules）和政权形式等"再制度化"（reinstitutionalize）。根据这种观点，法律是一种辅助性的规范机制（auxiliary normative mechanism），其作用是为非法律规则提供必要的支持。这种"双重制度化"（double institutionalization）的概念是这个古老而简单的观点的延伸，即法律强制实施普遍道德。作为一种理解现代立法和司法行为的方式，虽然像这样的概念可能有严重的缺点（Diamond，1971），但是它与法律动员的分析有一些相关性。当公民根据他们自己的道德标准诉诸法律、采取诉讼行动时，实际上他们对法律的运用是作为对这些标准的补充。个人和法律之间的功能性关系，是博安南从整体社会层面提出的一种关系相似物（analogue of the relationship）。但是个体模式不能推广到整个社会层面，因为在社会阶层、族群、种族、性别、世代，以及其他诸如此类的分组中，公民的道德标准是不同质的。相反，对这些社会组成部分和这些分组以外的成员来讲，反应性制度使运用法律来强制自己的道德亚文化（moral subcultures）成为可能。当法律是反应性模式时，虽然它会呈现双重制度化模式，但它是多个机构的翻倍，与我们在现代社会中发现的道德亚文化具有一样的多重性。因此，法律使公民群体的道德多样性永久化（Black，1971：1105）。对于一些政府机构，例如警察部门和占主导地位的反应性控制系统而言，这似乎是一个奇怪的角色，但是法律和道德的关系是非常复杂的，有时候会与常识不一致。在以道德异质性为特征的社会里，只有通过积极性控制，道德才能够被其他人接受。[①]

2.4.2 歧视

自由裁量权通常包含实施特别执法的可能性，或更简单地说，具有实施歧视的可能性。从社会学的角度来看，法律上的歧视为法律与社会分层之间的关系提供了一个有趣的视角。自由主义者对积极法律制度的恐惧的主要体现，一直都是对歧视性执法感到忧惧。但无论动员制度是反应性的还是先发制人的积极性的，都不能决定歧视性执法的发生概率；相反，它只能使该概率组织化。虽然根据政府官员的偏见，反应性制度剥夺了他们援引法律的机会，但是反应性制度却给普通公众创造了援引法律的机会。当法律制度应公民的需求开始运转时，其方向会沿着未受监控群体的突发奇想的路径发展，而不论法律制度是否为普遍主义的。每个公民都拥有自由裁量权，他们能够决定哪些在法律上易于受到攻击的弱势群体应当受到官方的关注。白人公民有权对白人比对黑人更加宽容仁慈，反之亦然；中产阶层歧视玩世不恭者，年老人看不惯年轻人，富人瞧不起穷人。为了方

58

[①] 在道德多样性的条件下，在不同族群中有时会出现积极控制，这种控制发挥着整合更大制度的作用，法律制度本身也具有同样的作用（Fortes and Evans-Pritchard，1940）。当人们的道德多样性中包含了高度冲突的规范时，先发制人的积极性法律控制似乎特别容易出现，正如我们在一些国家的部落和种族群体中所看到的那样。也许我们还可以更进一步地认为，规范冲突（normative conflict）总的说来是威权专制法（authoritarian law）的一个重要指标。

便辩论（arguendo）起见，我们假定公民根据自己的良心行事，做他们认为正确的事。所有个人决定的综合结果是，在全体违法者中分配的法律风险（legal jeopardy，被告人在法庭上被判定有罪的风险）肯定是不均匀的，尤其是当我们认为这些决定不能动员法律时更是如此（Black，1970：739）。政府管制监视中的歧视的可能性似乎是最小的。反应性动员并不比在私人场所中的许多不法行为更有可能受到管制监视，反应性制度能够揭露私人场所的非法行为。如果仅仅是因为积极主动性法律系统本质上涉及一个可以渗透的组织基础，那么先发制人的积极主动性法律制度对监视和控制的顺从性或服从的义务（amenability）的要求就要大得多。先发制人的积极主动性控制本身易受制于主动的控制，同时反应性控制分散在大众之中，因而很难进入法律程序。简而言之，在反应性制度中，法律歧视的模式（更民主的法律程序模式）更难以捉摸，其结果与积极主动性动员制度中的类似模式相比，人们更难以妥协、更固执己见。① 也有这种可能：比起符合公民需求的制度，政府发起的动员制度更能维持社会分层的现状。在一定程度上，公民做出的歧视性决策在大众中被其自身所抵消了，而司法官员的歧视性行为反映了他们自己的偏见，并且这些偏见往往方向明确且缺乏可抵消的力量。

除了靠公民顺应歧视外，反应性法律制度允许个人征用法律的功能，这正是立法者从来没有预想到的事情。人们可能为了使他们的竞争对手破产或破坏他们的名誉而动员法律（Cohn，1959），或者为了拖延财产的转移或支付到期的债务而动员法律（Lev，1971：64），或为了报复他人而动员法律（Mileski，1971b：66-68）。在法律本身所限制的范围内以及法律官员规定的范围内，反应性控制程序赋予公民自由裁量权，使他们根据法律按照自己

---

① 正如动员系统使歧视以及对其进行控制的可能性变得有组织化一样，它也使法律腐败的可能性变得有组织化。我们发现，和歧视一样，腐败也比较容易控制，也就是说，我们在先发制人的积极主动的执法系统中能够容易地控制腐败的发生。例如在警务工作中，我们经常听说在不道德行为控制和交通控制中存在着腐败行为，而来自各个不同社会层级的公民对这些问题的投诉却很少，因为警察在风化控制和交通管理中，腐败行为也许是最常见的。

的意愿行事，而很少考虑长期的社会效果。①

2.5　法律的变革

研究法律变革的学者，历来都致力于研究法律规则的实质性内容的变化。法律学者尤其对司法决策过程中积累起来的法律规则的变化予以特别关注（Holmes，1881；Cardozo，1921，1924；Levi，1948），然而最近的社会科学研究已经开始更多地关注立法上的变化（Gusfield，1963；Mayhew，1968；Lemert，1970）。学者们对法律组织的变化也开始产生了兴趣（Weber，1925；Schwartz and Miller，1964；Moore，1970）。但在现代社会，几乎法律生活的所有领域都处于不断变动的状态。除了法律规则与组织的变化之外，在通过动员进入法律程序的各种各样的案件当中，在各种纠纷的处置模式和方式、法律人员方面，以及发生在法律控制和社会生活其他方面之间的交流中，例如地位层级、非正式控制机制、文化领域、政治运动等，都正在发生持续不断的变化，正如迪尔凯姆（Durkheim，1893）所指出的那样，社会分化的程度日益提高。

2.5.1　道德变化

随着公民所面临的法律问题的种类以及他们对此类法律问题的定义发生变化，为回应公民而组织起来的法律体系的工作量也随之发生变化。② 从根本上来说，反应性制度能够吸纳来自普通公民生活中的每一个此类变化。例

---

① 反应性法律程序要求不同的输入要能体现有关社区的内部动态。例如，通过观察谁把谁带到法院，我们了解人们相互作用的方方面面（Nader，1964）。同样，在许多非刑事争端中，公民寻找警察的事实表明，美国的城市生活缺乏一系列不受法律支配的争端解决机制，而这些机制却在尚没有文字的民族中能够经常看到。在争端解决中，警察发现他们自己既扮演着调解者的角色，又起着对抗性的作用（参见本书第 5 章）。在部落社会中，这些角色有时是完全不同的（Gibbs，1963）。如同反应性控制一样，积极的动员制度能够得到各种方式的利用。这些方式可能是公法的，也可能是私法的。例如，通过收罚款（如交通罚款），积极的执法活动可以增强政府的财政，或者能够增强或削弱政治人物或政治组织的利益，正如有时在对不道德行为的打击以及腐败丑闻中所看到的那样。

② 我并没有假设公民会把自己的问题看作法律所定义的这些问题，他们也未必愿意或者能够按照他们的法律经历来理解他们的问题。然而，当他们根据自己在法律诉讼中遭受的委屈经历采取行动时，从某种程度上来说，反应性法律制度所采取的方式能够倾听到他们的诉求，而这是积极性法律制度所不能做到的。

如，警察因他们的保守主义态度而恶名昭彰，他们将通过改变他们的工作量来适应公民的道德变化。因为他们被组织起来回应公民提出的服务要求，他们被组织起来是为了适应变化，是为了向各种不同阶层的人们提供不同的警察服务。因此，不管警察对可能的社会现状的态度如何，公民本位的动员程序也会使他们变得特别灵活多变。

60　　许多政府官员自行启动的法律工作，几乎不考虑公民的感觉需要。虽然公民通过某种游说往往能够影响先发制人的积极主动性法律工作，但事实上官员的态度可能是，为了不影响案件的选择而不愿这一工作得到许多人或甚至大多数人的参与。因此，在普通民众的道德发生变化的情况下，一个先发制人的积极主动性制度展现出了一种潜在的僵硬（potential rigidity）特性。超越其在潜在的僵硬特性，积极的控制程序能够对那些反抗的人群执行某种具有侵犯性的法律政策，正如在集权专制政权下的政治警察已经斐然可观地演示说明的那样。这种侵犯性正是现代化社会中的法律实施所必不可少的核心要素。在这样的社会中，人们对官方正式的改革创新，即使是没有敌意的，也可能是无动于衷的。不过，由于对日常生活中公民的情绪状态缺乏常规的记录或者取样，正如我们在反应性制度中所发现的那样，总是很难确定主动性控制程序是否在跟随、抑制、引导公众的道德变化。

2.5.2　有计划的变革

虽然基于公民本位制度也许更容易理解人们的道德转换，但是在面对中央直接规划的变革时，公民本位制度可能导致顽固的抵抗。在反应性制度中公民的自由裁量权产生了歧视的可能性，但是并没有提供确定的控制歧视的手段，所以总的来说，公民权是其他类有意法律改革所无法企及的。在法律处置程序对案件的选择方面，反应性程序没有办法系统地进行干预；因此需要对公共政策进行重新定义（Selznick，1969：228）。相比之下，积极性制度是一种开展有计划变革的手段，因为这是根据规划者的权威进行的改变。

有关法律变革的问题，再一次引起了人们对法律与经济互为映像的想法。由于反应性动员制度是围绕具有企业家精神的创业模式而建立的，因此它的运行与市场对法律服务的需求相一致，它所自动记录的法律变化，与经济市场出现的变化相一致。该变化不会也不可能由中央引起；他们伴随普通公民人口的增长而发生，遵循着不比市场这只"无形之手"更加有形的计划。历史的发展能够以类似于市场的方式表述其自身，它同样能够通过公民本位动员制度的众多渠道来发展（Nader and Yngvesson，1973：907-908）。像社会福利制度一样，积极主动性动员，在其纯粹形态上涉及一个核心计划，该计划是一个有意识策划的有关变化与保持稳定的计划，该计划可能会也可能不会考虑公民意愿的表达。

即使在面向人们的感觉需要（felt needs）的积极性制度中，个人也不想使其愿望在陌生人面前公布出来，因为只有与同伴相隔离，人们才可能以积极的行动追求属于自己的利益（Olson，1965）。在适合公民积极主动发起的动员制度中，每一个个体实际上都是孤立的，并且一定会追求其各自的利益，否则没有人会动员法律。政府关注的是法律，而个体往往关心的是通过法律能够实现的事情，但正是因为这个原因，任何一个理性的人通过其自己的行为，推定其他人也会从有利于他们的角度去援引法律政策。当其他人使用相同的计算方法时，他们也不会采取行动来影响法律政策。结果是，在变化着的公民利益和国家启动的计划之间，存在着一种未知的关系。在这种关系中，有计划的法律变革是可能的，但是不存在一种能够了解人们感觉需要的机制。哪里存在这样的机制，哪里就绝不会有有计划的法律变革。

2.5.3　法律的演进

在过去的几个世纪，法律作为一种社会控制手段，其演进的最明显的趋势是作用日益增强。这一发展进程与其他控制机构（比如亲属群体、关系紧密的社区以及宗教组织等）的逐渐崩溃密切相关（Pond，1942）。这一趋势会沿着法律世界的众多层面持续发展，包括数量越来越多和范围越来越广泛的国家立法趋于完善。这几乎看起来像是一种历史的漂移，趋向于国家垄断对社会的控制（Diamond，1971：124）。

对动员制度在法律演进中的作用的考察表明，这种趋势在一定程度上是在公民的要求下进行的。由于不受法律支配的社会控制的持续失效，当这些原子化的个人在没有别人的协助时，会越来越经常地向国家寻求帮助。这些公民都借助法律来解决他们的个人问题，但是他们的决策加在一起却会导致一场危机。然而要剥夺人们目前拥有的主动性，除了用一个计划来代替现在的计划外，没有其他的方式。

2.6　结论

　　无论社会控制的社会背景和形式如何，无论越轨行为和扰乱社会秩序的行为遭遇抵制的情形如何，社会控制都是一个值得进行研究的问题。在几乎没有社会控制的情况下，一些社会已经被管理得很好，法律方面只有原告和他们的亲属所施加的影响（Karsten，1923：1-32；Evans-Pritchard，1940：150-191）。在其他领域，积极动员制度随着集体参与而有规律地出现和消失；在一些早期社会的战争或狩猎期间，可能出现主动性的控制，只有在变故不多的时代才会消失。（例如在北美的许多印第安部落中这是常见的，Lowie，1948）。另一种模式发生在强制性的机构中，如监狱或精神病医院，在这些地方，积极性的策略看起来几乎完全用于对官方秩序的日常维护。另一个极端的情形是，在社会地位平等的人们之间的面对面的接触中，社会控制显得更加松散，并且在完全不动员法律的情形下，出现了一种有序的无政府状态（Goffman，1956a）。我们看到在各种不同场合下对生活质感的变异表达，很明显，法律使得每一种社会控制系统的过程都变得可见。

　　任何一种科技进步，都有助于提高人们理解经验世界的普遍性水平。曾经被视为独一无二的人际关系，被证明仅是一系列关系集合的一种形式而已；这一关系集合反过来又会逐个揭示出关系中的各方也是更普通的社会阶层的一员。本章是对法律动员的普遍观察，因为法律动员影响到法律、社会和历史的实质性领域。任何读者都能发现一般化的例外情况，并且同样可能做出一些以偏概全的过度类化（overgeneralizations）①的概括，大量或例外的过度类化最终会推翻最初的理论框架构想。然而，即便是这样的暂时性构想，对我们在法社会学中找到一个更普适的视角也是非常有益的。虽然我们可以概括所有的法律，而不去考虑其实质、场所或时间，但是现在可以不去考虑法律程序的某个具体的维度。

　　当法律被被动安排以使普通公民可以指导其进程时，会产生什么样的后果呢？当法律成为先发制人的积极主动性的制度时，我们应当对政府官员有什么

---

　　①　过度类化，是指把某件意外事件产生的极端信念不恰当地应用在不相似的事件或环境中。——译者注

样的期待呢？正是这些问题引导我对法律动员进行分析。然而，每个参与法律生活的公民，不仅面临法律动员这一个问题，还面临其他的问题如法定起诉期限和法律处置等。最终的问题是：法律是如何民主地运行的？法律规则和政策可能顺应公民的意愿，以公民投票（plebiscite）① 或立法机关代表的形式出现，或者仅仅在政府官员的要求之下，以宣言（dictum）② 或法令的形式出现。像法律动员一样，法律规定（the prescription of law）的民主程度，随着法律制度而变化。同样的，法律配置（the disposition of law）或争端解决可能或多或少是民主的。比如，当我们把一些社会主义国家的人民法庭（the popular tribunals）（Berman，1969）与美国的初级法院相比较时，这一点就表现得相当的明显，因为这些法院有强大的审判官员（adjudicatory officials）（Mileski，1971）。在现代美国，大陪审团（grand jury）③ 和审理陪审团（trial jury）④ 是众所周知的机制，正是该机制将公民引入法律决策程序。法社会学应该告诉我们，这样的民主机构究竟会带来什么样的差异。

总的说来，法律动员中的模式提出了几个有关民主法律的命题。例如，应当好好地考虑下面的几个命题：

---

① 公民投票（plebiscite），即全民公决，是指将某项法案或重大问题交由国内或地区的全体居民投票决定。与公民复决投票（referendum）意思相同，都是指将宪法、法律或重要的公共问题交由公民投票批准的制度。——译者注

② 宣言（dictum），即判决报告书或法官的附带意见，本义是指由一位法官代表全体法官所做的判决报告，引申义是指某一法官在法庭判决意见书（opinion）中，就某一并非与案件必定有关的法律点或并非确定当事人的权利所必要的法律点所发表的意见。此种意见在论证时有说服论述的价值，但不能作为判例约束以后的案件。——译者注

③ 大陪审团（grand jury），在刑事法庭审案期间，由行政司法官选定召集，其职责为受理刑事指控，听取控方提出的证据，决定是否将犯罪嫌疑人交付审判，而不是认定其是否有罪。之所以称其为"大"陪审团，因其成员的人数较通常的陪审团即小陪审团为多，普通法上由12~23人组成。大陪审团起源于1166年的《克拉伦敦法》（Assize of Clarendon），开始时对案件既负责起诉，又负责审理。后来逐渐演变为只决定是否对犯罪嫌疑人起诉，对案件的审理则由小陪审团承担。在英国，除个别情况外，大陪审团已经于1933年取消，到1948年则被彻底废除。美国宪法第五修正案规定，对可能判处死刑的犯罪和不名誉罪的指控，原则上必须经由大陪审团起诉。联邦法院的大陪审团由16~23人组成，而各州法院的大陪审团的人数则各有不同。——译者注

④ 审理陪审团（trial jury），即小陪审团（petit jury），是审理民事或刑事案件的普通陪审团，与大陪审团相对应。陪审团审判（jury trial），即案件的事实问题由陪审团而非由法官来裁决的审判。——译者注

63 　　1. 一个法律体系越民主，就越能使现存的道德越持久。民主的法律使道德多样性以及人们的道德同质性变得持久。

　　2. 一个法律体系越民主，就有越多的公民倾向于延续现在的社会分层制度。法律的民主之处在于，由公民实践的法律歧视远远超过政府官员实践的歧视，因此更难以查明和消除。

　　3. 一个法律体系越民主，则法律越能够反映公民的道德和其他社会变化。民主的法律能够适应历史发展带来的社会变化，这要胜过有计划的变革。

　　有关法律民主性的这些命题，还处于初步阶段，尚需大力雕琢。然而正是这一原始的命题为我们提供了一个绝好的着手点。每一个不明原因的例外，都给创造性的重新阐释提供了可能性，这正是理论发展的关键。每一次成功的运用，我们都有令人满意的解释，即便这些解释简单淳朴，但这也是目前唯一能够得出的解释。

第3章 犯罪率的产生[*]

将社会学方法用于分析官方统计的犯罪率，一般不会对犯罪率结果本身产生影响。一些违法行为被记录在案，而其余的并没有。对此，相关理论并没有直接探究其原理和机制。通常情况下，犯罪率在对越轨行为和社会控制进行的更为宽泛的调查活动中，得到了广泛的运用。然而长期以来人们理所当然地认为，在用法律界定一个社区的犯罪情况方面，官方的犯罪统计数据并非一项准确的衡量标准（Beaumont and Tocqueville，1833；Morrison，1897；Sellin，1931）。

官方犯罪统计数据的主要用途有两种（Biderman and Reiss，1967）；每一种用途都涉及不同的社会认识论，构建有关犯罪的知识的方式也迥然不同。官方统计数据的一种用途是作为衡量"实际的"或"真实的"犯罪总量的指数，以及反映人口结构中犯罪越轨行为分布形态的特征。持有这种观点的学者将官方犯罪统计率与实际犯罪率之间的不一致视为一种方法论上的灾难。不管怎样，在社会科学领域里，对犯罪的测量长期以来一直都是犯罪率的一项主要功能。官方统计数据的第二个主要用途，是通过官方对犯罪贴

———————————

* 本章曾发表于《美国社会学评论》（*American Sociological Review*）第 35 卷（1970 年 8 月），并做了细微的修订。

本章提出的调查结果来自本书前言中提及的一个较大的研究项目。该项目根据 1965 年《法律实施援助法案》（*Law Enforcement Assistance Act*），得到美国司法部执法援助办公室（Office of Law Enforcement Assistance）的格兰特助金（Grant Award）（项目编号 006）的支持。其他资助由国家科学基金会（National Foundation）和拉塞尔·赛奇基金会（Russell Sage Foundation）提供。本章的研究工作还得到了耶鲁法学院法律与社会科学拉塞尔·赛奇项目提供的大力支持和给予的便利条件。

笔者要感谢以下这些人，感谢他们给本章提出的建议：谢尔登·艾克兰-奥尔森（Sheldon Ekland-Olson）、亚伯拉罕·S. 戈德斯坦（Abraham S. Goldstein）、莫林·米勒斯基（Maureen Mileski）、小阿尔伯特·J. 赖斯（Albert J. Reiss, Jr.）以及斯坦顿·惠勒（Stanton Wheeler）。

66　标签的方法①，或者通过将官方犯罪率具体化为一种社会控制的指标而不仅是作为越轨行为的一种指数，对越轨行为进行定义。因此这种方式就放弃了对"实际的"越轨行为的研究（Kitsuse and Cicourel，1963；Erikson，1966；Wilson，1968）。实际上，第二种用途是调查"实际的"社会控制而不是"实际的"越轨行为。毋庸置疑，由于社会控制机构并没有完全记录官方抵制或包容被他们视为越轨行为的所有尝试，② 因此，对犯罪贴标签的行为本身也遇到了一些方法论上的问题。例如，当警察遇到违法行为时，警务工作的突出特征是对非正式战术的运用，如操控人类关系的技术（La Fave，1965；Skolnick，1966；Bittner，1967b；Black，1968；Black and Reiss，1970）。总之，当官方统计数据被用来作为一种测量和分析的手段时，通常情况下它们发挥的功能都存在一定的缺陷。这并不是要否认这类方法在某些情境下是极其有益的。

　　本研究采用了另外一种策略，这种策略产生于另一种逻辑起点，这使得官方的犯罪记录成为一种最终的结果，而不是研究的手段（Wheeler，1967；

① 标签理论（labeling theory），是以社会学家爱德华·M. 莱默特（Edwin M. Lement）和霍华德·贝克尔（Howard Becker）的理论为基础而形成的一种社会工作理论。"标签"是人们对自我形象的界定。自我形象是透过与他人互动产生的，而他人给出的标签则是一个重要的因素。标签理论认为犯罪是社会互动的产物，而个人被他人（如教师、亲戚、警察等）贴上标签，描述为偏差行为者或犯罪者，这会引起人的自我修正。越轨行为（deviance）是社会成员（包括社会个体、社会群体和社会组织）偏离或违反现存社会规范的行为，是一种普遍的社会现象，是任何阶级社会都无法避免和根除的。只要有阶级社会的存在，就会有社会规范和社会控制；只要有社会规范和社会控制的存在，就一定会有背离社会规范和破坏社会控制的行为，即越轨行为。正如法国社会学家埃米尔·迪尔凯姆（Emile Durkheim）所说的："毋论我们对于越轨行为有多么厌恶并愿竭力加以消除，它将永远与我们同在。"一个毫无越轨行为的社会是不可能存在的，不管喜欢与否，这是一个必须接受的事实。随着社会变迁速度的加快，越来越多的越轨行为暴露出来，使人们感到忧心忡忡。于是，人们开始对越轨行为展开探讨，做出种种解释。标签理论认为每一个人都有"初级越轨"，但只有被贴上"标签"的初级越轨者才有可能走上"越轨生涯"。一个人被贴上"标签"，是与周围环境中的社会成员对其行为的定义过程或标定过程密切相关的。因此，社会工作的一个重要任务就是要通过一种重新定义或标定的过程来使那些原来被认为是有问题的人恢复为"正常人"。——译者注

② 将刑事犯罪定义为已经被警察记录在案的犯罪案件的这种方法是不受这些问题影响的。这可能是最激进的"贴标签"的方法。这种方法可能将一些类型的犯罪行为排除在外。例如一个经过精心策划的谋杀案可能就很难被侦破。这种方法也必然会将最严重的"警察暴行"排除在官方的犯罪统计之外，因为警察实施的犯罪很少被发现和侦破，而且也很少被官方统计记录在案。

Cicourel，1968：26-28）。本研究将犯罪率本身视为一种社会事实，一种具有自身存在完整性的经验现象。犯罪率不是一种附带现象。它是自然界的一部分。从这个角度看，犯罪统计数据并未被评估为不准确或不可靠。它们是社会系统的一个组成部分，从社会学角度看，它们不可能是错误的。同样非常有意思的是，社会控制系统处理的越轨行为比官方统计所报告的要多得多，而社会中实际存在的越轨行为又比社会控制系统处理的还要多。这些模式本身在分析方法上又与犯罪率的统计有关。

官方犯罪率可以被理解成一种社会上公认的越轨行为的比例。[①] 从这个意义上来说，是全部社会控制系统产生了越轨率，这一社会控制系统是以可予以处罚的行为为基础对个案做出的反应。然而这并不是说，作为一般范畴的越轨行为等同于社会公认的越轨行为。作为一般范畴，越轨行为可以是阶级社会里的任何一种行为，经过侦查之后存在对这种行为进行制裁或惩罚的可能性（Black and Reiss，1970：63-64）。无论社会控制机构是侦查还是制裁某一特定行为，该行为是不是真正的越轨行为并不是问题的关键。越轨是一种很容易受到社会控制的行为。根据这一看法，有三种实证的越轨行为类型：（a）未被发现的越轨行为；（b）发现了而未受制裁的越轨行为；（c）受到制裁的越轨行为。显而易见的是，尽管每一个社会控制系统都可能产生一组被社会公认的越轨行为的比例，但是在每一个社会体系中，肯定存在许多未被社会认为是越轨的越轨行为。[②] 由定义可知，未被发现的越轨行为不可能被视为越轨行为，而受到制裁的越轨行为就意味着已经得到了社会公认。越轨行为的社会公认的概念只不过是一个形象的说法，如启

67

---

① 根据霍贝尔对法律的定义，执行法律是一种"社会公认"的特权（Hoebel，1954：28）。同理，犯罪率可以被理解成得到社会公认的执法工作的产物。不论是对社区还是对越轨行为人而言，马林诺斯基（Malinowski，1926：79-80）都是最早强调越轨行为的社会公认的重要性的学者。

② 进入公共和私人场所所需的社会生活的道德认同和物质认可，为当代社会中的一些秘密的越轨行为提供了某种品质担保（Schwartz，1968；Lofland，1969：62-68）。就人们关注的刑事犯罪而言，其他众所周知的因素是公民未能向警方报告受害情况，以及警察未能报告他们应该报告的内容。

受害调查的证据表明，比起公民未能告知警方而言，官方统计数据中的犯罪报道不完整、不真实，更是警察行使自由裁量权的结果：公民宣称他们向警察报告的犯罪远远多于警察最终形成的统计报告上的数字，未报告的犯罪远远超过了公民所承认的向警察隐瞒不报的水平（Biderman，1967）。

动法律（invocation of the law）、呼喊追赶缉盗法（hue and cry）①、提起诉讼（bringing a suit）、举报告发（blowing the whistle）等。越轨行为的概念应该始终体现在有关社会控制的特定系统中，因为不同的社会控制系统可能有不同的回应方式。例如，某些越轨行为在诸如警察这种正式的法律控制系统里，可能未被揭露出来，但可能被诸如商业机构、邻里或朋友团体，再或是家人等这类非正式的控制系统察觉到甚至是受到制裁。因此，犯罪率是负责刑事执法的官方机构认识到的越轨行为率。这一越轨行为率等同于官方的侦破率（"警察已知犯罪"）和制裁率（逮捕率和定罪率）。② 当警察与公民在犯罪现场相遇，就产生了官方的犯罪侦破率，下面分析发生上述情形的一些条件。

3.1 犯罪侦查的社会组织

对越轨行为的侦查包括：（a）发觉越轨行为；（b）发现人或组织与这些行为的联系。根据这两个要素，越轨的类型将非常多。一些越轨行为不可能被发现，尽管发现越轨行为通常也等同于对越轨行为人进行侦查。这类例子有同性恋行为以及各种其他形式的经双方同意的性异常行为。与此形成鲜明对比的是，虽然入室盗窃及汽车盗窃很容易被侦查到，但是实施此类犯罪行为的人通常不会遭到逮捕。这种差异，部分地根源于违法犯罪发生的经验模式，即各种形式的违法行为发生在特定的时间和社会空间之中。某种程度上，这也是社会控制本身分布不均匀的结果。

警察控制的组织机构把犯罪侦查的主要责任交由公民而不是警察来承担。穿着制服巡警部门是现代警察部门的主要业务单位，它通过一个集中的无线电通信系统回应公民的求助。除了处理交通违规外，对相对轻微的犯罪案件，巡逻警察能够主动发起侦查活动。法律上规定的严重犯罪是社

---

① 呼喊追赶缉盗法（hue and cry）：追捕犯人或追赶做坏事的人时，高声叫喊着对罪犯的追捕，目的是号召其他人依法参加追捕。我国古代直到近代的农村也存在这种防盗捕盗方法，效果相当明显。也指通缉逃犯的布告（类似于我国古代的海捕文书，捕盗通告）。也有学者将其翻译为"击鼓鸣金"捕盗法，参见王大伟主编《欧美警察科学原理——世界警务革命向何处去》，书中将其称为"大兴制"。——译者注

② "破案率"是美国警务制度中犯罪率的一种混合指标。无论是通过逮捕还是其他方式衡量，都是为了呈现已经结案的案件占"警察已知犯罪"的比例（Skolnick，1966：164-181）。

会现实的体现。因此，从警察作为一种社会控制系统的角度看，犯罪侦查在很大程度上可以被理解为一个反应性过程。犯罪侦查程序绝不是先发制人的积极主动出击过程（参阅本书第 2 章）。旨在发现犯罪行为的主动行动，是大的警察部门中专业单位的主导业务，尤其在打击风化犯罪或道德不端行为的部门（包括缉毒队）和交通管理部门中，居于核心地位。但是绝大多数犯罪不像风化犯罪，不容易受到秘密调查工作或征募线人进行侦查等调查方法的影响（Skolnick，1966）。此外，不像交通违法行为那样，大多数犯罪行为不可能通过公共场所的监控来发现。因为典型的犯罪行为往往发生在一个不可预知的时间和地点，警察必须依靠公民，使他们参与到每一个普通案件的调查中来。隐私法是另一个促使警察倾向于采取被动反应式调查制度的因素（Stinchcombe，1963），但即使对警察侦查工作没有法律上的限制，犯罪本身的不可预知性也通常会使警察忽略公民的存在。在绝大多数情况下，呼叫警察的公民通常是犯罪的受害者，他们报案的主要目的是寻求正义。

在没有报案人协助的情况下，对不道德行为的控制以及交通执法等，通常都能够照常运行。当社区要求警察采取行动时，似乎一般会导致先发制人的主动性警务工作，这类案件一般没有受害者的投诉，尤其是在违法行为本身尚且存疑的情况下。一般情况下，主动性侦查同时涉及对违法行为和违法行为人的侦查。因此，先发制人的主动性警务模式下的犯罪率，几乎总是逮捕率而不是警察已知的犯罪行为率。实际上，积极主动性警务的结案率是100%。可能需要补充说明的是，在积极主动性警务模式下产生的犯罪率，表现为因卖淫、赌博、同性恋行为、毒品相关活动而遭逮捕的犯罪率，直接与警察人力资源的配置有关。当总体的破案率达到临界点时（其他所有变量保持不变），当被指派从事控制违法和不道德行为的警察的人数增加时，犯罪率也会相应增加。另一方面，当来自公民投诉的数量增加时，警察已知的犯罪率会发生更为重要的变化。

已知的犯罪率不能体现公民投诉的全部。在投诉进入警方的统计数据之前，投诉要先在正式的书面报告中获得官方认可的法律地位，而这一过程不是自动完成的。事实上，根据一项调查，在报案人报告的 554 起犯罪案件中，由巡警书写的官方报告仅占 64%。原因是在这些案件中虽然报案人在犯罪现场，但是没有嫌疑人。警方决定对犯罪行为给予官方的确认，通常是

69

警察和报案人之间当面互动的结果，而不是一项对某个官僚组织或法律规则的程序化的回应。这种相互作用的本质与现象之间的差异，会影响官方犯罪报告是否记录一个案件，尤其是在犯罪嫌疑人在犯罪现场的情况下，会对如何形成犯罪报告具有重要的影响，甚至会影响到实施逮捕的可能性（参阅本书第 4 章）。

是否记录官方报告，不仅影响了官方犯罪率的数据结果，而且还决定了在随后的时间里警方是否对犯罪进行调查。只有当官方报告被转到侦探部门进行下一步的处理时，调查才会发生，包括逮捕嫌疑人。因此，对越轨行为人的侦查和处罚率，在某种程度上取决于是否对其进行官方的正式调查。在处理犯罪的过程中，正义必须遵循正式的程序要求来实现。目前的分析考虑了下列的条件，因为这与警察在接待报案人的过程中是否完成官方报告有关：犯罪的严重程度、报案人的偏好、报案人与不在场嫌疑人的关系、报案人对警察的尊重程度以及报案人的种族和社会地位。

3.2　现场调查方法

1966 年夏天，波士顿、芝加哥和华盛顿特区开展了对警察和公民之间的和解情况的有计划、分步骤的系统调查。36 名具有法律、社会学和警务管理背景的观察员记录了制服巡警与公民之间的日常交往活动。调查在每个城市持续 7 周，每周的每一天都有观察员陪同巡逻警察值班巡逻。在警察活动处于相对高峰时（晚上换班时，尤其是周末的晚上）形成的记录，在样本中获得了额外的权重。

在每个城市中都以一个警察分局（police precincts）作为观察点。被选择的分局都是那些最方便观察的区域，这些地方的社会经济发展水平低、犯罪率高、种族同质化高。调查选择波士顿和芝加哥的两个分局以及华盛顿特区的四个分局作为观察点。

70　　数据用表格记录，看上去类似于访谈表，参阅本书附录 B。在观察中，要求对警察处理的每一起事件或他们自己在巡逻中察觉到的每一起事件，都要有所记录。这些表格并没有当着警察的面填写。事实上，警察认为研究一点也不关注他们的行为，而是仅关注公民对警察的行为和公民求助于警察的各种问题。因此，某种程度上来说该研究使用了系统性的欺骗。

本研究总共观察和记录了 5713 起事件，符合统计数据要求的案件仅有 554 件，大约占总样本的 1/10。这些案件几乎包括了所有警察接处警（police encounter）[①] 的情形，这些犯罪情境中没有犯罪嫌疑人的信息。通过电话受理的案件在案件总数中占 76%。其中不包括警察主动发起的调查接触（13%），因为警察主动发起的调查几乎总是涉及一名犯罪嫌疑人，而不涉及报案人（他们通常都必须主动向警察做自我介绍）。其中不包括走进警察局寻求帮助的公民报警（6%），也不包括在大街上直接拦住警察请求帮助的这部分公民报警（5%）。这两者都有特殊的情境特征，应该分开处理。绝大多数公民的报警电话对研究样本要求而言，同样是不适用的。因为当警察赶到现场处理投诉时，有将近 1/3 的案件没有报案人在场，即使有报案人在场，其所报告的事件中，有超过一半的属于非刑事犯罪案件。当公众的投诉电话确实涉及某个刑事案件时，通常情况下犯罪嫌疑人也不会在犯罪现场。因此，警察最主要的处理方式可能是先逮捕犯罪分子，而不是提交犯罪报告。最后，研究样本不包括同时涉及两个或两个以上的种族或社会阶层成员的报案人的报警电话。看起来很多案件被排除在外，然而令人吃惊的是，在剩下的大部分公众案件中，警察处理的接处警事务是为了回应公民的电话求助。由于是电话投诉，在警察处理的所有关于犯罪的报警电话中，有 77% 是重罪案件，有 51% 是轻罪案件。警察到达现场时都没有发现犯罪嫌疑人的踪迹，现场只有一名报案人。这一比例仅仅证明对报案人的研究是正当合理的。事实上，在日常的警务工作中，用于接处警的时间要远远多于办案的时间。

3.3　犯罪的法律严重性

在没有嫌疑人在场的情况下，警察与报案人之间的接处警活动往往与严重犯罪有关，在所有的接处警活动中，各犯罪种类之间相差很多。在 554 个样本中，53% 的案件属于此类。当有一名嫌疑人在场时，不管报案人是否在场，绝大部分属于轻罪行为（Black，1968：第 5~6 章）。换句话说，比起相对轻微的犯罪，在严重犯罪的情况下，警察未能在现场逮捕嫌疑人的情 71

[①]　接处警（police encounter），即案件接处警，是警务机关的一线工作术语，案件接处警分为接警和处警。接警是指接到警察报警指挥中心指令或公众报警电话，处警是指在接到指令或报警之后前去现场处置以及向报案人或当事人了解情况。——译者注

况更为常见。^①（用警察的话来说，重罪经常是"不易发现的"。）通过对各种不同犯罪类型的分析和对经验性犯罪模式的深刻反思，能够发现为什么会出现这种情况。一些更常见的重罪，如入室盗窃和汽车盗窃，都是在受害人不在场时才会发生。等到犯罪被发现的时候罪犯早已离开了。其他重罪，如抢劫和强奸，都有突袭后迅速逃离的特点，这种情况下警察很少能及时接到报警并及时在犯罪现场或附近抓获犯罪分子。相比之下，轻罪更有可能是一些"扰乱治安"的行为，如扰乱社会秩序的行为或醉酒，对于报案人来说这是很容易发现的犯罪，对此类犯罪的处理历来相对及时。简而言之，就对犯罪行为的侦查而言，犯罪的社会组织特征表明，对重罪罪犯的侦查较为困难，而对轻罪罪犯的侦查则相对简单。^②

然而，不管是在重罪还是在轻罪的情况下，当罪犯离开现场时，警察制作的书面报告中就不会包含对罪犯的侦查和惩罚。比起轻罪情况，警察更可能在重罪侦查中填写这类报告。^③ 在我们观察的312起重罪案件中，被记录

① 有趣的是，在古罗马法中，实施盗窃行为时被抓住的罪犯，比起盗窃被发觉一段时间后被逮捕的罪犯，会受到更为严厉的惩罚。《十二铜表法》（Laws of the Twelve Tables）分别把这些行为称为"明显"的偷盗犯罪（manifest）和"非显现"（non-manifest）的盗窃。在早期的益格鲁-撒克逊和其他日耳曼法典中，也能发现同样的法律原则（Maine，1861：366-367）。很可能在当今社会的法律行动中发现一种相似的模式，这种模式在一些法律制度中是正式的，而在另外一些法律制度中则是非正式的。

② 为了震慑和阻止严重犯罪的发生，法律规定对重罪给予较重的惩罚并对因犯罪而受到损害的一方提供补偿，这种威慑导致重罪犯较少。同样，有关逮捕的法律也弥补了犯罪侦查的社会组织的缺陷。在绝大多数司法管辖权范围内，为了在没有搜查证的情形之下实施合法逮捕，严重犯罪需要的证据更少。法律以一种特殊的惩罚方式来追诉严重罪犯。

③ 按照法定标准可将犯罪形态分为重罪或轻罪。这些标准是犯罪观（the version of the crime）的组成部分，而犯罪观主导了警察—公民的互动过程。观察报告要求观察员用详细的类别清单表格对每一事件进行分类，并且对每一事件进行详细描述。在调查的编码阶段就已经完成了对重罪与轻罪的分类。这个方法的主要缺点是在重罪和轻罪的类别表格中没有关于犯罪严重性的层次区分。接受这一缺陷是为了便于进行更详细的统计分析，尽量减少案件数量。
观察表格不会提供与警官实际上填写的各种官方报告有关的信息。偶尔情况下，警察也会对犯罪类型进行正式的类型特征标定，这对一个精通法律的老练的观察员来说是不能接受的，因为通常情况下，警察这样做的目的无非是想降低案件的法律严重性。除此之外，在有些案例中，警察有时对法律规定全然不知或者对法律规定漫不经心，从而增加了犯罪案件的法律严重性。例如，作者在底特律观察到的案例中，一个妇女投诉称，当她沿着自己住宅附近的街道行走时，两位年轻人一直开车尾随，并对她说一些淫秽的话。她坚持提起控告。在离开现场后，警察填写了一份官方报告，把该事件列为一起"严重伤害罪行"，这是伤害罪级的重罪。他在做出这样的分类之前，曾咨询过观察员关于合适的犯罪分类的意见，观察员装作一无所知。

在案的占 72%，在 242 起轻罪案件中被记录在案的却仅占 53%。由此可见， 72
官方对犯罪类型的正式确认，有可能导致法律上界定的犯罪严重程度的上
升。值得注意的是，在警察接处警过程中，有 1/4 的报案人投诉的重罪案件
被警察拒绝确认为重罪案件。这些案件都不必移交给侦探部门进行深入调
查。不知不觉中，部分罪犯得到了某种程度的赦免。

现在读者可能提出抗议，即警察不把犯罪当作犯罪处理，而是当作一
起事件。当司法官员漠视这类事件时，我们怎么能把这样的事件称为违法
行为？在法社会学以及关于越轨行为和社会控制的社会学研究中，这是一
个定义问题。如果实践中并没有给这样的行为贴上犯罪的标签，那么，如
何才能对违反成文法律的行为做出适当的分类？很容易得出这样的观点：
无论是成文法还是行动中的法律，都应当针对可疑的违法行为单独确定其
定义标准。

这个问题完全是一种定义问题或定义的有用性问题。警察有意挑选出毫
无疑问的技术性违法行为，而忽视其他违法行为，我们研究的主要目的就是
了解这些挑选过程的相关事项。如果我们仅仅把得到警察正式承认的行为界
定为犯罪，那么我们把剩下的事件称之为什么呢？剩下的事件的性质定位，
应该在概念上区别于技术上合法的行为，并且不需采取任何专门的制裁。目
前的分析依靠两项类别来表示：犯罪和官方承认的罪行（crimes and officially
recognized crimes）之外的非犯罪行为类别。犯罪不同于其他行为，如果被察
觉，在特定的制度下将可能受到处罚。通常情况下，成文法是判断是否存在
这种可能性的一个目录。那些触犯"形同虚设的法律规定"（dead letter）的
非法行为，也就是那些几乎从来没有受到处罚的行为，在这里没有被界定为
犯罪行为。作为一个概括性类别的犯罪，存在着应受处的可能性；犯罪报
告表格中的官方认可，是提高具体的犯罪实例（specific instance of crime）受
到处罚的概率的一个因素。根据警察如何与它们建立起联系，警察在面对违
法行为并考虑该如何处理、援引或适用哪些法律时，可以将犯罪的界定和分
类，看作一个实证分析和理论分析问题。相比之下，如果我们靠援引法律来
定义违法行为，问题就变成了法律是否应该得到彻底或全面的执行。我们在 73
定义时不考虑警察采取宽大处理的可能性，甚至不考虑警察在执法中的自由
裁量权。

3.4　报案人的偏好

当警察刚刚到达现场时，他们一般对需要搜寻的信息知之甚少，充其量是给通讯中心调度员分配的事件贴上粗略的标签。通过警方电台，他们听到诸如这样的描述："一个 B 和 E 代码的事件"（侵入民宅，或入室盗窃）、"家庭纠纷"、"有人尖叫"、"一件偷窃事件报告"、"某个人摔倒"（比如有人躺在公共场所，原因未明）、"户外的铃声"（发出声响的防盗警报器）、"男孩们"（有麻烦的青少年）。这些标签一般不能准确描述事实。警察高度依赖公民的帮助，公民的帮助有助于他们还原事件的真实情况。尽管报案人可能带有偏见，警察仍得依赖他们，将他们作为情境信息（situational intelligence）的主要提供者。

不仅如此，报案人通常不仅提供信息，还试图影响警察行动的方向。当有嫌疑人在场时，报案人可能对警察施压，要求他们采取逮捕行为或者给予宽大处理。当没有嫌疑人在场时，问题就是报案人是否愿意选择将该犯罪行为作为一件官方受理的正式案件予以立案，否则该犯罪事件将得到非正式的处理。然而，许多报案人处于相当被动的地位，并且在行为上保持中立：在观察期间，40% 的报案人不清楚他们的选择偏好对事件朝向重罪还是轻罪方向发展的影响。在 184 件重罪案件中，报案人明确表达了他们的选择偏好，其中有 78% 的报案人游说警察，要求采取法律行动。在 145 件轻罪案件中，报案人做出了明确的选择，赞成警察行动的占比达到 75%，与重罪案件中持支持态度的情况大致相同。当报案人意图引导警察采取行动时，从行为上来看，他们对犯罪的法律严重程度表现出一种茫然无知和不在乎。

警方的行动与报案人的偏好惊人的一致：当报案人明确表示希望以非正式的方式处置时，没有任何一起犯罪案件被警察记录在正式的官方犯罪报告中。从法律的角度来看，这种模式特别令人感兴趣，因为重罪报案人更喜欢采取非正式行动，其占比几乎与轻罪报案人的选择一样。警察与那些希望采取正式法律行动的报案人的一致性也并不如此强。在重罪情况下，警察按照规定撰写正式犯罪报告占案件总数的比例达到 84%；而当涉及轻罪时，他们遵照规定撰写正式犯罪报告的比例下降到

74

64%。在大多数情况下，警方按报案人的意愿行事，但当事件在法律上属于更为严重的情况时，大多数人更希望采取正式的法律行动。报案人本来对官方定义的犯罪案件有很多话要说，但法律中似乎没有体现出他们的影响。[①]

回想一下，官方的犯罪案件侦破率的计算依据之一是报警数，所以公民的行动影响在两个层面上使犯罪率具有了某种特殊的民主性质。在这里，警察主要扮演服务者而不是守护者。由于官方的正式报告是警方进一步调查的先决条件，这种模式也意味着报案人在行动上被赋予了一项裁决权：他们的选择偏好最终会影响逮捕、起诉和判决。虽然这一进程的结构是民主的，但它肯定不是普遍性的。报案人的道德标准在不同的公民群体中是有差异的，从而在结果中掺入了特殊性。因此，在民主进程和警察工作的普遍执法之间出现了一种相互抵消。这不仅是警察的组织困境，也是整个法律制度的困境。当公民有权直接援引法律时，他们就有能力辨别违法者。公民群体中的道德多样性一定会带来一些歧视，而不论公民的个人意图如何。当一种法律制度顺应公民的需求而产生后，它就必须牺牲其内在一致性，因为法律是对希望守法的公民的意识的回应，而不能考虑不想守法的公民的意图。一个致力于普遍适用的法律制度，不能照顾到公民随心所欲的各种奇思妙想。法律行为只有在一个公民同质化的社会里，才能避免这种困境。

3.5　关系距离

75

像任何其他行为一样，犯罪行为也处于社会组织的网络结构中。在犯罪

---

① 本研究的方法有两个特点。一是目前的方法放弃了心理分析。观察性研究没有提供关于警察的动机或认知的数据，也没有描述公民行为动机或认知的数据。然而关于警察行为模式本身的了解，使得预测警察的行为成为可能，同时也为推断警察工作的影响及其对社会组织的影响提供了机会。在不知道行为是如何产生的情况下，我们可以从社会母体（social matrix）中学到很多关于行为的知识。行为的后果也与它们的心理起源无关。二是本研究所采取的策略对警察—公民互动的时间维度的影响不予考虑。报案人的偏好先于其他变量得到了处理，并不意味着这一变量更加重要。与本次调查中处理的其他变量一样，只有在警方做出最终的反应时，报案人的偏好才得到时间上的优先考虑。

事件之前，罪犯和报案人二者之间也持续存在社会关系。他们可能通过血缘、婚姻、友谊、邻里关系、同一社区的成员身份或其他任何东西产生关联。换句话说，犯罪造成的对抗性关系本身可以被视为是在更广泛的社会框架内构建的。从调查结果可以得出这样的结论：官方识别出犯罪的概率随着犯罪发生的关系网络而变化①，关系越远，犯罪行为得到官方确认的可能性就越大。

根据关系距离的三个层次可以把公民的对立方（citizen adversaries）分为以下三类：（a）同一家庭成员；（b）朋友、邻居或熟人；（c）陌生人。通常情况下，由于报案人的最初推测往往是陌生人犯下了有关罪行，因此绝大多数案件属于"陌生人"类别。

表3-1表明，当报案人倾向于让官方采取行动时，尤其是当对立双方的关系是陌生人时，警察最乐意顺应公民的意愿，而当双方关系不是陌生人时就会是另外一种结果。当对立双方的关系是朋友、邻居或熟人时，警察就不太可能撰写一份正式的官方犯罪报告。当报案人和嫌疑人是来自同一家庭的成员时，警察最不可能正式确认这一罪行。虽然在"同一家庭成员"类别中，案件样本太少，无法对轻罪和重罪的情况进行比较，但在其他相关类别中，这种比较表明，警察在处理重罪和轻罪方面遵循同样的模式。当双方之间的关系距离相同时，与轻罪案件相比，对重罪案件提交官方报告的可能性更高。当所犯罪行是重罪以及双方是陌生人时，提交官方报告的可能性最高（91%）；当所犯罪行是轻罪且双方属于朋友、邻居或熟人时，提交官方报告的比例最低（43%）。此外，在对警察行动的影响方面，关系距离似乎可以无视犯罪的法律严重性，因为比起一起涉及朋友、邻居或熟人之间发生的重罪案件（官方确认的比例是62%），警察更可能对一起陌生人之间的轻罪案件给予官方的正式确认（74%）。因此，在这方面，法律再次对犯罪率的产生进行了筛查，但并不直接说明法外因素的影响。

①　霍尔认为，受害者与罪犯之间的关系距离可能影响起诉（Hall，1952：318）。霍尔的追随者企图用关系距离的变化预测对社会控制的反应。另一种方法是根据进入法律体系的双方的关系来预测社区组织。这种理论假设在产生法律纠纷的关系环境中，非正式的社会控制方法相对缺乏（Nader，1964）。

表 3-1 接处警的情境结果（根据犯罪类型和双方关系）

单位：%，件

情境结果	重罪案件			轻罪案件			全部犯罪案件		
	家庭成员	朋友、邻居、熟人	陌生人	家庭成员	朋友、邻居、熟人	陌生人	家庭成员	朋友、邻居、熟人	陌生人
提交官方报告	（4）	62	91	（3）	43	74	41	51	84
未提交官方报告	（5）	38	9	（5）	57	26	59	49	16
总百分比	—	100	100	—	100	100	100	100	100
总案件数	（9）	（16）	（92）	（8）	（23）	（62）	（17）	（39）	（154）

注：括号中数据为案件数，非括号中数据为百分比。当统计学意义上的事件总数太少，不足以得出一个具有普遍意义的结论时，使用括号中的数据。

这些调查结果的另一个含义超越了对犯罪率本身的理解。因为随着犯罪报告移交给侦缉小组对罪案开展深入的后续调查，可能会导致刑事犯罪人被拘捕，因此，随着与他或她的对立方——通常是受害人——的社会亲密程度的增加，对该罪犯正式制裁的可能性则明显降低。当犯罪者伤害了一个亲密的人时，警察最倾向于让这件事成为私事，而不管报案人的选择偏好如何。这种警察行为模式的一个更普遍的后果是，刑法优先保护陌生人不受陌生人的伤害，而对于那些易受到亲密关系伤害的人却没有给予同样的保护。但是，陌生人对陌生人的伤害可能对社会秩序造成相对更大的伤害，因此，从功能的角度来看，需要控制力量对此类案件给予更多的关注。亲密关系本身就包含了亲密关系人之间的伤害。此外，由于社会网络越来越亲密，非正式的社会控制系统当然更有可能运作。在更亲密的关系中，也更有可能运用其他形式的法律控制。相比之下，除了警察之外，几乎没有人能监督陌生人之间的关系。刑法似乎是最有可能被援引的，因为它是唯一可操作的社会控制制度。一般来说，法律控制也是如此（Pound，1942；Schwartz，1954；Nader and Metzger，1963）。法律融合了社会组织的其他方面。

3.6 报案人的尊重

逐渐增多的证据表明，有时候嫌疑人的命运取决于他们在现场对警察表示出来的恭敬和尊重程度（Westley，1953；Piliavin and Briar，1964；Black，1968；Black and Reiss，1970）。一般来说，警察特别有可能制裁那些不服从警察权威的犯罪嫌疑人，不管是否存在法律依据。因此，情境礼仪（situational etiquette）可能对更广泛的社会生活过程产生很大的影响（参阅Goffman，1956b，1963）。这部分提供的调查结果表明，对警察的尊重也会影响犯罪投诉的官方认可。

报案人对警察的尊重可以分为三类：（a）非常尊重；（b）有礼貌；（c）敌意或不尊重。正如所料，报案人并非经常与警务人员对抗，却更有可能对警务人员不敬。正如期望的那样，报案人通常对警官没有什么敌意；嫌疑人更可能对警察表现出无礼的行为（Black and Reiss，1967：63—65）。事实上，警方与有敌意的报案人接触的个案数目太少，以致不能对重罪和轻罪情况进行单独分析。当重罪和轻罪合并为一个统计基数时，显而易见的是，当报案人与警察在面对面的情境下处于敌对状态时，提交正式犯罪报告的可能性最低（参阅表3-2）。在那些既偏好选择采取官方行动，然而又不尊重警察的报案人中，只有不到1/3的人认为自己的意愿在警察的犯罪报告中得到了体现。由于案件数量不多，这一调查结果应被视为尝试性的，有待进一步商榷。但是对非常尊重警察的报案人和文明礼貌的报案人进行比较研究，是很有价值的，并且也有充分的依据和坚实的基础：与那些仅仅是谦恭有礼的报案人相比，警察更有可能顺应那些非常尊重警察的报案人的意愿。总之，报案人的尊重程度愈低，警察便愈不可能顺应他或她，而明显倾向于以官方犯罪报告的形式采取官方行动的意愿。①

① 本部分的调查结果提出了一个解释问题，因为除了负责案件处理的警官是否提交了官方报告之外，没有有关警察对公民的行为态度方面的任何信息资料，因此，从表格中无从得知该警官的行为是否会以某种方式引起公民的某种程度的尊重。对于在任何面对面的互动中发生的种种微妙的提示性或暗示性信息的交换，我们一无所知。其他有关尊重在警察工作中的作用的研究，也受到同样的批评。虽然在这一分析中没有对这种模式的动机维度进行调查研究，但应当强调的是，无论报案人报案行为的实际动机是什么，这并不是导致警察没有提交官方报告的原因。通常情况下，警察在与报案人接触之后，都是在警车里或者是在返回警察局以后再填写官方报告，因此，报案人根本就不知道警察是否真正制作了官方的犯罪报告。在处理警情的警民会面的互动过程中，不管警察是否打算写一份正式的官方犯罪报告，他们都把有关事件的事实记录在他们随身携带的笔记本上。正如一些官员所说的那样，他们之所以做这些"表面功夫"（for show），是为了让报案人相信他们正在"做某事"（doing something）。因此，在一般情况下，可以假定，报案人的尊重不是预期结果的后果。此外，观察员得到指示要求他们只记录在互动情境结果发生之前出现的公民尊重程度。观察手册中提供了一项单独的观察项，以记录公民在警民接触过程结束时表现出来的满意程度。因此，报案人的尊重也许有助于预测提交官方报告的可能性，这仍然是合理的和可信的推论。

表 3-2　接处警的情境结果（根据犯罪类型和报案人的尊重程度）

单位：%，件

情境结果	重罪案件			轻罪案件			全部犯罪案件		
	非常尊重	礼貌	敌意	非常尊重	礼貌	敌意	非常尊重	礼貌	敌意
提交官方报告	100	80	（2）	85	65	（1）	91	73	30
未提交官方报告	—	20	（1）	15	35	（6）	9	26	70
总百分比	100	100	—	100	100	—	100	99	100
总案件数	（15）	（127）	（3）	（20）	（79）	（7）	（35）	（206）	（10）

注：括号中数据为案件数，非括号中数据为百分比。当统计学意义上的事件总数太少，不足以得出一个具有普遍意义的结论时，使用括号中的数据。

表 3-2 还显示了报案人在重罪和轻罪情况下对警察的尊重程度。报案人的尊重情况甚至似乎可以预测官方对犯罪案件的正式承认情况以及犯罪的法律严重性：在轻罪情况下，如果报案人非常尊重，警察提交正式犯罪报告的可能性（85%），高于在重罪情况下他或她对警察只表现出礼貌性态度时警察提交正式犯罪报告的可能性（80%）。当报案人的尊重程度保持恒定时，事件就显得尤其重要了。在报案人非常恭敬的重罪情况下，警方在100%的案件中，满足他或她对官方行动的偏好。不过，当我们保持报案人对警察的尊重态度变量因素不变的时候，事件的法律严重性隐隐显出重要性。

本部分的调查结果显示，在实施制裁嫌疑人的过程中，警民在现场互动交涉中，公众对警察的尊重程度，产生的结果超出了我们所熟知的法律运行的结果。我们看到，这些名义上由警察为其提供服务的公民的命运以及那些被警察控制的公民的命运，在某种程度上，依赖于他们在警民互动际遇过程中表现出来的礼节。官方犯罪率和通过警察侦查刑事罪犯而实现的正义，反映了受害者的礼貌，或者反映了公民提出投诉的情境模式（situational style）。那些受到犯罪指控的嫌疑人，如果对警察表现出不尊重的态度，在某些情况下则可能受到更为严厉的制裁，在许多方面可以理解为是对社会控制功能的一种可能的贡献。例如，也许对警察表现出无礼的罪犯对社会构成更大的威胁，因为他们拒绝接受法律制度的合法性。也许对那些无礼的嫌疑人给予宽大处理，会逐渐削弱社会控制的威慑性。也许所有这些情况都不会出现。问

79

80

题是，有充分的理由理解这一模式，因为它涉及警察的社会控制。但很明显，这种理由并不适用于警察对那些无礼的报案人的受害情况的瞒报少报倾向。当然，这种模式与对非法行为的威慑只有微小的联系。礼仪看起来似乎可以贬抑刑法的作用。

3.7　报案人的身份地位

在关于警察工作的研究文献中，有大量的推测结论，但是有关社会地位与警察工作结果的关系，几乎没有提供什么观察证据。在某种程度上，对黑人的日常警务不同于对白人的日常警务，并且针对蓝领公民的警务完全不同于针对白领公民的警务。然而，没有证据表明这些差异是由警察的歧视行为引起的。在确定这些结果时，似乎更重要的是警察在处理各种各样的事件中，面临的种族和阶层的集合差异（aggregative differences），以及诸如本分析所审查的那些情境因素（Skolnick，1966；Black，1968；Black and Reiss，1970）。无论如何，研究文献仍然太少，无法对这些问题进行自信的概括归纳（另请参阅第4章末"后记：1980年"，做进一步的评估）。

关于警察工作自由裁量权方面的研究，几乎完全集中在警察与嫌疑人的接触上。相比之下，本研究样本提供了一个机会，调查报案人的种族和社会阶层地位以及警察对他或她的投诉给予正式的官方承认的可能性之间的关系。上文中的表格仅限于报案人对警察表达了想要采取官方行动的选择态度的案件，以及对警察态度恭敬有礼的案件。本节的结论是，虽然报案人的种族身份与官方犯罪率的产生没有直接关系，但是一些证据表明，警察对白领报案人会给予优待，对他们的投诉会优先考虑。

把所有的犯罪与社会阶层地位放在一起综合考虑，在提交官方犯罪报告的可能性中，黑人与白人之间的差异是微不足道的，而且可以忽略不计（参阅表3-3）；对白人来说，警察提交官方正式犯罪报告的可能性稍微要高一点。表3-3也表明，在重罪情况中，对于蓝领黑人和蓝领白人来说，提交官方犯罪报告的可能性是一样的；但是在轻罪情况中，对于蓝领黑人的投诉，警察提交官方犯罪报告的可能性相对要高一点。因此，有关种族歧视的证据似乎没有什么说服力，且往往是反复无常和前后矛盾的。不过，应该指出的是，如果确实存在有关种族差异的持续一致的证据，也不可能轻易地弄清楚是什么不利因素导致的。从报案人的角度看，警察没有顺应某一个种族报案人意愿的频率较高，就被视为对另一个种族的歧视。但是，警察没有填写正式的犯罪报告，也降低了犯罪人进入刑事诉讼程序的可能性。当我们假定报案人成为同一种族成员所犯罪行的受害者的比例，可能比成为另一种族成员所犯罪行的受害者的比例更高（Reiss，1967）时，从犯罪人的角度看，如果警察未能顺应报案人意愿的比例不相称，就会被视为一种关于种族的歧视。在受害者身份可辨识的犯罪案件中，逮捕率的种族差异必然造成类似的解释困境。总之，在犯罪人与受害者之间，一直都存在法律利益冲突，并且，与此同时，犯罪人与受害者的关系往往在种族上具有同质性。因此，犯罪的社会组织使执法中的种族歧视问题复杂化了。①

表 3-3 接处警的情境结果（根据犯罪类型和报案人的社会阶层与种族情况）

单位：%，件

情境结果	重罪案件						轻罪案件						所有阶层全部犯罪案件	
	蓝领		白领		未知阶层		蓝领		白领		未知阶层			
	黑人	白人	黑人	白人	黑人	白人	黑人	白人	黑人	白人	黑人	白人	黑人	白人
提交官方报告	77	77	(5)	100	(3)	90	69	55	(2)	64	(2)	80	72	76
未提交官方报告	23	23	—	—	(5)	10	31	45	—	36	(3)	20	28	24
总百分比	100	100	—	100	—	100	100	100	—	100	—	100	100	100
总案件数	(64)	(22)	(5)	(18)	(8)	(10)	(26)	(22)	(2)	(14)	(5)	(10)	(110)	(96)

注：括号中数据为案件数，非括号中数据为百分比。当统计学意义上的事件总数太少，不足以得出一个具有普遍意义的结论时，使用括号中的数据。

从社会阶层的角度来看，有更多的歧视方面的证据。表 3-3 显示，在重罪情况下，警察在某种程度上更有可能顺应白领报案人的意愿，而不是蓝

---

① 在刑事案件中，当警察不顺应报案人要求采取官方行动的意愿偏好时，对于报案人而言，他或她的成本代价似乎是很低的。然而，应记住，犯罪往往涉及受害者所遭受的经济损失问题，在某些时候，当犯罪人被抓获时，受害者可以重新获得失去的财物或者获得补偿。在其他情况下，罪犯被抓获并受到惩罚，可能使受害者产生一种大仇得报之感或安全感，或者一种正义得到伸张的感觉——这是社会科学研究很少关注的一个问题。就此而言，社会学家通常只从犯罪人的立场来研究歧视性执法的问题。在犯罪率高的地区，普通公民可能对警察为保护社区安全而分配人力资源中的歧视问题更感兴趣。

领报案人的偏好。事实上，官方犯罪报告几乎是警察与任何种族的白领重罪报案人之间的每一次接处警互动遭遇的情境结果，而官方承认蓝领重罪投诉的可能性下降到了 3/4 左右。然而，在轻罪的情况下，似乎没有明显的社会阶层差别。

因此，只有在重罪情况下，才能清楚地推断出歧视现象：警察歧视蓝领报案人。此外，当白领和蓝领报案人都报告了严重的罪行时，我们可能推断罪犯的身份特征属于典型的蓝领工人。归根到底，我们有充分的理由相信，白领公民很少实施诸如入室行窃、抢劫和严重侵犯人身的殴打等普通的重罪（一个可能的例外是汽车盗窃，白领家庭的年轻人偶尔会卷入此类犯罪案件之中）。由于这项研究是在以蓝领为主的住宅区进行的，因此对蓝领罪犯的推断就更有正当理由了。这就意味着，警察针对一名蓝领公民对另一名蓝领公民犯下的重罪进行的调查相对较为宽松，同时可能对那些严重冒犯白领公民的蓝领公民构成歧视。这个事例表明，法律制度会更加关注那些来自社会地位较高的公民的诉求。这一模式体现在犯罪率中，低估了侵犯社会地位较低的人的犯罪数量。

3.8　结论

上述分析得出了一些有关犯罪率产生的实证经验概括。为了方便起见列举如下。

①警方正式承认法律上较为严重的罪行的比例，比法律上较轻微的罪行的比例要高。

②报案人要求警察采取正式官方行动的明显偏好，对正式的官方犯罪报告具有重要的影响。

③报案人与嫌疑人的相关距离越远，投诉得到官方认可的可能性就越大。

④报案人对警察越恭敬尊重，投诉得到官方认可的可能性就越大。

⑤没有证据表明犯罪报告中存在种族歧视。

⑥有证据表明，在对法律上严重罪行的官方认可中，警察存在偏袒白领报案人的歧视。

　　从表面上看，这些调查结果表明，对于那些将官方统计数据用作实证经验数据的人来说，其具有直接的方法论相关性（direct methodological relevance），无论是将人口中的实际犯罪作为指数，还是将实际警察工作作为指数。作为数据，犯罪率系统地低估了大量的犯罪和繁杂的警察工作。要了解产生这种选择过程中的某种模式，就必须掌握一种能够改进犯罪率作为数据的效用的方法手段。

　　应该再次强调的是，这些警察行为模式不仅对官方的侦破率有影响，还导致对犯罪调查的差异化发展，从而导致对刑事犯罪人的逮捕、起诉和定罪的可能性出现差异。换言之，违法者的人生机遇（life chances）在一定程度上取决于他们的受害者是谁，以及受害者如何向警方主张权利。因此，报案人在刑事诉讼程序中的角色是显而易见的，值得关注。当然，报案人在其他类型的法律控制中居于中心位置；在非法律性的社会控制中也同样如此；虽然到目前为止，对这个问题的相关研究的成果还不太多。报案人是正义的消费者。他们是每一个法律制度的主要推动者，人类的法律服务机制，就是在人们认为需要法律的情况下，将法律输送给他们。报案人是最不引人注目的群体，然而他们可能是将法律与社会组织的其他方面联结起来的最重要的社会力量。

84

第4章 逮捕行为的社会组织*

　　本章提供了一系列关于警察在日常遭遇中实施逮捕的社会条件的事实材料。就此层面而言，这只不过是在不断扩展的有关法律实证研究方面的文献中，适度增加了一些新的内容而已。总的来说，大量关于行动中的法律的学术研究主要集中于刑法，尤其是关于警察的研究（Skolnick，1965；Bordua and Reiss，1967；Schur，1968；Manning，1972），然而这些研究除了堆砌事实外，能产生什么样的结果还不甚清楚。在刑事司法系统中，也许会产生一定程度的有计划的变革，其中既有理论方面的变革，也有管理方面的变革。无论如何，对大量的研究成果进行评估，似乎既符合目的又能改善预期结果。本章试图从已有的研究成果中得出与众不同的结论，这将有助于法社会学的构建。① 因此，本章的分析忽视了政策改革或对警察的评价，在语气上显得有点冷淡和不近人情。本章对逮捕进行的审视，其目的是为了推断出与

---

　　* 本章翻印自《斯坦福法律评论》（*Stanford Law Review*）第 23 卷（1971 年 6 月），并做了细微的修订。戴维·J. 波杜阿（David J. Bordua）、约翰·格里菲斯（John Griffiths）、迈克尔·E. 利博纳蒂（Michael E. Libonati）、莫林·米莱斯基（Maureen Mileski）、小阿尔伯特·J. 赖斯（Albert J. Reiss, Jr.），以及斯坦顿·惠勒（Stanton Wheeler）对本章的初稿提出了相关评论建议。呈现在本章的调查结果来源于本章序言和第 3 章提及的更大的研究项目。

① 值得注意的是，本章采用的研究方法与颇具影响力的美国法社会学家菲利普·塞尔兹尼克（Philip Selznick）的研究策略截然不同，他试图遵循自然法的研究路径。相反，本章所采用的方法是遵循实证主义或传统的科学哲学的总体方向。用朗·富勒（Lon Fuller，1940；1902-1978）的话说，塞尔兹尼克甘愿容忍"是"（is）和"应该"（ought）之间的混淆和困惑，然而我不愿意这样做（Selznick，1961，1968，1969）。（朗·富勒是美国著名法理学家，新自然法学派的主要代表之一；先后执教于俄勒冈大学、伊利诺伊大学和杜克大学；1948 年后担任著名的一般法理学卡特讲座教授。富勒继承了西方法学史古典自然法思想的理性传统，并在法律与道德的关系上有新的理论发展。他强调法律与道德不可分，法律本身的存在必须以一系列法治原则为前提，这些法治原则就是法律的"内在道德"，即"程序自然法"。其主要著作包括 1934 年出版的《美国的法律现实主义》、1964 年出版的《法律的道德性》、1981 年出版的《社会秩序的原则》等。——译者注）

理解所有法律控制情况相关的模式。

　　实证分析对若干情况如何影响逮捕的可能性提出了质疑。应当考虑的因素包括嫌疑人的种族、被指控犯罪的法律严重性、在现场上可获得的证据、报案人的偏好、报案人与嫌疑人之间的社会关系、嫌疑人对警察的尊重程度，以及警察处理事件的方式。不论是警察对公民的请求做出回应还是自己积极主动介入，都是应予考虑的因素。本章旨在找出警察通常行使或不行使逮捕权力的一般原则，从而揭示出逮捕的社会组织的部分情况。[①]

　　本章首先对日常警务工作做了一个简要的民族志学描述，旨在将逮捕置于一般的世俗背景之下进行观察。紧接着论述关于逮捕的调查结果，先是讨论警察与报案人和嫌疑人的互动接触，然后论述警察单独与嫌疑人的互动接触。本章的最后，从一般法律控制理论层面上，对实证研究成果的相关性提出了一些推测，分析的重点方法从警察社会学转向法社会学。

4.1　日常警务工作

　　警方日常工作的实际情况远不止逮捕。绝大多数情况下，人们容易将日常警务工作中的例行公事等同于行使逮捕权，不仅普通公众这样认为，律师也这样认为，甚至许多警官也持这样的看法。然而事实上，巡逻警察的每日例行工作——本章的研究主题——很少涉及逮捕[②]，甚至很少与刑事犯罪嫌疑人相关。对巡逻警察最粗略的观察，也超出那些认为警察就是靠把公民送进监狱谋生的人们的想象范围。

　　现代警察部门是为响应公民的要求而量身定制的。警察所处理的大多数事件，都发生在公民打电话给警察和调度员派巡逻车来处理情况时，警察因此卷入了各种各样的人际纠纷，绝大多数纠纷不是警察自己选择介入的，其中许多问题与刑事执法几乎没有什么关系。他们把人员送到医院，完成交通

86

---

①　在本章中使用的是广义上的"社会组织"概念，是指社会事件得以产生、维持、变化和最后消失的超个体性原则（supraindividual principles）和机制。换句话说，社会组织是指社会事件的描写性语法（descriptive grammar，描写性语法是指语法结构的规律被详尽、完整地描述）。

②　在本研究中，"逮捕"仅仅是指一名嫌疑人被转送到某个警察局，并不包括现场强制约束措施的应用，并且也不需要对有犯罪行为的嫌疑人进行正式的逮捕登记（La Fave，1965）。

87　事故报告，以及仲裁和调解邻里之间、丈夫与妻子之间、房东与房客之间、商人与客户之间的纠纷（参阅本书第 5 章）。他们听取关于失踪人员的报警，指挥交通，协助火灾中的群众逃生，完成狗伤人报告，识别被遗弃的机动车辆。他们清除街道上的安全隐患，偶尔还会清理动物尸体。警方对这类工作不屑一顾，但他们每天都要做这些。诸如此类的事件很少会导致逮捕，但这些事情在巡逻警察处理的公民报警电话引发的警情事件中，却占了近一半（Black，1968：51-57；Cumming et al.，1965）。巡逻警察也会把大部分时间花在处理"青少年问题"上，这是一种涉及年轻气盛的青少年对成年人社会秩序的扰乱行为。青少年群体在街头吵闹、在街上玩球、非法侵入或在废弃建筑或建筑工地上玩耍，以及投掷石块等。这些情形也很少会导致逮捕。事实上，一些警官仅仅把对青少年问题的处理，视作为邻里提供服务，如同处理邻里纠纷一样。同样的，警察可能把对违规停车的罚款作为对公民投诉的一种回应。另外补充一点，所有这些琐碎事务都需要进行大量乏味的文书工作。

　　某种程度上来说，在公民电话报警的案例中，只有不到一半的报警电话与犯罪有关系，属于重罪或轻罪案件。然而，即使是在多数刑事案件中，也无法进行实际的逮捕，因为大多数情况下，当警察到达现场时并没有嫌疑人在场。在 77% 的重罪情境和 51% 的轻罪情境中，唯一的公民参与者是报案人（Black，1970：737）。在少数其他情况下，唯一在场的公民可能只是一位提供消息的旁观者。当现场环境中没有嫌疑人时，可能产生的主要官方结果是犯罪报告，这是编制官方犯罪统计数据的基本文件，同时也是侦探部门展开进一步深入侦查的操作性前提（参阅本书第 3 章对这些案例的分析）。只有当警察到达时有一名犯罪嫌疑人在场的情况下，少数公民发起的警情互动接触才构成逮捕的恰当的基础，而且在绝大多数此类情况下，公民报案人也参与其中。因此，对日常逮捕的任何研究都必须考虑到报案人在其中所扮演的角色，同时还需考虑到接处警警官和嫌疑人的角色。①

　　有时候，巡逻警察也会依职权主动地发起警民互动接触。这是一种积极主动性的警务工作，它与由公民发起的反应性的警务工作相对应，反应性的

---

　　① 事实上，在对 3 个城市的研究期间，作为对公民报警电话的回应，警察处理的所有重罪案件中，只有 3% 的案件涉及 1 名警察与 1 名的嫌疑人单独碰面的情况（Black，1968：54）。

警务耗费了大部分普通巡逻警察的日常警务工作时间。① 在换夜班的时候（传统上是下午 4 点到午夜 12 点），一辆巡逻车的典型工作量大概是 6 次无线电调度的接处警和一次积极性的互动接触。反应性的与积极性的接处警的比例，根据轮班、一周白班的天数、巡逻区域以及值班的巡逻警车数量的不同而有显著的差异。例如，在一个极其繁忙的周末夜晚，一辆警车可能接到多达 20 次调度出警任务，而在这样的忙碌情况下，警察自己可能不会单独发起一次主动的接处警。同时，在另一个巡逻区域里的另外一个时间，一辆巡逻警车可能根本不会收到任何调度任务，因此警官可能自己在大街上主动发起多达 8 次或 10 次的处警接触。在这三个城市观察的研究期间，在没有公民的协助之下，只有 13% 的事件引起了警察的注意。② 尽管如此，绝大部分警察以及公民可能认为积极性的警务是警察职能的集中体现。

　　警察主动发起的警民接触是国家与公民之间的一场赤裸裸的对抗。公民报案人几乎从不参与警察积极发起的现场接触，只有当警察发现事件属于人身伤害事件且有受害人时，或者在警察初次接触犯罪嫌疑人时，为了跟进事件的后续行动，报案人才会参与此类接触。此外，当他们拥有自由裁量权选择需要注意的情况时，与公民实际上真正拥有这种自由裁量权的情况相比，警察需要处理的一系列事件——他们的行动管辖权——是完全不同的。在反应性的警务工作中，他们是公众的仆人，其结果是他们负责监管的社会问题，通常情况下，与刑法几乎没有任何关系。那么，在这种情形下，实施逮捕几乎是不太可能的。在积极性的警务工作中，警官履行的职责更多的是扮演公众保护者，因此，行使业务管辖权是一种警察选择；唯一的限制是法律和部门政策。因此，在积极性的警务工作中，逮捕完全是警官自己决策的事情。然而，积极性的警务工作的实际情况却具有一定的讽刺性：在特定时间和空间中的犯罪的组织结构，通常剥夺了进行自由巡逻的警察对法律上具有严重危害性的犯罪行为实施合法逮捕的权利。虽然绝大多数重罪案件发生在远离街道的环境中，并且必须经由公民发现报警，但即便是那些发生在可视

90

---

① "反应性的"与"积极性的"概念来源于对个体行动（individual action）的研究，前者是指源自环境的行动，后者是指源自行动者的行动（Murray，1951）。参阅本书第 2 章对这些概念的解释以及它们与法律生活研究（study of legal life）的相关性。

② 这个比例是以 5713 起事件总样本为基础计算出来的。

的公共场所里的重罪案件，也经常不在警察的视野范围之内。当警察有机会主动发起接触时，这种情况也更有可能是处理一起交通违法事件。在警察主动发起的警情接触事件中，绝大多数属于交通违章行为，其余大部分涉及轻微的"扰乱治安"的行为。① 总而言之，警察的角色作用在形式上是最具侵略性的，但其内容实质却单调琐碎而微不足道，并且这些法律上微不足道的事件，在积极的警察行动中，实际上为几乎所有的逮捕行动提供了可资利用的东西。

89 　　也许对逮捕的研究可以使警察日常工作中警民接触的法律意义显得更加突出。尽管逮捕情况在日常警务中并不常见，但相较于法律系统中的任何其他机制而言，启动刑事诉讼程序，将针对更正式的法律案件，面临更多的法庭审判和制裁、更多的公开争议和冲突。因此，逮捕作为法律控制的一个重要场合，迫切需要实证研究。②

　　在进行调查之前，应当指出，虽然观察员共记录了5713起事件，但目前分析的基础仅占5713起事件的5%左右。这主要是由于在先前讨论的巡逻工作中，普遍缺乏逮捕机会。交通事故也被排除在外，尽管从技术上说，任何违反交通规则的行为都有被逮捕的可能。还有其他案件也被排除在外，因为这些案件情境所涉及的因素，可能无形中扭曲或混淆分析。在由公民发起的警民接触中，包括公民直接进入警察局请求帮助的接触（占总数的6%），或者公民在大街上向警车挥手示意停车请求提供帮助（5%）。这些接处警活动涉及特殊的情境特征，需要获得授权同意单独处理。出于类似的原因，

---

① 许多积极性的警务工作涉及酗酒或扰乱秩序的人。然而，通常情况下，只有当公民不合作时，经常在警官开始发出诸如"离开""走开"，或"不要激动"等命令之后，才会发生逮捕行为。因此，逮捕是相互作用的结果，而不是警察对最初观察到的情况做出的简单和直接的反应。

② 早期的观察研究忽略了不知情巡逻人员日常工作中的逮捕模式。相反，早期的观察研究更多地将重点放在侦探工作、不道德行为执法、少年警务以及警察工作中较为次要的其他方面（Piliavin and Briar, 1964; Skolnick, 1966; Bittner, 1967b; Black and Reiss, 1970; La Fave, 1965）。有几项观察研究重点强调了警务工作的其他方面，这些研究也是直接相关的（Reiss and Black, 1967; Tiffany et al., 1967; *Yale Law Journal* Editors, 1967a）。同时，还有一些基于官方逮捕统计数据的研究（Goldman, 1963; Terry, 1967; Wilson, 1968; Green, 1970），以及更多的推测性讨论（Goldstein, 1960）。

观察中没有考虑那些具有混合种族或混合社会阶层地位的公民之间的接触类型。① 最后，本文研究的样本不包括 18 岁以下的嫌疑人——基于研究目的，这些人被视为"青少年"——以及白领身份的嫌疑人。② 因此，这一分析仅涉及警察与成年嫌疑人遭遇时的逮捕模式，主要是蓝领身份的犯罪嫌疑人的逮捕模式。

4.2 报案人与嫌疑人

90

警察参与犯罪嫌疑人和报案人的接触互动活动，是整个法律制度运行的一个缩影。它涉及国家的拟人化、对社会秩序的所谓的威胁和公民身份的问题。报案人与警察的接触，就如同利益团体对立法机关的游说或原告对民事诉讼活动的期盼一样。他们的在场对警察的警民接触活动有很大的影响，特别是当他们呈现出情况说客（situational lobbyists）的角色时，尤其如此。这一节将表明，除了别的事情以外，嫌疑人的命运与警察本身的命运几乎一样，都取决于报案人的态度偏好。

在涉及警察与报案人、嫌疑人的 176 起接处警活动中，有超过 1/3 接触会面据称为重罪，剩下的 1/3 据称为轻罪，另外有 1/3 的其他类型的犯罪。不出所料，与轻罪相比，警方在重罪中实施逮捕的次数更多，但两者之间的差别并不像预期的那么大：在重罪指控的接触中实施逮捕的发生率为 58%，而在轻罪的接处警互动中，实施逮捕的发生率为 44%。在实施逮捕行为后，警察随后释放了大约 1/2 的犯罪嫌疑人。对这种极低的逮捕率需要做出进一

---

① 因此，不包括涉及不同种族的报案人与嫌疑人的接触情形。然而，如果一名警官和一名或多名公民属于不同种族时，则包括在观察研究对象之内，尽管在分析中没有对他们给予特别的关注。

② 由于实地观察人员有时很难判断公民的年龄或社会阶层，因此，当他们感到可能出现分类错误的危险时，他们被告知要使用"不知道"的类别。社会阶层有两大类，蓝领和白领。由于抽样地区的构成主要是下层阶级和工人阶级，观察员将绝大多数公民参与者贴上了蓝领身份的标签。事实上，没有足够的白领案件可供单独分析。少数社会阶层模棱两可的成年人与蓝领群体结合在一起，成为"以蓝领为主的"（predominantly blue-collar）公民样本群体：观察人士在对这类嫌疑人进行分类时可能相当准确，因为警察经常询问这些人的年龄和职业。

步的解释。①

4.2.1 证据

除了现场警官可获得的证据以外，其他因素影响了逮捕的概率，因为即便是存在极其明显的刑事责任的情境证据（situational evidence），也不能确保一次警民接触可能出现什么样的结果。当报案人在场，警察在面对一名嫌疑人时，通常有两种主要形式的证据：或者警察及时到达犯罪现场并目睹了犯罪行为的发生过程，或者是一名公民——通常是报案人——提供对嫌疑人不利的证词。很少有其他类型的证据，例如在房屋等场所内或嫌疑人身上发现一些物理性线索或物证（physical clue）。另一方面，在所有观察案件中，只有三件报案人—嫌疑人之间的冲突接触事件，几乎没有什么情境证据。在这少部分案例中，警察依赖于他们从最初的投诉中获取的内容，这些内容是通过无线电调度中心转发给他们的，以及他们从报案人那听取的犯罪信息，但是，在现场情境中，他们没有其他明显的信息将嫌疑人与指控的犯罪联系起来。

在绝大多数重罪情形中，警察可获得的最有利的证据是公民提供的证词，然而在轻罪情形中，警官本身通常能够目睹犯罪行为的发生过程。就美国警察实施逮捕的律法要求而言，对证据情境（evidentiary circumstances）的要求是大致相同的，因为在没有正式的搜查令的情况下，轻罪逮捕的必备条件比起重罪逮捕的必备条件更为严格：在大多数州的司法行政管辖权中，通常情况下，警察在现场逮捕一名轻罪嫌疑人之前，必须亲自发现了犯罪行为或获得一个宣誓的投诉（sworn complaint）；然而在重罪情形中，他们仅仅需要有"合理根据"（probable cause）或"正当理由"（reasonable grounds）认为嫌疑人是有罪的就可以实施逮捕行为了。因此，尽管轻罪情况下的证据通常比重罪情况下的证据更有力，但是，通过赋予警察在重罪情形中更多的

91

---

① 在这一点上，应该就本分析中所遵循的解释性策略简要阐述一下。这种方法从根本上说是行为的，或者更具体地说是超动机的，因为它寻找的是这种逮捕概率不同的超个体化环境条件（supraindividual conditions）。该策略中隐含有这样一种逮捕概念，即逮捕是一种社会事件，而不是一种个体事件。因此，我们的观察员所记录的警察与公民互动接触过程中外向行为（outward behavior）精神思维的心理过程（mental processes），对这一策略而言并不重要。唯一的目的是勾画出逮捕作为各种法律干预的社会背景的各个方面。

逮捕权，法律在事实上对警察做出了补偿，从总体上讲这种做法削弱了重罪犯罪人的利益，否则他们就会从中得到好处。

表 4-1 表明，警察并没有使用他们拥有的所有合法权力，在接处警现场上有言词证据（testimonial evidence）指控犯罪嫌疑人的情形下，在重罪案件中他们也只逮捕了略多于一半的犯罪嫌疑人，尽管在每一起事件中几乎都达到了"合理根据"的要求。此外，在观察研究期间，警方释放了六名重罪嫌疑人中的两人，从他们所观察到的情形上看似乎都属于严重犯罪，尽管这两起案件的样本占比很低，但这两起案件仍然值得注意。在轻罪情况 92 下，警察观察到犯罪行为时的逮捕率约为 2/3，而当唯一的证据来自公民的证词时，逮捕率则下降到约 1/3。因此，仅从证据法律的视角无法解释逮捕实践中存在的差异。在这些差异中，证据并非是无关紧要的。在没有证据的三起案件中，警察都没有实施逮捕，并且在警察的法律地位不确定的情形下——除了公民言词证据外，没有任何其他证据的轻罪情况下——逮捕率相对较低。

表 4-1　由公民发起的接处警中的逮捕率[a]（根据犯罪类型和主要的情境证据）

单位：件，%

犯罪类型	证据	案件总数	逮捕率
重罪案件	警察证人[b]	（6）	（4）
	公民证词	（45）	56
	其他证据	（1）	（0）
	没有证据	（0）	（0）
轻罪案件	警察证人[b]	（52）	65
	公民证词	（39）	31
	其他证据	（0）	（0）
	没有证据	（3）	（0）
全部犯罪案件[c]	警察证人[b]	（58）	66
	公民证词	（84）	44
	其他证据	（1）	（0）
	没有证据	（3）	（0）

注：a. 括号中数据为案件数，非括号中数据为百分比。当统计学意义上的案件总数太少不足以得出一个具有普遍意义的结论时，使用括号中的数据。b. 将还包括公民证词等其他证据来源的案例也归为这一类，在这些案例中其他形式的证据对被警察指控的犯罪行为的观察进行了补充。c. 排除了 30 起案例，对于这些案例，观察员没有弄清证据的特征。因此总数是 146 起案例。

4.2.2　报案人的选择偏好

当警察决定不援引法律来对付极易受到逮捕的嫌疑人时，报案人通常是在场的，报案人不一定对警方的宽大处理感到不满。事实上，在24%的轻罪和21%的重罪情形中，报案人向警察表示倾向于对嫌疑人宽大处理。[1] 在34%的轻罪情形和48%的重罪情形中，报案人明确表示出了要求实施逮捕的选择倾向。在剩余的接触中，报案人的选择偏好含糊不清；通常情况下，他们表面的外向行为是被动的，特别是在轻罪情形中尤其如此。

表4-2中的调查结果表明，无论是重罪还是轻罪，逮捕实践都明确地反映了报案人的偏好，无论他们是抱有同情怜悯的还是报复性的选择倾向。在重罪情形中，公民的证词将嫌疑人与犯罪联系起来，当报案人提出了对逮捕的优选偏好时，逮捕率达到约75%。当报案人提出不逮捕的要求时，警察违背他们的意愿而实施逮捕的案件占了1/10左右。当警察有证词时，只有不到2/3的情况下被动或沉默寡言的报案人可以看到警察逮捕嫌疑人。因此，当报案人把逮捕决定权完全交给警察时，警察决不会勉强逮捕重罪嫌疑人。只有当报案人代表嫌疑人施加压力时，他们才会变得明显地不情愿。

93　　　　　表4-2　由公民发起的接处警中的逮捕率[a]

（根据犯罪类型、主要的情境证据和报案人的选择偏好）

单位：件，%

证据	报案人的选择偏好	案件总数	逮捕率
重罪案件			
警察证人	逮捕	（2）	（1）
	不清楚	（4）	（3）
	不逮捕	（0）	（0）

---

[1] 在这种情形下，报案人的选择偏好对警察提出的问题的反应是清晰的。当警察没有征求申诉人的意见时，观察员根据报案人可以听到的或可见的线索，对报案人的选择偏好进行了分类。一些报案人向警察提出了明确的要求；另一些人则显得更加困惑，没有表现出影响结果的意愿。

证据	报案人的选择偏好	案件总数	逮捕率
公民证词	逮捕	（23）	74
	不清楚	（11）	64
	不逮捕	（11）	9
全部重罪案件[b]	逮捕	（25）	72
	不清楚	（15）	67
	不逮捕	（11）	9
轻罪案件			
警察证人	逮捕	（21）	95
	不清楚	（23）	52
	不逮捕	（11）	18
公民证词	逮捕	（10）	70
	不清楚	（15）	27
	不逮捕	（11）	9
全部轻罪案件[c]	逮捕	（31）	87
	不清楚	（38）	42
	不逮捕	（22）	14

注：a. 括号中数据为案件数，非括号中数据为百分比。当统计学意义上的案件总数太少不足以得出一个具有普遍意义的结论时，使用括号中的数据。b. 不包括"其他证据"类型的案件，在这些案件中，有 7 个案件的证据观察员不能确定或者查明。c. 有 3 个案件不属于"其他证据"类型，23件的证据类型不能确定。

关于轻罪情形的调查结果同样表明，警察顺应报案人选择偏好的比例较高，同时还表明情境证据与嫌疑人的命运具有相关性。在报案人公开表示更倾向于逮捕和警察观察到犯罪行为本身的情况下，逮捕的可能性极高——达到 95%——这一比例略高于报案人公开表示逮捕仅仅有言词证据的重罪情况下的逮捕率（74%）。在轻罪情形下，当倾向且指控犯罪嫌疑人的主要情境证据是公民的言辞证据时，这一比例下降到 70%。另一方面，即使当警察观察到犯罪行为时，在报案人公开表示倾向于宽大对待侵害他或她的犯罪嫌疑人的情况下，逮捕率下降至不足 20%。很明显，报案人的选择偏好是一个比证据更有力的情境因素，尽管事实上是报案人的选择偏好与证据，在决定警察是否逮捕嫌疑人问题上共同发挥作用。正如所预料的那样，只有当报案人对警察行动没有明确的偏好时，证据才是特别重要的决定因素：在这些案件中，当警察观察到犯罪行为时，嫌疑人被逮捕的可能性几乎是案件主要证据为报案人或其他公民的言辞证据时的两倍。然而，如上所述，在大多数情况下，报案人确实清楚地表明了他或她的选择偏好。

94

4.2.3 关系距离

当警察参与涉及报案人和嫌疑人冲突的接处警时，他们发现自己不仅处于一场法律冲突之中，而且还处于一场有社会关系的人们之间的冲突之中——家庭成员、熟人、邻居、朋友、商业伙伴或陌生人之间的冲突。表4-3的调查结果表明，实际的逮捕行为因报案人—嫌疑人冲突的关系性

95 质而异。当公民之间有最遥远的社会关系时，即当他们是陌生人时，逮捕的概率最高。重罪案件尤其表明，随着关系距离的增加，逮捕的可能性更大。在涉及家庭成员之间的犯罪事件中，45%的嫌疑人被逮捕；在涉及朋友、邻居或熟人之间的犯罪事件中，77%的嫌疑人被逮捕；涉及陌生人之间的犯罪案件时，8件中有7件或88%的嫌疑人被逮捕。[①] 在轻罪案件中，该模式不尽一致。虽然在陌生人之间的冲突中，逮捕的可能性仍然是最高的，但是在涉及朋友、邻居或熟人之间的犯罪事件中，犯罪嫌疑人被逮捕的可能性是最低的。表4-3也表明了报案人的选择偏好在几种相关情境中的影响，但每一类案件的数量太少，无法进行有意义的比较。

表4-3　由公民发起的接处警中的逮捕率

（根据犯罪类型、报案人和嫌疑人之间的相关关系，以及报案人的选择偏好）

单位：件，%

相关关系	报案人的选择偏好	案件总数	逮捕率
重罪案件			
家庭成员	逮捕	（20）	55
	不清楚	（8）	（6）
	不逮捕	（10）	0
	总数	（38）	45

---

① 基于不到10件案例的调查，使我们对于得出的结论几乎没有什么信心。尽管如此，当这些结果与较大样本中的模式惊人的一致时，偶尔也会提到这些调查结论。然而，在任何情况下，更广泛的概括结论都不会依赖这些不充分的统计数据来源。

相关关系	报案人的选择偏好	案件总数	逮捕率
朋友、邻居、熟人	逮捕	（5）	（4）
	不清楚	（8）	（6）
	不逮捕	（0）	（0）
	总数	（13）	77
陌生人	逮捕	（3）	（3）
	不清楚	（2）	（2）
	不逮捕	（3）	（2）
	总数	（8）	（7）
轻罪案件			
家庭成员	逮捕	（15）	80
	不清楚	（13）	38
	不逮捕	（8）	（0）
	总数	（36）	47
朋友、邻居、熟人	逮捕	（11）	64
	不清楚	（15）	40
	不逮捕	（20）	5
	总数	（46）	30
陌生人	逮捕	（15）	87
	不清楚	（15）	47
	不逮捕	（5）	（0）
	总数	（35）	57

注：括号中数据为案件数，非括号中数据为百分比。当统计学意义上的案件总数太少而不足以得出一个具有普遍意义的结论时，使用括号中的数据。

4.2.4 种族、尊重与报案人

表 4-4 显示，警方对黑人的逮捕率高于白人。但这里没有证据支持警察歧视黑人的观点。相反，在对警察表现出不尊重方面，种族差异似乎表明黑人嫌疑人不尊重警察的比例相对较高。如果将对警察表现出尊重态度的黑人嫌疑人的逮捕率，与向警察表现出尊重态度的白人嫌疑人的逮捕率进行比较，则逮捕的可能性没有明显的差异（参阅表 4-5）。然而，在详细研究这一最新发现之前，首先应当确定公民尊重态度本身的重要性。

表 4-4 由公民发起的接处警中的逮捕率（根据犯罪类型和嫌疑人的种族情况）

单位：件，%

犯罪类型	种族	案件总数	逮捕率
重罪案件	黑人	（48）	60
	白人	（11）	45
轻罪案件	黑人	（75）	47
	白人	（42）	38
所有犯罪类型	黑人	（123）	52
	白人	（53）	39

注：括号中数据为案件数，非括号中数据为百分比。

表 4-5 由公民发起的接处警中的逮捕率[a]

（根据报案人的选择偏好以及嫌疑人的种族情况和尊重程度）

单位：件，%

种族	嫌疑人的尊重态度	案件总数	逮捕率
报案人偏向选择逮捕			
黑人	非常尊重	（2）	（2）
	有礼貌	（19）	68
	敌意	（12）	83
白人	非常尊重	（1）	（1）
	有礼貌	（15）	67
	敌意	（4）	（2）
白人和黑人[b]	非常尊重	（3）	（3）
	有礼貌	（34）	68
	敌意	（16）	75
报案人选择偏好不明确			
黑人	非常尊重	（2）	（0）
	有礼貌	（18）	33
	敌意	（15）	93
白人	非常尊重	（1）	（1）
	有礼貌	（7）	（2）
	敌意	（3）	（1）

续表

种族	嫌疑人的尊重态度	案件总数	逮捕率
白人和黑人^c	非常尊重	（3）	（1）
	有礼貌	（25）	32
	敌意	（18）	83
报案人偏向选择不逮捕			
黑人	非常尊重	（3）	（0）
	有礼貌	（13）	23
	敌意	（4）	（1）
白人	非常尊重	（1）	（0）
	有礼貌	（6）	（1）
	敌意	（1）	（0）
白人和黑人^d	非常尊重	（4）	（0）
	有礼貌	（19）	21
	敌意	（5）	（1）

注：a. 括号中数据为案件数，非括号中数据为百分比。当统计学意义上的案件总数太少不足以得出一个具有普遍意义的结论时，使用括号中的数据。b. 排除了 16 起案例，由于嫌疑人的尊重程度是不确定的。c. 排除了 15 起案例，由于嫌疑人的尊重程度是不确定的。d. 排除了 18 起案例，由于嫌疑人的尊重程度是不确定的。

结合重罪和轻罪情况来看，在 10 起犯罪嫌疑人对警察非常尊重的案件中，逮捕率为 40%，在 71 起犯罪嫌疑人对警察表现出有礼貌的案件中，逮捕率为 42%，而在 37 起犯罪嫌疑人对警察表现出敌意对抗或不尊重态度的案件中，犯罪嫌疑人的逮捕率为 70%。① 因此，拒绝顺从警察权威的嫌疑人是在拿自己的自由进行赌博。在重罪和轻罪的情况下，这种模式在分开审查时仍然存在，但统计数据按犯罪类型划分而产生的小样本阻止了在有礼貌和不尊重程度之间更精确的比较。在涉及犯罪嫌疑人有礼貌的 25 起重罪案件中，警方逮捕了 40% 的嫌疑人，而在 16 起嫌疑人不尊重警察的

① 观察员根据他能从他或她的行为中发现的任何线索来对他或她的尊重程度进行分类。毫无疑问，他们不时会犯一些分类错误，因为一些嫌疑人，特别是一些不尊重他人的嫌疑人的互动交往行为是极其微妙的。例如，有些人以非常尊重的态度表现出对警察的嘲弄。然而，在绝大多数情况下，这种分类准确地描述了警察所涉及的外在行为。当然，嫌疑人的感情未必会在他们的行为中反映出来。

重罪案件中，有69%的犯罪嫌疑人受到逮捕。轻罪情况下，在46起嫌疑人对警察表现出有礼貌的案件中，相应的犯罪嫌疑人受到警察逮捕的比例为43%，在21起嫌疑人对警察表现出不尊重态度的案件中，这一比例为71%。此外，在所有案件中，警方逮捕不尊重自己的轻罪嫌疑人的可能性，比对他们表现出有礼貌的重罪嫌疑人更大。从这个意义上说，警察维护他们权威的态度比起执行法律更为严肃。

报案人的偏好可能在某种程度上削弱嫌疑人尊重程度的影响，但是，如表4-5所示，当报案人的偏好保持不变时，就有一些证据表明这种模式仍然存在。当报案人对警察表示出逮捕的偏好时，如果嫌疑人对警察表现出不尊重的态度而不是有礼貌的态度，则警察似乎更乐意顺从报案人的请求（虽然只涉及少量的案件）。表4-5也表明，当报案人向警察提出逮捕犯罪嫌疑人的要求，而嫌疑人对警察有礼貌时，黑人和白人犯罪嫌疑人被逮捕的概率几乎完全相同。但是，通常情况下，黑人嫌疑人比起白人嫌疑人来，更不尊重警察的权威，从而导致黑人和白人犯罪嫌疑人在相同情境下受到逮捕的总体概率相对失衡。此外，值得注意的是，当报案人的偏好不明确时，嫌疑人对警察的尊重程度在决定是否受到逮捕中将产生特别重要的影响。警察逮捕有礼貌的嫌疑人占该类案件的32%，然而他们逮捕不尊重的嫌疑人占了同类案件的83%。在报案人表示出要求实施逮捕的选择偏好时，这一差异就显得更为广泛且具有更为重要的意义（分别为68%和75%，只有16起案件涉及不尊重行为）。特别是当报案人对警察是否实施逮捕的态度消极被动时，可以看出嫌疑人的命运掌握在他们自己的手中。而且，在这种情况下，与白人对警察的尊重态度比较起来，黑人往往对警察表现出更不尊重的态度，这种模式再一次导致了对他们不利的逮捕。

在报案人倾向于宽恕对方的接处警互动遭遇中，由于这类警民接触的样本量太小，因而排除了对这种接触进行全面分析的可能性。这些案件只足以证明对警察有礼貌的嫌疑人在这些条件下被逮捕的可能性，比报案人偏向选择逮捕或不表示偏好的情况下受到逮捕的可能性要小。尽管在统计上可以忽略不计，但值得注意的是，在5名不尊重警察的嫌疑人中，有4人是在这种情况下被警方释放的，这表明报案人可能有足够的说服力使不尊重警察的嫌疑人免于被捕。

4.3 没有报案人的互动接触

尽管警察在现场与唯一的嫌疑人单独接触的案件，在整个案件总数中占比较少，但是在描述警方工作时，这些案件却有特别的意义。当接处警现场没有报案人可以影响案件结果时，这只是国家与被告人之间的一种接处警遭遇。在公众呼叫警察出警但是拒绝表明自己的身份，或者虽然在报警求助时表明了自己的身份但是当警察到达现场时又不露面这种情况下，通常都会发生警察与嫌疑人的单独接触；在这些案件中，警察作为未知主人的仆人，通常都是在公共场所处理报警事件。在没有相关公众的敦促之下，警察几乎很少自己主动对犯罪情况开展侦查和采取行动。

本部分分别讨论由公民投诉启动的警民接触和警察发起的接处警会面。然而，在没有报案人参与的情况下，本分析所包含的变量较少。这种情况下，不存在报案人的选择偏好和报案人与嫌疑人之间的关系距离。因为在没有投诉见证人的帮助下，警察很少会碰到重罪嫌疑人，单个嫌疑人的犯罪行为的法律严重性是同样恒定不变的：几乎所有警察发起的接处警会面都是一些轻罪案件。最后，绝大多数案件中的情境证据是一名警官声称目睹了一项罪行，而且这样的案件样本量太小，无法对那些建立在其他证据基础上的案件或那些显然仅基于盲目怀疑的案件进行单独分析。因此，分析仅限于嫌疑人种族对逮捕率的影响、嫌疑人对警察的尊重程度以及动员的类型——也就是说，是由公众还是由警察发起的这场接触会面。

在 67 个由公众投诉启动的警民接触案件中警察目睹了轻罪案件的发生过程，在这些案件中他们逮捕了 49% 的犯罪嫌疑人。在另外的 45 起案件中，警察目睹了轻罪案件的发生，并完全主动地发动了与嫌疑人接触会面。在后面这类情境中，警察逮捕嫌疑人的比例相对偏高——达到了 62% 左右。因此，当警察完全按照自己的权力行事时，似乎比对公民的呼叫电话做出反应时要更严厉一些。在公众呼叫警察，但是却回避在现场碰面的情况下，从某种程度上讲，警察对待案件的态度与公众对案件所表现出来的漠不关心态度大体相似。

表 4-6 表明，在没有报案人参与的警民接触会面中，由公民发起和由警察发起的警民接触互动中对黑人和白人的逮捕率存在变化。在这两种动员

类型中，警察逮捕黑人的比例更高，尽管在警方发起的接触互动中，由于样本规模的原因，这种差异在统计上是可以忽略不计的。

表4-6 接处警中的逮捕率[a]

（根据动员类型和嫌疑人的种族情况，在没有报案人参与警察见证的轻罪情形下）

单位：件，%

动员类型	种族	案件总数	逮捕率
公民发起	黑人	（43）	58
	白人	（24）	33
	总计	（67）	49
警察发起	黑人	（28）	64
	白人	（17）	59
	总计	（45）	62

注：括号中数据为案件数，非括号中数据为百分比。

100　　　然而，表4-7显示，正如涉及报案人参与的警民接触遭遇一样，当嫌疑人对警察的尊重程度保持不变时，逮捕率的种族差异就会消失。在公民发起的接触警中，黑人嫌疑人不尊重警察的比例相对较高，因而警察以很高的逮捕率予以回应——几乎达到了83%。与对警察谦恭有礼的普通白人犯罪嫌疑人相比较而言，对警察保持谦恭有礼的黑人嫌疑人受到逮捕的比例为36%，两者大体相当（白人的逮捕率为29%，在14个样本案件中只有1例有差异）。在公民发起的警民接触会面中，综合考虑到两个种族的构成情况，当警察目睹犯罪嫌疑人的非法行为时，对警察不尊重的无礼行为，显而易见对警察实施逮捕行为具有决定性作用。此外，明显地表达出对警察的尊重态度，能够克服嫌疑人明显面临的证据险境。在警察发起的接触会面中，对于有礼貌的黑人和白人的逮捕率被再一次证明几乎是相同的，但是，对警察谦恭有礼的嫌疑人面临的易受攻击性，与对警察表现出不尊重态度的无礼的嫌疑人的脆弱性之间没有什么重要的差异。因此，无论是种族身份还是嫌疑人的尊重程度，都不能用来预测警察发起的警民接触遭遇中轻罪嫌疑人的逮捕率。不尊重警察的嫌疑人和对警察表现出谦恭有礼的犯罪嫌疑人的逮捕率的相似性，是警察发起的警民接触与由公民发起的警民接触遭遇之间的主要区别。事实上，这是本分析中提出的调查结果中最明显的异常现象，尽管如果警察发起的警民接触遭遇的样本更大的话，这种异常现象可能消失。

表 4-7 接处警中的逮捕率[a]（根据动员类型以及嫌疑人的
种族情况和对警察的尊重程度，在没有报案人参与警察见证的轻罪情形下）

单位：件，%

种族	嫌疑人的尊重态度	案件总数	逮捕率
由公民发起的接处警			
黑人	非常尊重	（5）	（0）
	有礼貌	（14）	36
	敌意	（18）	83
白人	非常尊重	（3）	（1）
	有礼貌	（14）	29
	敌意	（5）	（3）
白人和黑人[b]	非常尊重	（8）	（1）
	有礼貌	（28）	32
	敌意	（23）	78
由警察发起的接处警			
黑人	非常尊重	（2）	（1）
	有礼貌	（13）	69
	敌意	（10）	70
白人	非常尊重	（1）	（0）
	有礼貌	（10）	70
	敌意	（6）	（3）
白人和黑人[c]	非常尊重	（3）	（1）
	有礼貌	（23）	70
	敌意	（16）	62

注：a. 括号中数据为案件数，非括号中数据为百分比，当统计学意义上的案件总数太少不足以得出一个具有普遍意义的结论时，使用括号中的数据。b. 排除了 8 起犯罪嫌疑人对警察的尊重程度不确定的案件。c. 排除了 3 起犯罪嫌疑人对警察的尊重程度不确定的案件。

4.4 普遍化

这项研究的主要结果是经验性的概括，以提供一个在日常工作环境中有关警察行为的可管理的描述，使警察实施逮捕行为有章可循。但是逮捕模式也可能遵循更广泛的原则，这些原则对法律政策、调动法律资源和处置做出界定。[①] 因此，在合适的时候，似乎可以从这些发现中得出更为抽象的法社会学理论层面的命题。

4.4.1　动员

大多数逮捕情况都是由公众投诉引起的，而不是由警察积极主动实施的。从这个意义上讲，刑事诉讼程序的援引方式与通过反应程序动员起来的私法制度并无不同，都取决于公民权利人为自身利益而采取的行动（参阅本书第 2 章）。在刑法领域，如同在其他公法领域一样，虽然国家有主动提起法律诉讼的正式权力，但普通案件是公民投诉的产物。

这种模式的一个含义是，大多数刑事案件在国家行使其执法权力之前，都会通过公众道德过滤器（moral filter）的筛查。因此，刑事执法责任中的大部分被排除在警察之外。就像私法领域的法院审判一样，警察行动发挥了公众道德仆从（moral servants）的作用。这种模式的另一个含义是，刑事诉讼的威慑功能在很大程度上取决于公众动员刑法的意愿，正如私法的威慑功能在很大程度上取决于公众原告的意愿一样。[②] 由于动员过程效率低下，如果法律处于休眠状态，则刑事制裁是不能阻止非法行为的。[③] 从这个意义上说，所有法律制度的运行，在很大程度上都依赖于公民个人的意愿。

4.4.2　报案人

逮捕做法鲜明地反映了公众报案人的偏好，特别是在希望从宽处理的情况下。因此，警察在两个方面成了报案人的工具：一般情况下他们处理报案

---

① 法律控制（legal control）的三个功能中心（functional foci）（规范、动员、处置）大致与政府的立法、行政、司法相对应，它们有助于分析法律控制的子系统以及整个系统。例如，警察可以被视为刑事司法系统的主要动员子系统，而警察子系统本身可以被看作一个涉及法律规则、动员和处置子系统的总系统（Lasswell，1956：2）。

② 当代关于威慑的文献主要是关于刑事制裁能够阻止犯罪能力方面的研究（Andenaes，1966；Jhering，1877）。

③ 罗斯科·庞德（Roscoe Pound，1917）认为，法律动员的偶然性特征是法律作为一种社会工程手段（social engineering device）的有效性的主要障碍之一（Bohannan，1965；Jones，1969：21-26）。

人要求他们处理的事件，并且按照报案人描述的方式处理事件。

警察的研究者经常评论说，一个社区拥有它想要的那种警察，就好像这个社区通过某种事实上的立法程序来规范警察的职能一样（Slater，1970：49）。但这种观点如果不是完全错误的话，也是非常模糊的。事实上，警察对一大群分散的报案人提供的服务，远远超过他们为一个有组织的社区群体提供的服务。就具体问题而言，很大部分的警务工作涉及个别警务人员与个别报案人之间就具体个案进行的个别接触。从这个意义上说，警察为全民中的那些"幽灵式"的主人提供服务，他们无所不在，却又无处可寻。正因为如此，警察立即成了人们很容易找到的批评目标。他们的工作避开了计划中的变化，但随着呼叫和指导警察行动的一个个原子化的孤立的公民的愿望发生变化，他们的实际行为会受到涉及，不管是有意识的还是无意识的。

警察顺应报案人的意愿，从而使警察工作从根本上具有了民主特征。然而，结果并不是形成了一个统一的正义标准，因为从某种程度上来说，报案人的道德标准可能与全体居民的道德标准有差异。事实上，警察顺应报案人的意愿，能够使他们所接触的公众群体有效地持续保持道德多样性。[①] 从某种意义上说，这一点再一次证明公法制度与私法制度的相似性（Pashukanis，1927）。两者都是有组织的，有形和无形地优先考虑一个分散独立的公众的诉求。因此，任何人都可以描述法律规定以及如何适用法律，致使众多独立自主的主体都诉诸法律行动。[②] 公法制度的独特之处在于，它的正式组织允许在没有报案人作为倡议者的情况下动员法律并起诉案件，但警察机构等公共法律制度的现实情况掩盖了它们的外在表现。此外，公众不断地破坏公法和

---

① 这种普遍化概括不适用于积极主动的警察行动，如不道德行为控制或街头骚扰处置，这些警察行动很少涉及某一位单个的公众申诉人。街头骚扰，这里指的是对那些可能承担轻微责任、充其量只能勉强逮捕的一种选择性和粗略性的关注。例如，警察面对聚集在一起的一群青少年，命令他们"离开"。这种积极性的警务有时涉及对特定的道德亚文化的攻击（Clébert，1963：87-119；Hagan，1966；M. Brown，1969）。

② 在历史上，这也是真实的情况。法律制度通常使公民报案人成为法律动员的必要条件，但对政治秩序构成直接威胁的情况除外。一个引人注目的例子是罗马共和国的法律程序；甚至那些极端形式的个人暴力也要求报案人在政府实施制裁措施之前主动采取行动（Lintott，1968）。法律控制理论应当把政府动员法律提起诉讼案件的能力和意愿，以及在受害公民没有要求伸张正义的情况下制裁违法者的能力与意愿，当作研究的一个问题（Ranulf，1938）。

私法执行的一致性，甚至民主组织也在不可避免地破坏法律适用的一致性。①

103　　**4.4.3　宽大处理**

　　警方在日常的拘捕行动中是宽大的，他们运用拘捕权力的次数，远远少于成文法所允许的。然而，法律上的宽大处理并不是警方所独有的。特别是在私法部门（Macaulay，1963），以及在其他公法领域也一样（Mileski，1971b），官方启动回应冤情的申诉程序的频率远远低于发现非法行为的频率。在应对非法行为方面，公众和公职人员表现出不愿立即行使法律权力的态度，法社会学必须从根本上把法律案件视为一个有问题的事实。

4.4.4　证据

　　在决定是否实施逮捕过程中，证据是一个重要的因素。现场情境中的证据越有力，逮捕的可能性就越高。因此，当警察目睹了刑事犯罪行为时，比起他们仅仅从第三方听到犯罪行为的情况，他们更可能逮捕嫌疑人。但是在没有证据的情况下，他们很少把接触到的人当作嫌疑人；同时在没有任何证据的支持下，逮捕嫌疑人的可能性更是微乎其微。

　　情境证据的重要性对加深认识几乎没有帮助：在每一个法律程序中，证据都有其独特的作用。相反，在不同的法律制度下，不同的是证据的定义，而不是是否需要证据。应当强调的是，即便是指控证据非常有力，警方也经常采取其他行动，而非一味实施逮捕。因此，证据似乎是预测启动法律的必要因素，但并非动员法律的充分依据。

4.4.5　严重程度

　　在法律上严重的犯罪情况下的逮捕概率，高于法律上犯罪严重性相对较

────────────

① 发达社会公法体系中所体现的普世主义规范是一种非人格主义规范（norm of impersonalism）：警察被期望以非人格化的客观公正方式执法。但通过赋予报案人在确定案件发展结果方面发挥重要作用的权利，警察使刑法个人化（拟人化）。这个模式允许家庭成员和朋友动员警察来处理他们之间发生的几乎没有危险的争端，在这个过程中警察将与他们（当事人双方）无关的外来的不同标准施加于他们的关系之中。然而，在陌生人之间的纠纷方面，由于道德上的多样性，警察顺从报案人可能导致某种形式的歧视性执法。执法过程若不考虑报案人与嫌疑人之间的亲密程度，可能破坏密切社会关系（close social relationships）的特殊平衡（Kawashima，1963）。

小的犯罪行为的逮捕概率。这一研究发现并不出人意料，但具有理论意义。它意味着，警察将逮捕措施视为一种与法律界定的具有违法严重性的犯罪事件相一致的惩罚措施，在很大程度上与立法者和法官一样，以相同的方式分配惩罚。逮捕的法律概念与实际的逮捕行为形成了鲜明的对比，认为逮捕意味着对任何犯罪行为进行侦查调查，而不考虑犯罪行为在法律上的严重程度。在这个意义上讲，逮捕体现的是警察立法和裁决。因此，在相当程度上讲，逮捕应当有助于威慑和遏制严重犯罪行为的发生，严重犯罪行为的实施者要冒其行为受到侦查揭露的风险，同时受到逮捕的可能性更大，受到更严厉惩罚的风险也更高。这也意味着对一些更为严重的犯罪行为而言，更高的逮捕风险可能有助于弥补此类案件较低侦破率的不足（Black，1970：735）。

104

4.4.6 亲密关系

报案人和嫌疑人之间的关系距离越远，受到逮捕的可能性也就越大。当一名报案人要求警察逮捕嫌疑人时，如果对方是陌生人，警察很有可能会顺应报案人的请求。如果他们是朋友、邻居或者熟人，则警察逮捕嫌疑人的可能性会很小；并且如果报案人与受到指控的嫌疑人是同一家庭的成员时，最不可能发生逮捕。警察也根据关系距离来撰写他们的犯罪报告（Black，1970：740）。在合同纠纷中，关系距离似乎是决定启动法律诉讼概率的一个主要因素（Macaulay，1963：56），并且在其他私法领域中，也遵循相同的法律动员机制。[①] 事实上，在所有法律事务中，关系距离似乎都会影响诉讼的可能性。如果是这样的话，就意味着法律相对来说与维持亲密者之间的秩序没有多大关系。

然而在实施逮捕的实践中，关于关系距离的调查结果可能很少反映下

---

① 例如，在日本，是不同社群之间的争端而不是社群内部发生的争端更有可能导致诉讼（Kawashima，1963：45）。在美国唐人街，在中国人与非中国人之间发生的争端比起中国人之间发生的争端更有可能导致诉讼（Grace，1970）。在吉卜赛人和非吉卜赛人之间的争端与吉卜赛人之间的争端相比较，也存在同样的现象（Clébert，1963：90）。同样的，在美国19世纪上半叶，印第安人之间的犯罪通常会由部落自行处置（Prucha，1962：188-212）。在中世纪的英格兰，有关处理犹太人纠纷的法律条款中也存在同样的模式：英国普通法规则适用于犹太人与国王之间以及犹太人与基督徒之间的纠纷处理，但是犹太人与犹太人之间的争端，则在犹太特别法庭（Jewish tribunals）审理并且根据犹太法律进行裁决（Pollock and Maitland，1898：第1卷，468-475）。

面这个事实，即当次级法律控制不可获得时，法律控制更有可能发挥作用（Pound，1942：18－25；Schwartz，1954；van der Sprenkel，1962；Nader and Metzger，1963；Nader，1964；Cohen，1966；Peattie，1968：54－62）。关系距离越远，启动并运行社会控制的次级法律机制的可能性就越小，并且启动法律动员的可能性也就越大。这似乎也是理解法律控制在社会进化中日益突出的一个有用的原则。① 随着时间的推移，历史表明，越来越多的陌生人需要法律把他们团结在一起。法律似乎是没有社区分别的，随着社会共同议程的解体，法律的作用变得越来越突出（Tönnies，1887：202）。

4.4.7　不尊重警察

当一名嫌疑人不尊重警察的命令时，受到逮捕的可能性会增加。同样的模式出现在青少年与警察的互动行为中（Piliavin and Briar，1964：210），巡警在社区巡逻过程中，常常会发生与青少年的接触（Black and Reiss，1970：74-75），警察可能采取非法暴力的行为（Westley，1953；Chevigny，1969：51-83；Reiss，1968a：18）。那些不遵从警察指令、对警察无礼的报案人，会受到警察的各种惩罚，因为他们的投诉不太可能得到官方的认可（Black，1970：742-744）。

从形式上看，在警民互动接触过程中，不遵从警察命令、对警察的态度不礼貌就像在法庭上"藐视"法官的行为一样（会被判处"藐视法庭罪"）。这是对诉讼制度的一种反抗行为。然而，与法官不同的是，警察在他们的法律武器库中没有专门的特殊手段来对付那些在口头上或其他象征性层面上拒绝服从其权威的公民。也许随着法律制度的进一步细化，会出现"藐视警察"的犯罪罪名。从实际行为来看，这种犯罪已经出现，问题是它是否会在成文法中正式体现出来。

所有的法律制度都用全力来捍卫它们自己的权威。质疑和攻击某个法律程序的合法性将会招致法律援引、制裁，或者更严重的惩罚——在一个特定的冲突中无论是什么性质的质疑和攻击都是有问题的。法律似乎对那些针对其自身完整性的每一次反抗行为都进行了猛烈的回击。因此把对警察的不尊

---

① 正是在这个层次上，庞德提出了他关于次级法律控制（sublegal control）的优先性的论断（Pound，1942：33；Selznick，1963；Fuller，1969）。

重视为一种轻微的内乱（civil disorder），或者将不尊重警察的最为严重的形式视为反叛行为也许是有益的。

4.4.8 歧视

在这项分析中，并没有证据表明警察歧视黑人。尽管警察逮捕黑人的比例相对较高，但种族间的差异似乎主要是由于黑人对警察的不尊重程度较高。因此，这种差异取决于公民对待警察权威的态度，而不是警察对待种族的态度。① 这一研究发现得到了基于对警方直接观察的其他几项研究结果的支持（La Fave，1965；Skolnick，1966：83-88；Tiffany et al.，1967；*Yale Law Journal* Editors，1967a：1645）。② 这些研究结果应该被看作是一个警告。一般来说，对黑人的不当行为或非法行为本身并不构成对黑人歧视的证据。对歧视的认定，需要结合其他变量（比如嫌疑人对待警察的尊重程度保持恒定不变），来对警察对待每个种族的行为进行比较分析。没有一项对公民意见或看法的研究（Werthman and Piliavin，1967）或官方统计（Goldman，1963：45；Wilson，1968：113；Green，1970：481），能够确保这些变量不发生变化。

在结束本节时，必须指出的是，警方关于种族歧视的调查结果不意味着法律忽视了社会等级地位。相反，在法律控制的形式和实质方面更广泛的模式，似乎在任何时候都反映和延续了现有的社会分层制度（social stratification）。逮捕的劣化主要是针对那些社会地位较低的公民（如黑人）所实施的各种违法行为，这是行动中的法律的更普遍趋势的一个典型例证。

---

① 还应该认识到，"歧视"可以被定义为任何事实上的不平等待遇，无论其原因如何（Mayhem，1968：59-60）。这一分析中的证据表明，黑人受到歧视并不是因为他们是黑人，而是因为他们表现出其他的行为模式，比如，在对待警察的态度上，他们比白人更不尊重警察。然而，为什么黑人不成比例地表现出问题，不能用观察数据来解决。例如，我们只能推测，在预料会受到严厉对待的情况下，黑人可能对警察表现出不敬的态度，从而一种符合他们预期的模式便开始出现。尽管在这项研究中不存在歧视的现象，但是本研究观察的警察在对待黑人的态度方面，确实显示出了相当大程度的偏见（Black and Reiss，1967：132-139；Deutscher，1966）。

② 这些研究报告，要么缺乏歧视的证据，要么完全没有提到种族是一个重要的变量（另请参阅本章末的"后记：1980 年"）。

4.5 结论

本章的一项主要任务，是总结提炼基于实证结果的讨论，并将其抽象程度提高到一般理论的水平。这一层次的陈述，忽略了通常包含和限制将法律作为一种社会现象的普遍化概括的界限和区别。法律的各个子系统——刑法、侵权法、合同法、宪法、家庭法、财产法、刑事诉讼法和行政法——被认为都包含了共同要素。似乎这一目标过于模糊和怯懦，一般的法律控制理论也试图发现法律的几个功能层面上的模式——时效、动员和处置，或者体现为法律政策的阐释、法律组织对法律案件的介入以及法律纠纷的情境解决方案。这体现了一种法社会学与法理学共享研究主题的包容性。每一种行为都是出于对法律的普遍理解的渴望。对每一种行为而言，过去的行为都共享了现在行为的相关性，而其他法律制度则描述了我们自己。然而，与法理学不同的是，法社会学放弃了规范性特征的问题；而与法社会学不同的是，法理学绕过了具体描述的困难。

在结束部分应该说明的是，这一分析并没有完成。逮捕还可以从若干其他角度加以审视。例如，逮捕可以被有效地设想为精心设计的复杂处理系统的一个阶段，一条输入和产出的流水线。另一种观点可能认为逮捕是一项政治事件。行使逮捕权本身以及如何使用逮捕权，在很大程度上反映了政治制度的本质和政治生活的质量。这是行政官员的一种角色。对警察工作可以这样思考，警察工作产生于其丰富的职业亚文化，分享警务人员之间的共同行为准则和价值观。而每一次逮捕都受警察官僚机构的管控监督。因此，在某种程度上讲，每一个警官的具体逮捕行为都受到上级和同侪的监督。此外，作为最后一个例子，对逮捕的研究可能为面对面互动研究提供信息并从中受益。警民接触是一个具有自身形态学和动态机制的小团体事件。因此，在一次警民相遇中发生的事情，与其说与犯罪和法律有关，不如说与情境秩序（situational order）的要求有关，与社会礼仪有关，或与群体规模和实际的物理空间的压力有关。逮捕也许是执意恢复秩序的警察唯一可用的手段，在有些情境下，逮捕也是促使局势迅速发展的最可靠的方式。

法社会学的发展很快，以至于诸如逮捕这样的主题可以引起如此多的不同观点。然而，这种多样性给任何选择的理论框架都赋予了一种任意性的气氛。虽然适用于逮捕研究的许多观点都反映了逮捕本身的经验复杂性，但其理论同一性依然不稳定和不确定。在这里，逮捕理论涉及制裁与正义问题，涉及信息输入、强制手段、人们的期盼、工作职责、行为规范准则或举止姿态等问题。任何简单的逮捕理论都不可避免地不完整。

4.6 后记：1980 年

自本书第 3 章和第 4 章初稿完成以来已经过去了十年，在此期间，关于警察的学术文献已经有了相当大的扩展。总的来说，所积累的新的研究成果似乎与前文的内容一致（Sherman，1980a）。然而，现在看来似乎很清楚的一个主题，在十年前没有得到充分的解读：种族歧视。

鉴于各种经验证据和最近的理论发展，第 3 章和第 4 章的调查发现与参考文献似乎不能充分地回答警察是否歧视黑人这一问题。相反，多年来积累的证据之间明显不一致，表明黑人在某些情况下处于不利地位，而在其他情况下则不然。例如，事实表明，警察更有可能给黑人开交通罚单（Lundman，1979：164-166），更有可能在后来被认为起诉理由不充分的条件下逮捕黑人（Hepburn，1978），在处理涉及黑人的争端时更有可能使用刑事和强制手段（本书第 5 章），更有可能枪击和射杀黑人（Knoohuizen et al.，1972：19-22；Sherman，1980b：95-96）。还应该注意的是，如果撇开其他变量（如社会阶层、犯罪嫌疑人的行为举止、态度和报案人的偏好），本书对三个城市的研究，表明了黑人更有可能受到警察的审问、搜查、逮捕。如果他们是受害者时，他们的投诉则不太可能得到警方的正式承认（Black and Reiss，1967：76，81；Friedrich，1977：300-303）。因此，黑人在总体上似乎更有可能受警察权威的支配，成为警察权威作用的对象，而不太可能得到他们的支持。然而如前所述，其他证据未能显示这类差异（Lundman，1974b：130，133；Lundmand et al.，1978：82，84；Pastor，1978：379）。

鉴于这些不一致，同样还值得注意的是，法社会学理论的最新发展表明，在警务工作中，种族相关性问题可能比起十年前更为复杂。特别是不应期望黑人在任何环境条件下一直都会受到同样的对待——不论是严厉的对待或者是相反。相反，种族的相关性（社会学意义上的种族和社会经济地位问题）似乎表明（或与一个人的社会地位有关的任何其他特征），其受到的对待

108

取决于法律事件的所有参与者的特征，包括报案人和第三方以及被指控的犯罪嫌疑人的特征（Black，1976；Baumgartner and Black，1981；另请参阅本书第1章）。如果被指控的是黑人，那么警察行为取决于报案人和参与冲突的警察的种族身份情况。例如，如果报案人是一名黑人，而警察是一名白人，比起在双方都是白人的情况下，从理论上可以预测警察采取逮捕措施的可能性比较小（Black，1976：17）。因此，在第4章涉及报案人的案件中没有发现歧视黑人嫌疑人的证据，这一点也就不足为奇了。因为嫌疑人的种族与报案人的种族是一样的（在大多数情况下警察是白人）。事实上，基于比较研究的目的，如果将由黑人警察处理案件的情况排除在外，在指控的犯罪行为与嫌疑人种族身份更匹配的情况下，则很可能会出现这一模式。但是如果黑人被指控冒犯白人（而警察是白人的情况下），那么可以预料到的是黑人将会受到更为严厉的对待，而当白人冒犯一名黑人时，白人则不太可能受到严厉的对待（Black，1976：21-24）。遗憾的是，对后一类案件的分析——对社会空间中的向上或向下的社会关系距离的研究——目前还没有类似的成果。但在同样的三个城市中，对警察种族的相关性进行的调查研究结果表明，其他变量不变的情况下，为了回应黑人报案的请求，黑人警察比白人警察更有可能逮捕黑人犯罪嫌疑人，并根据黑人报案人的诉求撰写正式的犯罪报告（Friedrich，1977：308-311）。总之，通过第3章和第4章的分析，种族与警察行为的相关性变得越来越清晰了。然而，这一相关性是复杂的，不仅仅是警察对黑人更严厉这一问题。

第5章 警察解决纠纷[*]

在现代社会，警察履行了许多职责，不再局限于侦查犯罪和逮捕罪犯（Cumming et al., 1965; Bittner, 1967a, 1967b; Black, 1968: 第 3 章；Wilson, 1968: 第 2 章）。其中一些职责与越轨行为和社会控制几乎没有或根本就没有关系——例如将病人和伤者送进医院就医，清除街道上的死狗尸体，以及将遗弃的汽车从大街上拖走，等等——但即便涉及行使警察权力，从狭义的角度理解，警察的角色在很大程度上也可能偏离了执法职责。在下面的情形中能够发现这种现象：警察处置睡在公共场所的醉酒者或无家可归者，处置在街头巷尾玩掷骰子赌博或纸牌游戏的人，驱散喧闹嘈杂的聚会人群，驱赶一群在公共场所闲逛游荡但并没有受通缉的年轻人，或者处理各种人际冲突，包括丈夫和妻子、房主和房客、商人和客户等之间的冲突。虽然在任何这些情形下警察都可能实施逮捕，但是更多的时候，他们完全在事情发生的环境中处理这些事件。例如，他们可能简单地告诉某人"赶紧离开"或"别闹了"，或者他们行使警察强制权或威胁使用警察强制权，或者警 告、斡旋调停和公断，或者可能什么也不做。

---

[*] 本章提出的调查结果源于本书前言和第 3 章中提及的大型项目。耶鲁大学社会学系提供了本次分析的计算时间（computer time），该系的越轨行为、社会控制以及法律（Deviant Behavior, Social Control, and Law）项目［获得了国家心理健康研究所（National Institute of Mental Health）的研究经费资助］提供了其他支持。在准备和处理数据方面，我要感谢鲍姆加特纳（M. P. Baumgartner）的协助，也要感谢他对初稿发表的评论意见。1980 年 2 月，我在哈佛大学法学院刑事司法中心陈述了报告的大纲，我要对那些出席会议并发表意见的人表示感谢。另外，还要感谢下列各位，他们给出的建议使得本章得以进一步的完善：约翰·格里菲斯（John Griffiths）、坎迪斯·克鲁斯切尼特（Candace Kruttschnitt）、彼得·K. 曼宁（Peter K. Manning）、萨利·恩格尔·梅里（Sally Engle Merry）、哈罗德·E. 比宾斯基（Harold E. Pepinsky）、劳伦斯·W. 谢尔曼（Lawrence W. Sherman）以及 W. 克林顿·特里（W. Clinton Terry）。

　　警察的这类工作——通常将逮捕作为一系列可能的行动中的一项——被称为"维持和平"或"维持秩序"，以区别于"执法"（Banton，1964：6-7；Bittner，1967b：700，714；Wilson，1968：16-17）。这类工作是当代美国警察工作的重要组成部分，也是任何现代社会法律生活的重要组成部分。尽管如此，人们对在这种情况下谁报警、为什么报警以及在什么条件下以何种方式对谁采取处理措施的问题，知之甚少（Banton，1964：第3章；Cumming et al.，1965；Parnas，1967；Wilson，1968：第2章）。针对这些问题和其他问题，我们首先研究警察如何处理具有日常关系的人之间的冲突。这类研究有助于了解警察工作本身，也有助于理解法律和解决纠纷。

　　奇怪的是，除了法庭上发生的事情外，我们对部落社会和其他简单社会中人们如何解决争端的了解，比对美国等现代社会的了解要多得多（Barton，1919；Llewellyn and Hoebel，1941；Gibbs，1963；Gulliver，1963；Nader and Metzger，1963；Gluckman，1967）。虽然"纠纷解决"这一概念在社会学家的著作中很少见到，但在人类学的文献中经常出现。也许这是因为，当社会控制模式是促成和解时，人们将会更多地关注妥协和解与重建社会和谐，而不是关注谁对谁错、谁赢谁输（刑罚模式更关注谁是有罪的、谁应该受到惩罚）（Black，1976：4-6）。在那些具有相对同质特征、亲密关系以及平等的社会条件下，这种调解模式（the conciliatory style）尤其常见。这些条件通常在部落社会中出现，与现代社会中警察面临的许多情况完全不同（Gibbs，1963；Gluckman，1967：20-21；Black，1976：47-48）。因此，法律代理人（以及由社会科学家所定义的其他机构）将其处理的问题视为一件"纠纷"而不是一起"犯罪"案件，更关注的是谁涉入其中，而不是所发生的事情。如果呼叫警察去处理处于持续关系中的人之间的冲突，例如居住在同一住所的同一家庭成员之间的冲突，则可以预期，这一过程和结果在某种程度上将类似于人类学家所描述的简单社会中的纠纷解决模式。但是警察之间存在重要区别，这和简单社会中人们之间的关系不一样，至少在大城市中情况如此。虽然现代社会中各方面的关系可能与居住在同一村庄的部落同胞间的关系一样亲密，但对他们而言，警察很可能是完全陌生的人，而且在其他各个方面，例如在文化和经济方面，也存在同样的社会疏远。在一个部落社会，负责社会控制的每一个代理人——无论是一位酋长、家长、长辈还是任何其他类似的人——都熟悉所有相关方，并且在几乎每一个社会方面都与他们相似。仅出于这一原因，由警察来解决纠纷（正如本章所描述的那样）与人类学家在部落社会和其他简单社会中发现的模式大不相同，也就不足为奇了。

本章以样本中的一个案件的调查开始，包括有关冲突本身的细节和冲突各方，并得出了一个关于人们在一定条件下呼叫警察的结论。接下来是关于模式的概括，警察正是通过这些模式来处理纠纷，着重关注他们运用社会控制的方式和他们行使权力的程度。在社会空间中，警察解决纠纷的方式随着地点和位阶而变化，影响因素包括种族关系、社会阶层、家庭的社会结构、年龄、亲密关系、组织，以及警察本身的合法性。在研究警察如何处理商业纠纷时，还介绍对成文法的一些相关评论。结语是对调查结果的总结，并评论了这一调查的重要性。

5.1 案例

本报告基于观察员记录的 550 起案件，这些观察员每天陪同制服警察在美国四个城市巡逻。大多数案件（527 起）数据是 1966 年夏天在芝加哥、波士顿和华盛顿特区收集的。其余 23 起案件数据来自笔者在 1964~1965 年对底特律警察的观察。前三个城市的研究主要是在下层和工人阶级居住的警管区里进行的，而底特律的观察则包括城市周边的中产阶层社区。本部分分析的资料来自三个城市研究期间使用的观察表，其中要求观察员提供他在现场观察到的事件的详细报告，以及与底特律巡逻警察共同乘车进行的 19 次巡逻的零散现场记录。①

112

---

① 在研究过程中，警察既不知道这项调查的目的，也不知道在每一天观察结束时他们的哪些行为被记录下来。恰恰相反，他们相信这项调查研究一点也不涉及警察的行为，仅涉及公民的行为，包括他们向警察提出的服务请求，以及由公民给警察带来的一些问题。之所以采用这一欺骗手段（element of deception），是为了确保警察在观察员在场的情况下以自然的方式行事。虽然这种欺骗可能受到道德批评，但它可能有助于保证所获得信息的质量。尽管有观察员在场，但是警察的有些行为，仍然是不适当的。例如在午夜之后的几个小时里，警察经常在巡逻警车中睡觉以打发例行的巡逻时间，偶尔会错过无线电呼叫。并且他们中的一些人在值夜班时会喝酒精饮料，将没收的财物据为己有，中饱私囊（比如将从玩掷骰子游戏的人那里没收的钱财据为己有或者饮用从未成年饮酒者那里缴的啤酒），接受公民的钱财、免费膳食以及其他优惠。他们向观察员承认在巡逻车里放有武器，在确有必要时将用作伪证或捏造证据。有一次，一名警察在一次轻微交通事故后用　（转下页注）

　　样本中的所有 550 起案件都涉及两人或两人以上，这些人之间在导致警察介入的事件发生前，就有某种程度的日常关系。[①] 然而，并不是所有冲突在警察到达现场时都还在进行中，即使冲突仍在持续，也并非都需要警察行使权力。只在 58% 的案例中，警察到现场时冲突仍在持续。从本研究的角度来看，只有这些（317 起案件）是"真正的争端"，因为只有这些案件的当事人明确要求由处理这些案件的警察来解决某种问题。然而，在对真正的纠纷进行更深入的仔细分析之前，有必要对案件做一个简要的概述。本节描述了只有一名报案人或一名犯罪嫌疑人在场的情况，以及报案人和嫌疑人双方都在场但都没有向警察请求帮助的情况。最后，本部分还总结了真实纠纷的几个特点。

113

（接上页注①）警棍打伤了自己的前额，以便就履行职务受伤而提出索赔。然后他也给了观察员一根警棍，解释说这是一个"赚些小钱的机会"。如果警察被告知他们的行为会被记录和公布，那么，他们就不太可能以这种方式自证其罪。此外，应当认识到，观察员的存在必然在某种程度上影响警察的工作。关于在三个城市研究中所用方法的补充论述，请参阅 Reiss（1968b，1971b）；另请参阅 Van Maanen（1978）关于警察实地研究所涉问题的一般性讨论。

① 与大多数事件一样，这类冲突通常是通过公民的报警电话引起警察注意的。在三个城市的研究中，此类情况占警方处理的电话报警案件的 12%（N = 4371），占警察与一名或多名公民面对面接触的电话报警案件的 17%（N = 3055）。然而，这些数字不应被视为与人际冲突有关的所有警务工作量的精确指标，因为抽样来自所研究城市中数量有限的区域。而且如上所述，这些区域大多是低社会阶层和工人阶级居住的地区。因此，抽样程序可能高估了警方处理的纠纷数量。还应注意的是，虽然观察要求在一周中的任何一天和一天中的任何时间进行，但是我们有意对晚上和周末进行过度重复采样。在这种情况下，这个时间段正是人们待在家里聚会喝酒的时间。因此研究对象区域显示，警察在周五或周六晚上需要处理的纠纷数量远超平时的水平。粗略估计，在这个时间段里，警方处理的案件中，有 25%~50% 的案件涉及相互认识的人们之间的冲突。即使这样的估计也可能是保守的。据报道，在亚特兰大市，"早班"（午夜 12 点至早上 8 点轮班）值勤期间接到的报警电话中，有 60% 的报警电话与家庭冲突有关。因此在本研究中，对晚上和周末时间段的过度抽样是警察处理的纠纷数量可能被高估的另一个原因。一名调查员估计，警察处理家庭纠纷的数量"可能超过了谋杀、严重殴打以及其他所有严重犯罪的总数"（Parnas，1967：914，注释 2）。还需要注意的是，很大一部分关于人际冲突的报警电话似乎是由人群中的一小部分拨打的，这些人被警察称为"常客"（regulars）。例如，堪萨斯城的警察在他们自己的调查研究中发现，他们接到的有关家庭事务纠纷的报警电话中，有一半来自他们在过去两年中至少拜访过五次的家庭。这些"常客"中的一些人，几乎每周都报警（Schulz，1969：67），警察经常提到那些每个月都报一次警的人。据估计，在所有社会底层的都市普通黑人家庭中，至少有一半的家庭都因家庭纠纷报过警（Schulz，1969：72，注释 16）。

5.1.1 没有罪犯的会面

警察经常只与冲突双方中的一方有接触，而且大部分情况下是与报案人进行接触。在 550 件样本案例中，差不多有 1/3（30%）的案件属于此种类型。这通常意味着被指控的罪犯在警察到达之前就离开了现场。某些情况下，报案人离开了现场并在其他地方找到警察；而在另一些情况下，警察拒绝主动与被指控的罪犯接触，即使他或她仍然在现场附近，而且可以很容易地被发现。如果只有报案人在场，而且双方之间存在某种持续的关系（在所有这些案件中都是如此），警察一般会尽量降低冲突的严重性，尽量避免行使其权力。即使大多数律师会将这类事件界定为犯罪，并且认为应该对显而易见的犯罪嫌疑人实施逮捕或采取其他行动，警察也很少或根本不采取任何使报案人感到满意的措施。

典型的一类案件是女人控诉一个男人（她的现任或前任丈夫或男友）殴打或威胁她。例如在一起案件中，警察到达现场时发现，一位黑人女性和她的两个孩子（男孩）从公寓里逃出来后在大街上等着他们。这名女士说她的丈夫喝醉了酒，还拿着刀威胁她，她现在不敢再回去。两名警官——都是白人，正如样本中的绝大多数案件一样——告诉她他们对此无能为力，因为他们并没有目击这起事件的发生过程。① 他们建议她带上孩子去朋友家过一夜，星期一再去市区（警察局）提起正式的控告。他们把这名女士及其孩子留在大街上，并将该起事件报告为一起"家庭纠纷"（family dispute）了事。在另一起此类案件中，一名白人女士在其屋外的台阶上遇见了警察，

114

---

① 应当指出的是，有关逮捕的成文法（无论是制定法还是判例法）在美国各司法管辖区之间有所不同，而且其具体规定往往是不清楚的，但似乎通常要求警察在没有获得法官签发的逮捕证的情况下，在实施逮捕行为之前，需要具备目击一项轻罪行为发生这一要件。但在实践中，如果该警官获得了公民经宣誓的正式投诉，则可以在事后由法官补发逮捕证。然而在重罪案件中，他们仅仅需要有"合理依据"或"正当理由"相信，在逮捕嫌疑人之前该犯罪行为就已经发生（La Fave，1965：第 11~12 章）。大部分律师可能把此处描述的事件视为一种重罪——一种"故意严重伤害"犯罪。而且也可能认为受害妇女的指控声明就是逮捕的合理理由。当然，成文法中并没有任何条文禁止警察与被指控的罪犯进行交谈，或禁止拟备正式的罪案报告，以便把案件转交给侦探部门实施进一步的调查。读者应当认识到，可以对所有案件进行类似的法律解释。然而，由于本研究的目的仅仅是描述并在可能的情况下解释警察的所作所为，因此后文通常不会从法律或律师的角度来讨论这些事件。我们在结尾再就成文法与理解警方解决争端的手段的相关性发表一些意见。

说她的丈夫殴打她并且拿着刀追杀她，现在正躲在锁着的门背后。她希望警察破门而入并逮捕其丈夫（观察员注意到该女士"脸上有瘀伤"）。警察回答她说他们不能进去，并且问她是否需要申请"搜查令"。他们也怀疑她"因为胡搞而让其丈夫产生猜疑"。最后她"承认"了对自己胡搞的指控，并且"改变"了要求逮捕的"主意"。这个案件最后被警察报告为"家庭争吵"（family fight）。在另一个例子中，两名社会工作者碰到警察，并将他们带到一名黑人女士面前，该女士已经受到了严重的暴力伤害以至于无法站立。观察员注意到这名女士"严重的割伤和浮肿的双手"。犯罪嫌疑人是一个住在街对面的男性熟人，当时正坐在她家的后门外。然而观察员的报告称警察"没有采取任何措施"。他们没有询问或以其他方式接触那个男子，只是简单地告诉这名女子去"申请逮捕令"。同样，在另一个案子中，警察面对一名睡着了的、遭到指控的人时，决定不叫醒他。

对警察而言，这类事情不是真正的"犯罪案件"。它们仅仅被界定为"家庭纠纷""家庭矛盾""同居人打架""情侣争吵"或其他类似性质的事件，并且被指控的罪犯实际上得到了刑事追究的豁免权。需要补充说明的是，警方普遍认为无论报案人做什么，他们都不太可能提出正式的指控，如果报案人提出正式的犯罪指控，案件很可能被法庭驳回，因为他们自己将无法以投诉证人（complaining witness）的身份出庭作证。警察还预计，即使罪犯被判定有罪，判处有期徒刑也是极不可能的（Parnas，1970），这些观念是有事实依据的（Vera Institute of Justice，1977）。

如果罪犯不能被逮捕，而且与报案人关系很近时（当他是她的前夫、男友或其他什么人时），警察很少撰写一份将这一事件定为犯罪的正式报告。这就排除了侦探进行后续调查的可能，而只有采取后续调查行动才有可能对付被指控的罪犯。这意味着有关"警方已知罪行"的官方统计数据中，将不会出现该案件的记录。然而如果被指控的罪犯与报案人之间的关系不那么密切，那么其中许多事件将被视为犯罪案件——不仅作为"侵犯人身"的案件处理，有时还作为"入室盗窃"（burglary）、"偷窃"（larceny）和"恶意破坏财产"案件处理（Black，1970：740-741）。在一个案例中，一名黑人妇女抱怨说，当她在上班时，与她分居的丈夫进入她的公寓大肆搞破坏，并把她的所有衣服装进他的汽车里然后驾车离去，大概是去了几百英里以外的他的新家（一位邻居目睹了整个事件过程）。警察告诉她，他们对此爱莫能助，因为这是一起"民事纠纷"。以类似方式得到对待的，包括那些偷盗了这些妇女们的福利支票、钱包以及汽车等财物的男友们。在其中一些案件中，警察公开地表现出对报案人的漠不关心或轻视态度，甚至在受暴力威胁的情况下也是如此。例如在一个案件中，警察对报案人受到一个男子"持枪威胁"的报警电话迅速做出反应，但当他们到达现场并得知被指控的罪犯——一个黑人男子——是报案人的前男友时，他们似乎失去了兴趣。然而报案人的父亲相当激动和愤怒，告诉警察如果罪犯再次返回，他们将会接到一个"来收尸"的电话，因为他声称自己一看见他就会"朝他开枪"。其中一个警官回应说："多大点事，大不了我们开运尸车来！"在一个涉及白人的类似事件中，一名与妻子分居的丈夫威胁说要杀死他的岳父，接到报警电话的警察以"不符合受案标准"为由不予理睬。观察员在报告中补充说，这位值班警察"不想卷入家庭争吵之中"，因为"现在快到下班时间了"。在另一个案件中，一名受到男朋友威胁的黑人女士到警察局报案，警察开车将她从警察局送回家，他们发现被指控的罪犯已经离开了。警察搜查了整个房屋并等待该男子返回，但是在他们离开之前，其中一位对该妇女提出了不合理的要求。当面对年轻的白人男子时，警察表现轻视的形式与此稍微有所不同，该男子投诉说他遭到前室友的威胁。警察推测他是一名同性恋，在与他中途相遇时，一名警察开始"口齿不清地说起话来"，以"嘲弄"报案人。在一个案例中，警察极其粗暴地对一名黑人妇女"恶言相向"，该黑人妇女投诉声称她的同居丈夫（未正式结婚而同居的男方）殴打她，请求警察帮助将她的孩子从公寓里救出来。警察拒绝为她做任何事，在把她丢在大街上之前，其中一人还"公开地指责她的婚姻状况"。

　　双方之间的亲密程度只能部分解释这种模式。同样有关的是他们的社会地位：最不可能得到帮助的是社会底层的人、穷人和黑人。下文将会详述此类情形。

5.1.2　报案人不在场的案件

　　在不到 1/10（8%）的案件中，当警察到达现场时报案人不在场。虽然如此，警察仍然能够推测出报案的原因。大部分报案电话是那些想保持匿名的邻居因噪声扰民而拨打的（Pepinsky，1976a：94）。例如当他们给警察打电话时，有时报案人留下一个"胡编乱造"的假名，比如"琼斯夫人"或

116

"史密斯夫人"，有时甚至拒不提供名字。在这两种情况下，他们都能够在不破坏他们与令人讨厌的邻居之间的关系的前提下向警察投诉。如果警方不去处理这些电话，许多报案人可能听之任之，根本不采取任何行动。① 通常噪声的产生是因为有人在玩音乐或开派对，在这些情况下，警察只是简单地要求他们将声音放低一点而已。在典型的情况下，他们会立即做出保证，不会进一步扰民，尽管违法者偶尔在表面上对警察的干涉表示不满。很多警务人员自己认为这些个案不值得他们注意，可能正因为如此，他们愿意忍受来自相关人员的一定程度的敌意。在几份报告中，观察员评论说，警方以要求道歉的方式处理噪声投诉，并试图将责任推到匿名报案人身上。（例如，"我们也不想来干扰你们的聚会，我们之所以来这里，是因为有人投诉，仅此而已"。）

　　警察赶到现场时，偶尔会发现一场冲突正在进行中，但他们只把这类事当作简单的噪声投诉来处理。这是他们对"外部呼叫"（outside calls）或某个本身不涉及争端事件的人的报案的反应。例如在一起案件中，警察应调度中心的电话去处理一起"一位正在尖叫的女士"的事件。当他们到达报警电话提供的地址时，听见了叫声，在寄宿公寓里找到了房间，然后敲门。一名白人男子开门并告诉他们"没有什么事"。其中的一名警察询问房间里的一名女士是否一切都正常，但是她不会说英语。然后警察就告诉这名男子"小声点"，否则会因"扰乱治安"而遭到逮捕。在另一个案例中，当警察到达报警电话提供的地址时，听到一名男子正在与一名女士大声争吵，他们敲门并询问发生了什么事。这名男子回复说"什么事也没发生"。警官解释说有人以"噪声过大"而对其投诉。这名男子保证说他们会安静下来，然后警察就离开了（此类案件的另一个例子，参阅 Parnas,

---

① 将"听之任之"（lumping it）的勉强容忍态度作为对可能受到社会控制的行为的一种回应，可参阅 Felstiner（1974）的研究。如果警察和其他执法机构从目前仍然在发挥作用的所有场所撤出，社会控制将减少到什么程度或是否会消失，这在很大程度上讲还是一个未知数。在某些情况下，人们会发起一些自救行为，而在另一些情况下，他们可能求助于诸如古老西部的"治安维持会"（vigilance committees）的准法律机构。但在许多情况下，他们很可能什么也不做。在人们投诉时坚持要求匿名的情况下，最后一种可能性尤其大。除了文中提到的噪声投诉之外，还有许多其他投诉，诸如有关青少年越轨行为、麻醉毒品的使用以及所谓的不道德行为（例如赌博和卖淫）等。关于"去警务化"（depolicing）的可能后果的探讨，参见 Black 和 Baumgartner（1981）的分析。

1967：920-921）。这些案件进一步体现了，在面对相互认识的人之间发生冲突时，警察表现出来的被动性。

　　除了局外人报警但又不愿与警察见面的事件外，正如很多噪声投诉一样，在另外的 5% 的案件中，卷入人际冲突的双方中的一方会报警。但当警察到达冲突现场时，他们便会明白自己并不想让警察干预。当出现这种情况时，警察通常情况下都会遵从当事人的意愿。在大多数情况下，他们表示不再需要警察的帮助，警察也不会再采取进一步的干预行动，一般会选择直接离开。① 有时，公民在拒绝警察服务方面相当咄咄逼人，警察的惯常做法是在不进行调查或任何其他形式询问活动的情况下撤离。有一个极端的案例：警用无线电台传来信息称"有一名持枪的男子"正在闹事，于是警方调派了两辆巡逻车前往处置。第一个到达现场的警察遇到了一名手持 0.38 口径左轮手枪的黑人男子，他说他和他的妻子不需要警察。一名警察躲在树后向该持枪男子喊话，要求这名男子让他的妻子走出家门，并向他保证如果他也出来的话，警察不会对他采取任何行动。但是这名男子没有被说服，继续用他的枪威胁警察。这时，一名警察打电话给总部报告事件的进展，一名副局长告诉他"撤离"，因为该男子"没有实施任何真正的攻击"。此后不久，所有警察都离开了，没有采取进一步行动。

　　通常情况下，警察在前往处理"家庭纠纷"的路上故意磨磨蹭蹭，希望冲突能在他们到达前得到解决，至少从表面上看是这样（Lundman，1974a：25）。当报案人提出具体请求时，警察的做法是只做所要求的事情，而不是对冲突进行深入的调查，以查明产生冲突的深层原因。例如，当暴力受害者只要求去医院时，警察几乎总是把其严格地当作一个医疗事件来处理，完全无视其人际关系和可能的犯罪因素，无论现场是否有嫌疑人在场，也无论证据如何。因此，样本中有一些大多数律师称为重罪的案件，但警方仍不将事件与犯罪联系起来。例如在一个案件中，警察进入一间公寓，发现一名白人坐在厨房里，手里拿着一条毛巾捂在胸前。他解释说，他的女儿（19 岁）捅了他一刀，但为了避免让她留下犯罪记录，他想让警察在报告中说他喝醉了酒，自己撞倒在刀上。他的女儿承认她刺伤了他，并向警方暗示，这是她

118

---

① 样本剔除了这类案件，尽管其中许多案件可能涉及早些时候发生的或仍在进行的激烈的人际冲突。

对他的性侵犯行为的一种回应："做得太过分了"。她的父亲否认了这一指控，说他"没有对她动手动脚"。然而，在没有进一步调查的情况下，警方只是将该名男子送往医院救治并按他的要求报告事件性质而已。在另一起案件中，警察进入楼上的一间公寓，发现一名黑人坐在椅子上，他的胳膊和腿被严重割伤并大量出血。他说，一名不明身份的袭击者用一把剃须刀袭击了他。这名男子的同居妻子（法律意义上未结婚而同居的妻子）也在场，她担心他可能死于失血过多。其中一名警察叫了救护车。当警察和那个男人在楼下等候救护车时，他才承认这其实是他妻子干的。而他妻子一定是偷听到了警察与她丈夫之间的对话，正当警察要将那个男人带走时，她大声喊道："如果你告诉警察，我爱你，但我不会放过你的，杰夫。"一名警察反过来对她大喊道："闭嘴，你这个胖母狗。"根据观察员的描述，这名男子"很害怕"，但是不想对她提出指控。警察也支持他的选择，在报告中声称袭击者的身份不明。另外还有一个案例，一名黑人男子的前妻朝他的脸上泼碱水。该男子只是希望警察将其送到医院，警察顺从了他的意愿。但是当他们了解到受害者的一名熟人有车时，一名警察评论说，当受害者有其他交通工具可用时，完全没有必要呼叫他们，受害者的报警纯属"没事找事"。同时，他告诉观察员说："这些该死的黑鬼不会为自己做任何事。他们将遇到的每一件事都与警察捆起来。"警察处理的下一个电话正是来自向丈夫泼碱水的那名女士，她在投诉电话中说她的前夫纠缠她并威胁要杀死她，但是警察没有透露他们知道在早些时候她对她前夫所做的事。警察也处理过一名白人女士的案子，在与丈夫争吵后，她用剃须刀自残。虽然警察知道发生的事情，但是还是在报告中说，这名女士在洗碗的时候割伤了自己，并对观察员解释称，这让他们避免了撰写一份自杀未遂的报告。

119　　警察通常对他们处理的案件的医疗以及人际关系和法律方面的事情表现出漠不关心。在一次事故中，在一名流血不止的黑人妇女被一辆破旧而不舒服的车辆送往医院救治后，一名警察评述说："理所当然，你可能认为我们对以这种方式对待有色人种满不在乎，但想象一下，如果将自己母亲或妹妹按这种方式送进医院救治，你将会有什么样的感觉。"这里似乎再一次说明，卷入事件的人的社会地位对警察处理的方式有重要的影响。

5.1.3　纠纷

如上所述，在略超过一半的案件中（317 起），警察到达现场时发现，冲突双方是彼此认识的熟人。在这种情况下至少有一方当事人想要警察介入进行调停。就本研究的目的而言，这些都是真正意义上的纠纷，[①] 它们将是本章其余部分的主要关注对象。

这一类案件中最常见的问题——正如报案人所定义的那样——是个人或少数人的某种形式的"闹事"（disturbance）。在 317 起案件中，这类案例几乎占到了 1/3（30%），而且大多涉及对邻居的噪声投诉。这里还包括了人们定义为不适当的其他各种各样的情况，例如某人醉酒或引起骚乱。有近 1/5（19%）的案件是某位妇女投诉她受到了某位男子的身体伤害或威胁。通常情况下，报案人说她的丈夫"虐待"她或"殴打"她，但没有提供更多的细节，也许只是因为该男子处于持续的醉酒状态中。同样，有关财产的纠纷也是常见的（14%），例如关于"偷窃"的指控，关于使用汽车的冲突，以及在一段感情关系结束后对家具或其他财产的处置的分歧。同样，除了男子和妇女之间的人身威胁外，还有关于其他人身冲突和威胁的报警案件（11%），虽然这类案件并不经常发生。比如某位妇女打电话报警想让警察将某位非居住者驱离他们的住所，某位妇女想将某个男人（通常是其前夫或前男友）"赶出"自己的公寓（7%），某人想要与其同住者分开（6%），某人（通常是男人）试图在夫妻分居后探望或监护孩子时发生纠纷（4%），某人（通常是女人）想进入其前情人的公寓取回衣服和其他财产时，担忧

120

[①]　纳德（Nader）和托德（Todd）将"抱怨""冲突""纠纷"区别如下：抱怨（grievance）是指"一个人（或群体）感受到了不公正的一种情况，并且是憎恨和投诉的理由"（1978：14）；"如果受害方选择对抗——如果他向他人提出挑战——并将他的怨恨或不公正的感觉传达到冒犯方"（1978：15），冲突（conflict）就会产生；最后，纠纷或争端（dispute）是"通过公开事件导致冲突升级的结果"（1978：15）。因此，在纯粹的形式下，抱怨是一元的，只涉及单方的个人或团体，冲突是二元的双方组合，纠纷（争端）是三元的三方组合，因为它涉及第三方的参与，他们请求第三方作为纠纷解决的代理人（Nader and Todd，1978：14-15；对于类似的概念化问题，参阅 Gulliver，1979：第 3 章）。基于纳德和托德的概念界定，这里提到的 317 起案件都是"纠纷"，因为它们涉及两人或更多人之间正在进行的对抗，同时警察因被一方请求帮助而卷入其中。另一方面，在 550 起案件的较大样本中，包括被指控的罪犯在警察到达时不在场的事件，其中一些案件中，不在场的一方甚至不知道有人报警。这类案件似乎根本不符合纳德和托德的研究目的。

产生冲突（3%），某位居住者被另一名居住者拒之门外而产生纠纷（2%），面对这类事情都会有人报警求助。最后，有些事件不完全属于这些类别（4%），例如一名妇女说她的丈夫对她不忠，一直"背地里乱搞"，一名意志消沉心烦意乱的男子认为他不是孩子的亲生父亲，一位房客抱怨过道里满是水和粪便，而房东（也是她的兄弟）什么也不做，一位女房东希望房客离开，一位年轻妇女抱怨她父亲"试图和她上床"。还有几起报警电话说，某人"精神病发作了"，需要将其送往或者再次关进精神病院。在分析这些案件的其他特点之前应当指出，尽管我们的研究假定问题都由报案人来界定，但报案人并不总是第一个报警的人。在85%的案件中，报案人是打电话报警者，但在3%的案件中打电话报警的人是第三方，在12%的案件中，完全不清楚是谁打电话报警的，是纠纷的一方，是家庭中的其他人、朋友、邻居还是其他人，一概不知。报案人对问题的看法应该仅仅被视为一面之词，而不一定是对所发生情况的客观描述。

在引起警方注意的纠纷中，报案人报告发生了某种形式的暴力的案件占43%。在冲突纠纷中，报告有谋杀或严重伤害威胁的占10%，已经发生严重伤害或试图造成严重伤害的占5%。将近1/5的纠纷（17%）涉及凶器枪支。通常这类报告涉及使用刀或类似的工具（占使用凶器案件的43%），或涉及使用枪支（26%），但有相当一部分（近1/3）的报警涉及其他一些被视为暴力工具的东西。值得记录的是，550个样本中，除了普通的刀、枪外，还包括以下各种凶器：剪刀、剃刀、碎冰锥、切肉刀、花枝修剪钳子、婴儿奶瓶、糖筛、手电筒、桌子、排水管、扫帚柄、棍棒、高尔夫球杆、铁铲、大锤、棒球棒、扳手、砖块、石块、爆竹、点着的香烟、碱液、脚掌钉以及牙齿。另外，还有人唆使一只德国牧羊犬袭击邻居。

5.2　当事人

本节的目的是对317起案件中主要当事人的社会特征进行考察。观察员的报告提供了有关当事人之间关系特征的信息资料，包括他们的性别、年龄、种族以及——如果涉及一个家庭的话——他们在家庭结构本身中的地位等有关信息。同时，还提供了纠纷参与各方的社会阶层地位（蓝领或白领）：从服装和生活方式等外在指标来看，卷入这些纠纷的人中，蓝领占

95%，白领占 3%，其余 2% 为混合身份。地位较低的人在纠纷中占绝大比例这一现象本身，就会引起对此问题的进一步分析，我们将在下一节讨论这个话题。首先要仔细地分析当事人的社会背景。

5.2.1　关系

绝大部分的纠纷（大约 2/3）是发生在同一家庭成员或者曾经是同一家庭成员之间的（包括把自己描述为"具有普通法律意义上"的同居夫妻）。这类典型的案例是丈夫和妻子之间的冲突，在所有的纠纷中占了 35%，而分居夫妻之间的冲突则占了 10%。父子之间的冲突也比较频繁（11%），发生在其他亲属例如兄弟姊妹或姻亲之间的占 10%。除了家庭纠纷以外，最常见的是邻居之间的冲突（15%）。其他的纠纷涉及房东与房客（5%）、朋友或熟人（4%）、男女朋友（3%）。在没有具体说明的关系中，人们只是简单地说"认识"对方（3%）。还有雇主与雇员之间，或因女儿男朋友发生冲突的母亲和女儿之间（4%）。

当警察到达现场时，这类冲突通常表现为一方对另一方的投诉，而不是互相指控的情形。因此，在所有的案例中，有 87% 都是一个人针对另一个人的控告，同时只有 12% 的案例涉及双方的互相投诉。然而，当事人自己做出的最初界定未必会得到警方认可。警方是否承认一件投诉并认可对方是侵犯者，视案件情况而定，对此我们稍后会加以讨论。有些人的投诉非但没有得到认可，反而会被警察界定为侵犯者。现在需要考虑的事情是，当警察最先到达现场时，呈现在他们面前的投诉方向。

5.2.2　性别

到目前为止，女性对男性的投诉是最常见的，占总数的 56%。一名男性对一名女性提出投诉的情况只占 6%。其次，更为常见的是两名男性（9%）或两名女性（8%）之间的相互指控。男女互相抱怨的双向投诉的占比大致相同（7%）。同时，还存在一些其他可能性，即其中一方或双方由混合的群体所构成，这在整个样本中所占的比例不到 5%。

应该指出的是，性别本身只不过是一种生物学特征，它的社会学相关性不能被认为是理所当然的（Black，1979c：153）。这完全取决于在特定环境中与性别相关的社会条件，而在美国这样的现代社会中，这些条件因所属群

122

体不同而异。例如在中产阶层白人当中，女性通常依赖男性以获得经济上的支持，然而在下层社会的黑人妇女中，女性往往表现得更为独立。因此，警方处理的最常见的纠纷是女性投诉男性的情况，她们提供的信息非常少，除非我们知道每宗个案中当事人的社会状况，例如由谁支付房租或由谁提供家庭经济来源，才能说明问题。只有了解了这类信息，我们才能从社会学角度理解这种模式存在的原因或它的含义。这一问题将在下一节讨论。

5.2.3　年龄

在绝大多数案例中（83%），纠纷的当事人是成年人（18 岁或以上）。也有相当多的案件（大约 10%）是成年人对青少年提出控告。其他每一种可能性占案件总数的比例不超过 2%。应当特别指出的是，青少年很少对成年人（1%）或其他青少年（1%）提出控告。

由于现代社会中的大多数青少年在经济上依赖成年人，他们往往受制于成年人，特别是父母的权威。与他们有交往的其他成年人如教师或雇主，也对他们拥有一定的控制权力。因此，一般来说，青少年没有资格和能力对成年人投诉，能够对青少年行使社会控制的成年人也不会向警察投诉。但是，当成年人没有自己的管控权力时，比如在街头青少年——其他人的子女——的问题上，他们会毫不犹豫地报警。当他们对自己子女的控制权力弱或不稳定时，情况也是如此（Schulz，1969：68-70），这种情况可能发生在孩子在经济上相对独立时。低收入家庭的子女似乎表现得更加独立，因为他们的父母给的钱较少，他们可能找到自己的方法。

5.2.4　种族

大部分纠纷涉及一名黑人对另一名黑人的控告（62%），其余的几乎全部是白人对另外一名白人的控告（36%）。因此，不同种族间的纠纷在样本中是非常罕见的，这大概是因为在观察期间，跨种族关系在美国城市中并不常见，而且在确实存在这种联系的地方（例如雇佣关系中），黑人往往受制于白人的权威。在 317 起案件中，只有 1 起是黑人对白人的投诉。另外，有两起是白人对黑人提起的投诉，只有 1 起跨种族的互相投诉。其他种族的人，如亚裔美国人和美国印第安人，在样本中完全没有出现。

与性别和年龄一样，种族本身并不是一个社会变量，而是或多或少地与一种社会状况有关。在现代美国，黑人比白人更有可能贫穷、失业、受教育不足以及在其他方面处于较低的社会地位。黑人家庭关系的结构也在某种程度上不同于白人的家庭结构（Frazier，1948：第 21 章；U. S. Department of Labor，1965；Liebow，1967：第 3~5 章）。正如下文所说的那样，这可能解释了为什么社会底层的黑人与白人相比更无力解决自己的家庭纠纷，因而更有可能求助于警方。

5.2.5　家庭地位

大约 3/4 的纠纷与某一家庭事务有关（73%）。其余大多数案件涉及代表不同家庭的当事人，典型的如邻居之间的纠纷，但偶尔也有在公共场所或其他场合发生纠纷，而且可能与家庭本身完全无关。在任何情况下，在家庭内部或与家庭有关的纠纷中，绝大多数案件中的报案人是对房屋拥有经济控制权的人。这通常意味着报案人是支付公寓或房屋租金或偿还抵押贷款的人。在任何一种情况下，这个人都把这套住宅称为"我的公寓"或"我的房子"，而且实际上是它的"所有者"。因此，一个家庭可能包含一个微型的社会阶层体系，其中最重要的是负责养家糊口的人。拥有房屋所有权或支付住房租金的人也被称为"一家之主"，这也许是因为人们知道，经济控制也意味着社会控制或权威。然而在我们的研究范围内，一家之主显然没有足够的权力在没有警察的情况下生活。值得注意的是，样本中包含了一对黑人夫妇之间关于谁"拥有"他们的公寓的问题的一场冲突：该男子希望这名女子离开"他的"公寓，但她拒绝了，坚称这也是"她的公寓"。在另一份报告中，一名黑人男子要求警察将一名女性从"他的"公寓中带走，而她则辩称，由于她在公寓中投入的工作——"粉刷和修理"，她有权留下来。在上述每一种情况下，似乎都有理由推断该男子支付了全部或大部分租金，否则他不太可能认为他有权驱逐别人。

除非提供相反的证据，否则涉及配偶或同居双方的每一场争端都被归类为一家之主的投诉。这无疑歪曲了样本中一些当事人双方的家庭地位（在232 起家庭纠纷中，可以通过这种方式进行归类的占 43%）。近 1/10 的家庭纠纷涉及同居的夫妻，其中一人在经济上依赖另一人（8%），其中几乎每起案件都是户主对配偶的投诉。

除夫妇外，在某些情况下，户主会投诉另一名依赖其财产的居住者，例如子女或其他亲属（占家庭纠纷的 12%），现居住在其他地方的前配偶（8%），或另一位暂住者（12%）。偶尔前配偶会投诉户主（3%），比如当前夫想要收回他所购买的住房而该房屋目前正由其前妻所控制时。有时报案的是居住在该房屋的居住者，比如孩子投诉户主或另一位居住者（2%）。其余的案件（12%）是其他形式的混合，例如一名男子要求探视居住在他前岳母处的孩子，一名女性希望与她分居的丈夫离开她现在居住的属于其父亲的房子，一名女性的情人投诉说在他们睡觉时她的孩子偷了他卡车上的工具。

5.3 报案人的记录

警方处理的典型纠纷是社会地位低下的黑人妇女对下层黑人男子的投诉。即使考虑到样本主要来自低收入人口密集的城市地区，中产阶层在案件中的代表性仍然不足，其他调查人员也发现了同样的问题（Cumming et al., 1965：280；Parnas，1967：915；Westley，1970：60；Hutchison，1975：10-11）。要理解为什么会出现这样的情况，就有必要对中下阶层的家庭进行比较。特别要考虑的是下层黑人家庭结构与中产阶层白人家庭结构的比较。

125　　如上文所述，中产阶层白人女性比下层黑人女性更有可能生活在对男子的依赖状态中，更有可能依靠丈夫的收入生活，住在丈夫的房子里，简而言之就是"家庭主妇"。这样的女性不可能在某一天离开她目前的环境而处境不发生变化。这在较小程度上也适用于许多有工作的中产阶层女性，因为她们的收入往往不足以维持她们习惯了的家庭生活水平。此外，从某种程度上来说，在经济上依赖其丈夫的女性，往往也受制于他的权威（Black，1976：32）。① 这类女性的情况与儿童相似，她可能经常得到她想

---

① 恩格斯很久以前就表明了男性霸权（male supremacy）和男性控制财富之间的关系：

在今天的绝大多数情况下，至少在占有类别上，丈夫有义务谋生和养家，这本身就使他处于至高无上的地位，而不需要任何特殊的法律头衔和特权。在家庭中他是资产阶级，与此同时，妻子则代表无产阶级（Engels，1884：137）。

也许应该补充一点，如本报告其他部分所述，在上面的引文中，权威的概念仅指行使社会控制的能力（Black，1979c：152），而且对所涉人员而言，它的主观意义并没有任何含义（Weber，1922：324-328）。

要的东西，但她无权像户主一样以强制手段实施自己的自由意志。一方面，如果发生一起夫妻冲突，她的丈夫通常有能力保护自己的利益，不需要警察介入。另一方面，妻子不太可能把他的行为定义为需要警察介入的事务。事实上，对丈夫来说，请警察介入本身就是一种重大的冒犯，是对他权威的挑战。因此，几乎无法想象一个完全依赖丈夫的妻子会要求警察把她的丈夫从自己家里驱赶出去。如果丈夫殴打妻子，她也不太可能动员法律，在某些情况下甚至可能认为暴力是完全合法的，也许认为这是由她的不当行为导致的，所以是她应得的惩罚（Gelles，1972：58-60）。因此，无论是丈夫还是妻子，中产阶层都不太可能就家庭问题报警。①

应该补充的是，这些分析不仅适用于中产阶层白人，也适用于任何居住在有等级结构的家庭中的人。例如，它也适用于许多中产阶层黑人，而且还适用于许多阿巴拉契亚白人（Appalachian whites）、亚裔美国人、波多黎各裔美国人、墨西哥裔美国人等的父权制家庭，而不论其社会阶层如何。在谈到诸如此类的家庭时，一名警察向一名调查员说道： 126

> 男子为了解决纠纷而殴打他的女人。他希望按自己的方式解决问题，没有顶嘴或外来干预。因此女人通常不会投诉。（Parnas，1967：952）

正如一位波多黎各女性向一位法官解释的那样，该法官正在考虑如何处理她丈夫对她的暴力侵犯行为。她说："他是我丈夫。他殴打我是理所当然的事。"（Parnas，1967：952）总之无论在什么地方，只要是任何种类的权威强有力的地方，无论是家庭还是其他地方，都不会有多少报警电话（Black，1976：107-108）。

现在让我们来看一下社会下层的黑人家庭结构。在家庭中，下层黑人女性可能是美国最独立的女性，也是现代世界中最独立的女性之一（MacDonald

---

① 应该认识到，除了家庭结构之外，还有其他理由可以解释中产阶层群体为何不愿意就彼此之间的冲突向警方报案。尤其重要的是，警察相对于中产阶层的地位低下。当他们希望第三方帮助他们解决争端时，中产阶层似乎更喜欢求助于接近自己社会地位的人（Baumgartner，1980b，1981b）。他们可能还希望避免社会控制的刑罚方式（在警察介入时总是有可能）而倾向于另外的方式，例如由律师、精神病医生或婚姻顾问提供解决之道（Black，1976：29）。

and MacDonald，1978）。① 无论是通过就业，还是作为公共福利的接受者，许多黑人女性是她们家庭的唯一支柱（Farley and Hermalin，1971）。在许多情况下，这些家庭中包括一名作为被抚养人生活在其中的男子。男女分担费用，但是女性有足够的个人收入，如果没有他的话她会过得更好。这些安排赋予黑人女性相当程度的家庭权威（Rainwater，1970：164-166）。事实上，在样本中的许多案例中，黑人女性呼叫警察是因为她想把男的赶出公寓。在中产阶层家庭背景中，这样的报警请求是很难想象的。然而，这并不意味着下层黑人女性的状况与供养他妻子的中产阶层白人男子的状况完全相同。不同的是，下层黑人男性从来没有像中产阶层白人女性依赖男性那样依赖女性。在某种程度上，这是因为下层黑人男性能够更容易地找到其他的生活手段，比如临时工作或亲戚朋友的帮助（Liebow，1967：第 2 章，第 6 章；Stack，1974）；他所习惯的生活水平也很容易达到。此外，有一些证据表明，在黑人男性的世界中，两性亲密关系中更频繁地更换伴侣，可能使黑人男子更容易找到替代他所依赖的女人的人选（Liebow，1967：第 4~5 章；Hannerz，1970；Stack，1974：第 7 章）。就这一点而言，作为一个男人，他在这个过程中有很大的主动权，而中产阶层女性通常会等到一位男人对她感兴趣为止。黑人男性也可能仅仅选择与一名女性同居，然而中产阶层的白人女性似乎更倾向于结婚。由于所有这些原因，底层黑人女性不太可能享受中产阶层白人男性所具有的家庭权威。即使她是养家糊口的人，家庭也只是略微有一点点母系氏族制特征而已。其在很大程度上是平等主义而不是前面所描述的真正父权制家庭的翻版（Parnas，1967：952）。此外，一个下层黑人家庭中的任何等级制度都很可能岌岌可危，不断受到家庭本身不确定的未来的影响。穷人特别容易受经济威胁的影响，任何一方失去工作后，通常都会丧失家庭权威（Komarovsky，1940：第 2 章）。正如一名下层社会黑人观察员所评论的那样：

> 当父亲找到工作时，妻子和孩子都乐意听他的话并且按照他说的去做。当父亲丢掉工作时，妻子对他在家庭中的行为的评判就会变得非常严

---

① 恩格斯也观察到这一现象，下层社会中的职业女性比起资产阶级的女性更加独立：

现在，大规模的工业企业已经把妻子从家里带到劳动力市场和工厂，使她们经常成为养家糊口的人，无产阶级家庭中没有任何男性至上的基础，也许除了自一夫一妻制引入以来对妇女的残暴行为（Engels，1884：135）。

厉。在一个案例中，妻子把她的丈夫驱赶出她的公寓，因为他划伤了她的家具，又是一名失业人员，且不能支付修理费（Rainwater, 1966: 122）。

不管怎样，在这些关系中常常因家庭权威而出现争斗，其结果是冲突易于升级并且很难解决。由于没有其他地方可以求助，涉案女性可能决定报警。①

在权威受到质疑或缺席的地方，人们才会报警。当他们自己无法处理某个问题时就会报警；当他们不能决定谁对谁错或不知如何达成妥协时，他们也会报警；当他们没有其他人可以求助时，也会打电话给警察。因此，值得注意的是，对样本中几乎每一个案件（98%），观察员认为，除了当事人本人之外，没有任何其他人打算在没有警察在场的情况下解决争端。其他家庭成员、邻居和朋友没有受到邀请对纠纷进行干预，也没有志愿者介入纠纷。除了一两个孩子，甚至没有其他人出现在纠纷现场。争执双方都是单独一个人，尤其是城市里的纠纷。相比之下，当人们生活在大家庭或传统的聚居地时，他们很可能在处理冲突时得到其他人的协助，因此不太轻易报警（Suttles, 1968: 101-102; Doo, 1973; Merry, 1979: 914-916）。

应当强调的是，不是纠纷双方的性别导致如此众多的涉及男女双方互为冤家对头的报警电话。在任何一方权威很强的情况下，冲突通常在没有警察在场的情况下得到解决，在其他类型的等级关系中也是如此。例如，父母和儿童、雇主和雇员以及教师和学生。冲突双方当事人可能是男性、女性或两者的结合。因此，如果两名男性或两名女性共住一处，他们之间的关系中如果存在等级的话，这种等级关系的程度，将决定他们如何处理争端。事实上，样本中的一些争议涉及同居的同性恋伴侣，这些家庭与许多没有正式婚姻关系或"普通法上的非婚同居"的下层黑人夫妇家庭非常相似。与非婚同居家庭一样，在这些家庭中，双方在经济上和其他方面都比典型的中产阶层家庭女性更加独立。而在这些家庭中，家庭权威的分配更为平等。由于涉及同性恋伴侣的纠纷类似于非婚同居关系的纠纷，因此双方都很可能基于同样的原因报警。同性恋家庭纠纷的性质也类似于非婚同居关系产生的纠纷，

128

---

① 下层黑人的家庭生活模式，包括他们报警的倾向，使得许多观察家将当代黑人家庭描述为"杂乱无章""不稳定"甚至"病态"（Frazier, 1948; U. S. Department of Labor, 1965）。在描述这种模式时，重要的是要认识到它们在多大程度上可以被理解为两性相对平等的表现，而这种情况在"比较正常"的中产阶层家庭中并不常见。

甚至警方用同样的语言进行描述（例如"同性恋之间的恋人口角"）。冲突往往围绕着生活安排本身，如一方希望另一方离开自己的公寓，或一方在从另一方的公寓搬出衣服和其他财产时想要得到保护。只有同性恋这一事实才能将这些争议与非婚同居产生的纠纷区分开来（Black，1976：111-113）。其他有利于报警的情况包括邻居之间的关系，特别是在居民流动性很高的社区（那里基本上没有什么正式的权威存在）；各种三方关系，如恋人的三角关系，以及涉及一对夫妇和一方的父母或其他亲属的关系。在这些关系中，很可能会产生权威的争夺（Simmel，1908：135-136，145-153）。总之，在有权力斗争的地方，人们就有可能报警。在这个意义上，警方处理的很多纠纷都是关于权力本身的纠纷。

5.4　纠纷解决的模式

本节概述了警察如何应对彼此认识的人之间正在进行的纠纷。它描述了人们对警察提出的具体要求（如果有的话），并研究了警察的一般反应，包括他们所使用的社会控制方式和他们实施的社会控制的量。

5.4.1　请求

如前所述，当警察到达纠纷现场时，通常面对的是由一方对另一方提出的投诉。在其中一些案件中，报案人还要求警察对他或她希望界定为罪犯的一方采取某种具体行动。在317个案例中，虽然观察员发现有近1/4（24%）的案件没有关于这些请求的记录，在其他几个案件中，警察在当事人提出请求之前就离开了现场（4%），但在其余2/3以上（229件）的案件中，报案人提出了具体请求（71%）。在要求警方采取某项行动的案件中（162件），36%的人希望警察将他们指控的罪犯逐出家门，25%的人提出了逮捕投诉对象的要求，22%的人希望警察命令被指控的罪犯改变他或她的行为方式或采取某种积极的行动（例如打开上锁的门窗或降低正在播放的音乐音量）。其他一些案件中（6%），报案人想在另一方在场时得到警察保护，例如当他们进入公寓取回他们的个人物品时。还有一些案件涉及双方提出不同请求（5%）。另有报案人希望警察命令被指控的罪犯将损坏的物品恢复原状，将被指控的某位罪犯送往精神病院，到邻居的公寓里搜寻某个持枪的男子，或者帮助报案人将孩子从虐待他们的分居配偶处带离（5%）。虽然很多报案人并没有向警方提出具体要求（有29%的报案人知道这方面的信息），但是绝大多数人似乎知道他们希望警方采取些什么行动。在大约一半的案件中（52%，162件），警方完全满足了报案人向他们提出的要求，只在少数情况下警察部分地满足了报案人的要求（2%）。在他们不满足报案人要求的案件中（74件），他们这样做常常（占案件的80%）不是因为他们支持受到指控的罪犯的立场，也不是因为他们在相互指控的投诉中支持一方当事人的诉求，而是因为他们保持中立，不支持任何一方当事人。下面我们会看到，中立是警方处理这类纠纷时经常采用的一种更强的社会控制方式。不过，在详细研究警方的各项回应之前，或许应先讨论一下他们根本不愿处理的案件。

5.4.2 拒绝

在317起案件中有13起案件，警察在听取了有关争议性质的一些事实后，立即转身离开了现场。有时警察会宣称此事"不是警察事务"，有时将当事人转交给其他人处理。在这些情况下，他们拒绝执行任何社会控制，即使在某种程度上当事人双方仍然在场且冲突仍在继续。由于样本中的此类案件很少，要确定这些案件与警方同意处理的案件有何不同是很困难的。然而，在大约一半的拒绝报案人请求的案件中，报案人请求的问题属于另一个机构的管辖范围，这不仅仅是巧合。在一个案例中，房东将房客的家具搬到街上，在向警察解释时说租客欠他38美元的房租。警察了解到这个情况后，并没有即刻签发驱逐令，而是告诉双方将纠纷提交到房东—房客法庭（landlord-tenant court）解决，然后就离开了争执现场。在另一个案例中，一名女士试图要警察逐出她不希望再见到的养女，但是警察告诉她他们会联系负责处理此类事务的社会工作者来处理此事，然后离去。还有几次，警察拒绝卷入据称与"精神病"有关的事务，包括曾经有一对夫妇想让警察把她们的女儿送进精神病院，还有一起案件涉及一名刚从精神病院出来的女士指控她的丈夫殴打她。另一方面，在其余的拒绝请求的案件中，当不容易找到可替代的解决办法来处理这类事务时，警察会因担忧后果而放弃受理。通常情况下，这类案件都是邻居之间相互提出的指控。例如在一起案件中，一名妇女抱怨说，邻居的一位男孩一直用弹弓来弹射她的汽车，但当她正在对警察陈述此事的原委时，另一名妇女"怒气冲冲地跑了过来"，投

130

诉这位女士的儿子先朝她的房子扔石头。警察听完她们的相互投诉后，什么话也没说就转身离开了。在另一个案例中，一名男子声称有两个男孩用脚踹他的房门，而且已经将其踹裂了，然而孩子们说这门之前就有裂缝。警察一听到这些争论就立即离开了，说这"不关我们的事"。在另一起邻里纠纷中，两名女性互相"连珠炮似的谩骂"，观察员评论说警察"无法控制她们之间的相互辱骂"，因而立即离开了现场。另一个拒绝报案人请求的例子是姻亲之间关于谁洗碗的问题的争论，警察说他们"在这种情况下没有权力处理此事"就离开了。在一个案例中，警察一到现场就听到一名女人"以一种咆哮的声音"尖声高喊说她的丈夫——正在看电视的那个男人——不久之前才殴打了她，警察也给出了一个类似的理由，并"立即转身离开"。在上述每一个例子中，警察拒绝执行任何形式的社会控制，这在读者看来并不令人惊讶，因为从律师的角度来看，他们的"法律"义务是值得商榷的。然而，这些都是例外情况，不是问题的实质，而是警方的一种反应方式。在绝大多数纠纷中（大约占样本案件总数的96%），警方完全愿意进行一定程度的干预，而无论事实如何。警察在这样做时，他们的反应体现了社会控制的方式和量的差异。

5.4.3　社会控制的方式

　　在社会群体内和其他社会环境中，可以观察到几种类型的社会控制，每一种都是人们定义和应对越轨行为的独特方式。这些社会控制方式主要包括刑事惩罚、补偿、治疗与调解（Black，1976：4-6）。在社会控制的刑罚模式中，越轨者被定义为违反禁令的人，违法者应受谴责和处罚。在补偿模式中，他或她被视为没有履行义务的人，因此，他或她应赔偿受害者所遭受的任何损害。在治疗模式下，越轨者是指行为不正常、需要某种帮助的人，比如是需要精神病医生进行治疗的人。在调解模式下，越轨行为被视为需要解决的社会冲突中的一方面，而不考虑谁对谁错。从一个社会或环境到另一个社会或其他环境，或者从一个社会控制机构到另一个社会控制机构，这些模式的流行情况都存在一定的差异，而且即便在同一个特殊机构内，不同的个案之间也可能存在控制模式的变化。事实上，这种模式的变化和差异也适用于警察：虽然在现代社会，警察被正式授权只执行社会控制的刑事惩罚制度，但他们也经常以其他方式处理案件。在处理诸如本研究报告中的案件时，这一点尤为突出。事实上，使用"解决争端"的字眼，正是因为警方在很多案件中采用了社会控制的调解模式，甚至比他们采用刑罚模式的情况还要多。在某些情况下，也会出现纯粹的治疗模式和补偿模式，而且警察也经常综合使用这些方式。

在这些警察同意处理的案件中，最常见的应对方式是结合使用社会控制的调解和刑罚模式（占 304 件案例的 45%）。在这方面，警察试图努力找到一种令双方都满意的解决办法，但与此同时，也在一定程度上回答双方中哪一方应当受到谴责的问题。例如警告某一方如果他或她再次做出此类行为，就可能受到逮捕，或只对其中一方就已经发生的事进行训诫。近 1/4 的案件（24%）完全是以调解模式处理的。在这种模式中，警察关心的是如何恢复和平、维持秩序，而不是把其中的一方或者双方都界定为有罪。几乎同样多的案件（22%）是完全以刑罚模式得到处理的，通常是将一方视为罪犯，将另一方视为受害者。只有 2% 的案件完全采用治疗模式，受到指控的罪犯被定义为精神病患者。不到 1% 的案件完全以补偿模式处理（在样本中，只有 1 起案件是这样处理的，即一名雇员被告知应归还他所带走的干净制服，因为他没有按照约定偿还雇主清洗制服的费用）。另有 2% 的案件是以预防模式处理的，例如警察同意护送某个人搬离他人的住所。其余的案件（4%）涉及各种其他的可能组合，例如调解和治疗、刑罚和治疗模式的综合。在一个案件中，警察甚至同时使用了调解、惩罚和治疗模式。

对样本中的案件也按照处理这些案件的主要社会控制方式进行分类，以便能够更简单地描述涉及各种控制方式组合的案件。在警察实际处理的 304 起案件中的 52% 中，主要的纠纷解决方式是调解，刑罚模式占了 41%，治疗模式占了 2%，补偿模式仅占 1%，预防模式占 3%，根据占主导地位的模式特征不能归类的案件占 1%。在大多数情况下，警察在处理纠纷时，他们时而使用社会控制的调解模式，时而使用刑罚模式。

132

5.4.4 社会控制的量

无论采用什么样的控制模式，警察的社会控制在量上也各不相同。他们在处理纠纷时可能做得很多，也可能很少。例如一种极端的情况是，他们在离开前只简单地听取当事人双方的陈述，而另一种极端的情况是，警察会投入一个小时或更多的时间和精力，以便了解争端的起源和细节，并找到一种妥协办法，使当事人在他们离开后能够和睦相处。在这种意义上，调解可以被理解成可量化的手段。警察以刑罚方式处理案件的程度在量上也各不相同，大部分案件中的控制方式包括从简单的斥责到采取严厉的逮捕措施，范围非常广。有时警察会严厉惩罚甚至射杀其中的一方，例如当有人抗拒逮捕或以其他方式威胁处理案件的警官时。

在某些情况下，警察在一些案件中倾向于调解，在几乎 1/4 的案件中他们除了倾听一方或双方谈论问题外，几乎什么也不做。这至少暂时有助于安抚各方，但也可能会产生其他不太明显的后果。① 一名警官讲述了这种方式的一个极端例子：

> 有一位我非常敬佩的警察，他走进一个家庭，一对夫妇正在互相乱扔东西并朝对方大喊大叫。然后他就走过去坐在沙发上脱下帽子，一句话也没说。不久，这对夫妇觉得自己的行为有点傻。虽然他在这类案件中都花了近 45 分钟的时间，但是他不需要再回去。（Muir，1977：82）

133　　这可以被称为被动调解（passive mediation）或原调解（proto-mediation），以区别于第三方充当中间人（go-between）的更为积极的类型，这可以确保双方都能听取对方的意见，并鼓励他们自己解决问题（有关调解形式和原理的综述，参阅 Fuller，1971；Gulliver，1977）。警方在几乎一半的调解案件中（45%）积极进行调解，在 1/3 的案件中（30%），他们超越了调解界限，充当中间人，但也明确表示他们认为争端应该得到解决。有时警察仅仅试图使一方或双方冷静下来或消除彼此间的疑虑（1%），或者建议通过警察之外的第三方来调停争端（1%）。例如兄妹之间引发的纠纷，当兄弟把水浇到妹妹的烧烤架子上时，警察会让他们的母亲来解决问题。

---

① 正如一名学者指出的那样，正因为警察在场，相当被动的调解人可以鼓励各方之间积极沟通和互动，刺激信息交流的继续或更新。因为他在现场，双方往往被迫遵守最低限度的礼貌，减少个人攻击辱骂，倾听并做出一些相关的回应。一方可能认为有必要直接或间接地向调停者解释和证明其行为在本案中的正当合理性，因为他正好在那里或者可能因为他被认为是一个"一般化他人"（generalized other）……有时这是一个相当深思熟虑的策略，一些美国劳资纠纷调解员就经常使用这种策略。虽然他们出席当事人之间的会议，但是只坐在那里一言不发，试图对当事人双方所说的和所做的不做出任何具体的反应。……不管是有意还是无意，当出现僵局时，这种策略似乎是有效的（Gulliver，1977：26-27）。

以刑罚模式处理的 213 起案件之间的严重程度差别很大。在近 1/4（23%）的案件中警察逮捕受到指控的罪犯。[①] 从严重程度上来说，与逮捕的比例大致相同（24%）的控制方式是命令某人离开争端环境，或者将其从争端场所驱逐出去，即情境式驱逐（situational banishment）（在更多的案例中——大约占案件总数的 6%——警察通过劝说促使他或她自愿离开争端场所）。威胁逮捕占案件总数的 19%。另一种刑罚模式，即斥责或训诫，是警察在争端解决中运用警察权力的一种表现，占纠纷总数的 22%。其余案件（6%）是通过各种刑事惩罚的策略手段进行处理的，比如对违反宵禁令的青少年签发传票、禁足，威胁签发传票或者实施禁足。例如在一起案件中，一名警察抓扯一名年轻白人男子的头发，促使他提供更多关于其兄弟所犯刺伤行为的详细情况。在有些案件中，警察把人带到警察局，但没有正式逮捕他们。事实上，在这种情况下的每一个案件中，将冲突双方带往警察局的目的都是劝说报案人撤回投诉。其中一个案件涉及一名黑人少年，他在一场纸牌游戏的争吵中被一名熟人割伤。两人都被带到警察局，在那里，受害人被劝说不要提及整个事件，并且警察威胁他说，如果继续就此事提出投诉，就会以赌博为由逮捕他。

总之，当警察处理互相认识的人们之间的纠纷时，他们采用了各种策略和方法。虽然在大多数情况下，他们主要是运用调解或刑罚的方式解决有关冲突，但在每一种冲突中运用的社会控制的量都略有差异，有些人受到特别关注，而另一些人则很少或根本没有受到警察的关注。警察解决争端的方式和数量会随着当事人在社会空间中的位阶的不同而发生变化，同时还会根据报案人及其投诉对象的不同以及提起投诉的情况的不同而出现变化。下面的大多数论述内容与这些模式有关。

5.5 纠纷解决与社会空间

每个社会环境都可以被视为一个社会空间，具有纵向、横向、象征意义、团体意义和规范的维度（Black，1976，1979c）。例如，如果参与者之

[①] 更严重的方式包括殴打、刑讯和处决被指控的罪犯，但警察在本样本的争端中很少采取这些方式。

间财富分配不均匀，则在该环境中就存在一个纵向维度，每个人或群体在分配中处于或高或低的位置。即使参与者之间是平等的，他们也可能在某种更大的财富分配中位于或高或低的位置。社会空间的纵向维度也与种族、性别和年龄方面的差异有关。在现代美国社会中，通常情况下黑人拥有的财富比白人所拥有的财富少，女性的财富比男性的财富少，儿童的财富比成年人的少。然而，这种对应关系在社会内部和不同社会群体之间各不相同，黑人、女性和儿童的纵向位置可能因环境而异。例如，如前所述，美国黑人女性对男子的依赖程度一般低于白人女性，特别是中产阶层或上流社会的白人女性。在一个单一的社会中，生物学特征可以作为社会位置的天然指标。以下讨论表明，警察解决争端的方式，因其在纵向空间中的位置和方向（以当事人双方的种族、社会阶层、家庭状况和年龄衡量），当事人双方之间的亲密无间程度、他们的组织融入团体的情况以及警察行为本身的合法性等，而呈现不同变化。

5.5.1　种族

在现代美国，与白人相比，相当多的黑人仍很贫穷，所以种族是衡量财富的一个标准。这是粗略的标准：大多数美国黑人属于文化上的少数群体，在某种程度上有自己的生活方式。他们与白人相比更有可能具有其他一些社会特征，例如教育水平低、失业率和犯罪率高。此外应该记住的是，大多数警察是白人：在本研究中观察到的警察中，有近90%的是白人。所有这些情况都增加了黑人在法律上的脆弱性，也降低了他们动员法律对抗他人的能力（Black，1976）。因此，当产生纠纷时，可以预料到黑人得到警察帮助的可能性较小。事实上，这也是证据所表明的：虽然黑人经常要求警察解决他们的纠纷（他们提出请求的比例高于白人），但他们不太可能得到所要求的帮助，而且警察花费在解决他们的问题上的时间和精力也较少。同时，他们和白人一样有可能受到惩罚。

值得注意的是，黑人和白人要求警察处理一系列类似的问题，如表5-1所示。然而，黑人打来的电话中，投诉男性对女性的人身伤害或威胁的案件数占比是白人的两倍，投诉电话涉及财产纠纷、噪声或其他骚扰问题的案件数占比仅有白人的一半。这些差异本身并不能证明黑人女性比白人女性更多地受到男性的殴打和威胁，也不能证明黑人之间的财产纠纷较少，或者黑人有更为安静的居住环境，因为每个种族向警方报告这类事件的倾向性可能大不相同。实际的行为模式甚至可能有悖于报警呼叫电话的设置初衷。无论如何，来自黑人和白人的电话内容大体上是相似的，这使得比较警察对每个种族的反应成为可能。

表 5-1　样本中各类纠纷性质（根据当事人种族情况）

单位：%，件

纠纷性质（按占比排序）	当事人种族情况		
	黑人	白人	全样本
噪声或其他骚扰	23	41	29
男性对女性的人身伤害或威胁	24	12	20
财产纠纷	9	23	14
暴力攻击或威胁	13	8	11
居住者希望暂住者离开	8	5	7
居住者希望其他居住者离开	8	2	5
有关儿童的纠纷	5	3	4
护送请求	3	2	3
被另一位居住者锁在门外的居住者	2	1	2
其他	5	3	5
合计	100	100	100
案件总数	（195）	（113）	（308）

注：括号中数据为案件数，非括号中数据为百分比。

表 5-2 表明，警察回应黑人和白人报警电话的方式十分相似，超过半数的纠纷案件以调解方式得到处理，其余案件大部分是以刑罚方式处理的。黑人和白人报案人的行为也非常相似，有 72% 的黑人和 69% 的白人向警察提出了具体的要求。甚至这些要求本身也非常相似，例如有 29% 的黑人和 20% 的白人请求警察命令受指控的罪犯离开某一场所（通常是住所），19% 的黑人和 17% 的白人请求警察逮捕受指控者。然而，警察更倾向于满足白人报案者的要求。因此，对于涉及白人的纠纷，61% 的案件中，警察完全满足了报案人的要求。而在涉及黑人投诉的纠纷中，只在 47% 的案件中警察满足了他们的要求。他们还对涉及白人的纠纷的性质更感兴趣，花费更多的时间和精力来解决这些争端。

表 5-2　警察实施社会控制的主要方式（根据当事人种族情况）

单位：%，件

社会控制方式	当事人种族情况		
	黑人	白人	全样本
调解	54	51	53
刑罚	39	45	41
治疗	3	2	2
补偿	1	1	1
仅采取预防性行动	3	2	3
其他	1	—	*
合计	101	101	100
案件总数	（188）	（107）	（295）

注：括号中数据为案件数，非括号中数据为百分比。＊代表不及5%。

　　当警察以调解的方式处理争端时，在涉及白人的纠纷中，他们积极主动地进行调解的案件几乎占了90%，但是在处理黑人的纠纷时，这一比例下降到了大约2/3（见表5-3）。当警察处理涉及白人的纠纷时，更可能充当调解人或仲裁员，尽力解决该冲突；然而与之相比，在处理涉及黑人的纠纷时，他们更倾向于被动地旁观等待，很少或根本不采取任何积极的行动。例如，在一起涉及白人的案件中，一名女性解释说，她7年前"约会"的一名男子在年初与她联系，想要恢复他们的恋人关系。当时他给了她一张600美元的支票，但是现在他们又分手了，该男子想要回他的钱。他说这笔钱是她向他借的。而她声称，这是他给她的一份礼物，她最初并不想接受这样的礼物。无论如何，这名男子一直打恐吓电话，要求立即归还这笔钱。那个女人告诉他，他要到下周才能拿到钱，但男子对这样的回答不满意。在听完该妇女的陈述后，一名警察打电话给那位男子，告诉他不要再威胁她了，那个女人说她会还钱，如果她不这样做，他可以把她告上法庭。显然，他接受了这一调解意见，报案人似乎也对警察为解决这一问题所做的努力感到满意。在另一起涉及白人的案件中，当警察到达现场时发现一对夫妇正在人行道上争吵。他们之前一直生活在一起，直到三周前发生争吵殴打后，男主人搬出了公寓。现在他又回来而且"偷走"了她的钱，并在用脚踢玻璃门时割伤了自己的脚。观察员在记录中写道："警察参与到该争吵之中"。一名警察对他们说"很明显你们无法再继续共同生活下去"，并且建议他们中的一个搬离现在的住处。女士同意警察的建议搬出去了，但是没有要回她的钱（事后，其中一名警察对观察员说，三个星期以前"情形完全相反"，是那位女士"偷"了男人的钱，而且离开居所的是那个男的）。

表 5-3 警察采取的调解模式（根据当事人种族情况）

单位：%，件

调解模式	当事人种族情况		
	黑人	白人	全样本
被动：很少或没有主动行动	29	11	23
调解	37	59	45
仲裁	31	29	30
情感支持	1	1	1
移交至非警察机构	2	—	1
合计	100	100	100
案件总数	(139)	(74)	(213)

注：括号中数据为案件数，非括号中数据为百分比。

稍后我们会看到，在适当的情况下，警察会更努力地实施调解。然而在涉及黑人的案件中，他们不太可能以这种方式介入干预。警察曾多次坦率地表达他们对涉及黑人的纠纷的漠不关心，即使某些人的身体健康显然处于危险之中。例如在一起案例中，一名黑人女性投诉她的丈夫打了她，但是这位丈夫反过来投诉说是她先拿刀威胁他。警察告诉这对夫妇去法庭解决问题，然后迅速地离开了黑人夫妇的住所，放弃使用警察的调解手段，将他们置于争吵之中。后来一名警察向观察员评论说："如果我们继续待在那里不赶紧离开，我认为我们可能已经陷于他们的打斗中了。"另一名警察补充说："也许两个黑鬼上法庭之前他们会自相残杀，这样的话就为大家节省了时间。"另一起案件涉及一名黑人男子，当天晚上早些时候，他的妻子用剪刀把他严重割伤，然后他被警察带到医院。观察员的报告中没有记录当时报案人要求警察做什么，但该案完全是作为医疗问题处理的，没有逮捕或犯罪报告。后来，这名男子在医院将伤口缝合好后就回到了他们的公寓。他的妻子害怕报复，于是报了警。据观察员说，警察"只对整个事件进行了例行常规的调查处理"。他们建议这名妇女先等等，看她丈夫会采取什么行动，并告诉她应该把这件事提交民事法庭解决。当他们离开的时候，其中一个警察漫不经心地说："也许我们应该返回去，她可能杀了他。"在另一起案件中，一名黑人妇女说丈夫殴打她，并希望警察逮捕她的丈夫。警察说，他们不能逮捕她的丈夫，因为在他们赶到现场时并没有发现任何轻罪行为发生。他们建议这名妇女向警察局申请逮捕令，然后将她一个人孤零零地留给被指控的罪犯。在返回巡逻车里后，其中一名警察以下面的理由反驳这名妇女的投诉："她很可能是因为她丈夫一直在与其他女人胡搞而生气。我甚至怀疑他是否真的殴打过她。"观察员概括说，在涉及普通法意义上未婚同居夫妇间的纠纷问题上，"即使是严重的攻击行为"，警察也"喜欢避免参与调解"，而且他们"通常会建议报案人申请逮捕令，并尽快离开争吵现场"。正如一位警察所说："除非迫不得已，我是不会参与这些家庭矛盾（家庭纠纷）的，尤其是不会卷入这些同居夫妻间的矛盾纠纷。"这可能特别适用于涉及下层黑人的纠纷，因为在现代美国，普通法上的"同居婚姻"（事实婚姻）的概念与该群体最相关，许多黑人自己也以同样的方式谈论他们之间的关系。总之，虽然警察在涉及黑人的纠纷中，与涉及白人时一样，基本是以调解的方式进行处理，但是在具体的个案中黑人得到警察积极干预这类的帮助却较少。

在刑罚模式的运用方面，警察对黑人的行为与对白人的行为很相似。如表5-4所示，黑人被逮捕的可能性稍高，而白人则更有可能被命令离开争端发生的场所。黑人更有可能受到逮捕的威胁，而白人更有可能受到斥责或训诫。黑人被警察逮捕或威胁这样做的案件几乎有一半，而涉及白人的案件中只有1/3。因此可以推断，警察对黑人更多地采取执法手段和强制性措施，尽管命令其离开争端发生的场所（对白人来说更频繁）也带有执法和强制的意味。此外，这种解释与警察对待两个种族行为的其他特征是一致的。警察似乎在对黑人漠不关心和敌视这两种态度之间犹豫不决，不愿卷入他们的事务，但当他们选择介入的时候又很简单粗暴。通常，他们对待黑人间纠纷的态度即使不是公然蔑视的，也是冷漠的，而且在观察期间，大多数警察对黑人和他们的生活方式表现出了极大的厌恶（Black and Reiss，1967：132-137）。例如一位警察说，一名黑人妇女曾要求帮助她从其以前情人的公寓里取回她的衣服，而警察认为"她明天可能与另一个废物住在一起，然后打电话报警要求我们把她解救出来。"在另一起案件中，该警察将报案人称为"黑鬼婊子"。一位警察在一次出警会见报案人后说："看看这些黑人是如何生活的？就像猪一样。他们就是他妈的一群醉鬼。看见她的朋友了吗？简直就是一个人渣。"

表 5-4　警察采取的刑罚模式（根据当事人种族情况）

单位：%，件

刑罚模式（按严重程度排序）	当事人种族情况		
	黑人	白人	全样本
逮捕	25	21	23
命令离开或驱离现场	21	29	24
威胁逮捕	24	12	19
斥责或训诫	18	26	22
要求或建议离开现场	8	2	6
其他	4	9	6
合计	100	99	100
案件总数	(125)	(82)	(207)

注：括号中数据为案件数，非括号中数据为百分比。

相比之下，警察似乎更有可能认同他们受理的白人的投诉请求。在一个案件中，观察员记录到警察"很明显地同情"一位白人女士，该女士抱怨她"被困在黑人社区"且"无钱买房搬家"。他们也更多地以个人方式处理白人事务，而且更友善，然而在对待黑人时则可能更疏远和冷漠，将其视为某件物品而不是活生生的人（Black and Reiss，1967：56-60）。一位观察员指出，在一次随同警察出警的过程中，警察根本"没有意识到有几名黑人儿童在现场"，他们只是站在那里围观，这让观察员感到很不舒服和尴尬。

虽然在许多涉及黑人的案件中，警察除了敲门外什么也不做，但当他们选择行使权力时，在性质上似乎比在涉及白人的类似案件中更有可能采取胁迫性的措施。例如在一起案件中，一名黑人女士向警察报警寻求帮助，声称已经与她分居的丈夫强行闯入她的公寓，企图取回声称属于他的家具。这名女士坚持认为该财产是他们共同拥有，而不是他一个人的。出警的警察建议该男子通过诉讼解决他们之间的争端，但是他似乎没有认真考虑这个建议，继续搬起一台电视机朝门口走去。他的妻子猛推了他一下，结果男子摔倒在地。这时警察就介入了，以涉嫌"酗酒和妨害治安"的罪名逮捕他。观察员在记录中描述道，警察使用了"相当大的力量"给这名男子戴上手铐，并想将他带到巡逻车上。男子试图反抗警察的拘捕，结果在挣扎的过程中被警察狠狠地摁倒在楼梯平台的水泥地上。在车里一名警察称他为"黑鬼"，另一名警察补充道："比这更糟糕的是，你只是普通小巷的一名无名黑鬼而已。"在另一起案件中，一名黑人妇女想让警察把一名男子"赶出"她的公寓，但他坚持说他住在那里，不愿离开。其中一名警察"预料会有一场搏斗，已经掏出了他的警棍"，当那名男子仍然不肯离开时，他们抓住了他，并告诉他他被捕了。这位观察员详细描述了该男子被拘捕的过程："他们抓住他的胳膊，从背后抓住他的腰带，粗暴地推搡着把他推到了房门外。不知何故，那人摔倒在地上，于是他就被拖下了两层楼梯。在楼梯下面又发生了一阵混乱的扭扯，其中一名警察用警棍打了这名男子几下。"

在上述每一个例子中，如果警察做出更大努力，与有关人员一起提出解决办法，就可以避免人们被逮捕和受到伤害。此外，黑人警察很可能以不同的方式处理这些案件。在另一起案件中（没有包括在样本中），两名黑人警察被派去带走一名被白人警察逮捕的黑人，黑人警察对该男子受到的处理方式公开表示不满。他们在听完所发生的事情的细节后（主要是那个黑人之前对警察表现出了不敬的态度）对观察员说，如果是他们来处理这件事，肯定不会实施逮捕。与此一致的是，另一名观察员发现，"黑人警察在处理黑人争端方面比白人警察说的话更多，更加灵活，因而更有效率（Parnas，1967：949）。"也有证据表明黑人警察比起白人警察对黑人受害者更加关心，当黑人警察处理那些伤害其他黑人的黑人时，实施逮捕的可能性更高（Banton，1964：173-174；Friedrich，1977：308-313）。

虽然在某些情况下，白人警察更倾向于对黑人采取强制性措施，但这并不意味着他们在处理涉及黑人的纠纷时，对黑人有更高的行为标准要求。相反，他们似乎对黑人如何对待彼此漠不关心。与白人投诉白人相比，当黑人投诉黑人时，他们更不太可能动员法律（Black，1976：17）。① 在一个案例

---

① 也有证据表明，白人公民之间存在更高的行为标准。因此他们似乎更有可能在一些下层黑人可能忽视或自己处理的问题上诉诸警察，例如"噪声吵闹"、被定义为粗鲁无礼的"喧闹"、青少年的妨害治安的"无序"行为以及醉酒的人。事实上，相对而言，下层黑人不大可能打电话呼叫警察，除非发生暴力事件或受到威胁（可能对于局外人而言似乎是微不足道的事情所引起的），而白人通常在不涉及任何形式的身体危险的情况下，也会例行公事地打电话呼叫警察。因此，对许多下层黑人来说，似乎只要没有发生暴力事件，"公共秩序"就够好了，而对绝大多数白人而言，他们希望拥有自己认为的安静和端庄体面。与此同时，与下层黑人相比，白人更不可能就其家庭内部发生的暴力事件报警。无论如何，就人们呼叫警察的所有条件而言，人们的行为具有高度的投机性（highly speculative）。

中，一名白人女性投诉一名男子（显然是与她分居的丈夫）曾闯入她的公 141
寓并且威胁她的孩子。她将警察带到附近的一个小酒馆，被投诉的男子正在
那里饮酒。按照这名女子的要求，警察进入酒馆并立即以"扰乱治安"为
由逮捕了这名男子。很难想象在相同的条件下，面对黑人女性提起的指控，
警察会做出同样的回应。相反，更可能的结果是警察会告诉报案人他们对此
也无能为力。当一名黑人控告另一名黑人时，白人警察不太可能做出任何形
式的评判。因此，当一名黑人女性投诉其受到一名男子的殴打或威胁时，警
察采用的主要方式是刑罚，这种社会控制模式占 29%（44 个案件）。然而在
少数涉及白人的案件中，这一比例为 43%（14 个案件）。当被冒犯的一方是
一名警察而不是另一名黑人时，包括黑人对警察怀有敌意或不合作的情况，
对黑人采取强制手段就更常见了。除此以外，警察对黑人、罪犯以及报案人
会表现出相对冷漠的态度。

可以补充的是，对黑人的这种漠不关心在对警方的其他几项研究中也有
体现。例如，一名观察员观察到一名黑人男子被其妻子砍伤后，警察只不过
是把此事作为一个医疗问题处理，对此这名观察员做了如下评论：

> 如果这个家庭是白人家庭，警察会认真地对待此事。一名白人女
> 性对其丈夫的刺伤，对警察而言意味着谋杀未遂，然而相似的事情如
> 果发生在黑人家庭，警察会将其称为"北韦斯特维尔式殴打"（North
> Westville battery）而草草了事（Skolnick，1966：172）。

另一个观察员对发生在黑人区域的暴力事件得到的处理方式做了类似的
评论：

> 对本辖区的警察而言，将这种事件仅仅视为一起家庭纠纷，而对别
> 处的警察而言，似乎是一起严重侵犯人身的故意伤害案件（La Fave，
> 1965：112）。

这位观察员还记录了一个案例：

> 一位警察出警接触一位黑人妇女，她被她的情人狠狠地打了一顿，

但是警察对她并没有表现出任何同情与怜悯，也没有对殴打者表现出任何愤慨。如果她是白人的话，他可能流露出愤慨和同情。当然，也有一些例外……但一般来说，白人警察把殴打和刺伤看作黑人的习俗，就像掷骰子一样。（Banton，1964：173）

不过，正如下一节所述，目前的研究显示，涉及任何较低阶层群体的纠纷，不论是白人或黑人，相对而言都较少受到警察的关注。

5.5.2 社会阶层

虽然样本中几乎所有的案例都涉及较低阶层的群体或工人（观察员将其归类为"蓝领"），但有少数案例（占总数的3%左右）涉及中产阶层群体（"白领"）。[①] 如果将少数（总共11例）这类案例与其余样本进行详细比较，可能会产生误导。这几起案件与其他案件有很大不同，值得进一步讨论。事实上，它们相当明显地表明，当事人双方的社会阶层是影响警察如何处理争端的一个主要因素。特别是中产阶层似乎不太可能要求以刑罚的方式来处理他们之间的纠纷，更有可能希望以治疗或调解的方式处理。警察似乎也给予了中产阶层一种特殊的关注，以更多的时间、更多的关怀和更谨慎细腻的方式来处理他们之间的问题。

有这样一个案件，发生在观察员称之为"上层中产阶层"的白人社区，这里被警察称为"绿洲公寓"，因为这里周围都是低收入黑人居住区。这起事件涉及一位年长的白人女子，她说住在隔壁的青少年一直向她的院子里扔垃圾。警察向观察员解释说，这名女子经常打电话来投诉这类事情，"而且她对邻居的抱怨几乎都是虚构的，但她认为警察是她唯一的朋友"。他们还指出，她"对财产有一个特殊的理解"，她把碎玻璃撒在街上，不让人们把车停在她家门前，并把碎石扔到停在那儿的汽车上。这些青少年形容这名女士为"疯子"，警察似乎也完全同意这种看法。尽管如此，观察员在报告中说，与她交谈的警察很有"同情心"和"耐心"，并且按照她的要求，留下了自己的姓名和电话号码，并且答应说如果再次发生这样的"问题"，就打电话给他们。会见她的警察还承诺说，将会监视她的院子使其处于安全的状

---

① 同样的道理，这使人回想起2%的案件涉及地位不平等的人们之间的纠纷。

态，并且通常情况下都用一种令人放心和给予支持的态度来宽慰她。同时，警察也在青少年与这位女士之间扮演中间人的角色，并且警告这些孩子们——似乎是"摆个样子"给她看——今后不许再打扰这位女士，否则后果很严重。事后，警察评论说，这名女子投诉的所谓的罪犯实际上都是"好孩子"。显然，与那些社会地位较低的报案人相比，这位女子受到的关注要大得多，包括一些身体受到伤害的人和生命处于危险之中的人。如果她是穷人而且又是黑人，她很可能因为骚扰警察而受到训斥，也许还会因为她一贯的行为受到斥责。但是警察原谅了她的所作所为，认为这只是她"发疯"的一种表现。

归因于"精神疾病"，似乎是警察对那些地位较低的人的普遍反应，这些人可能受到惩罚、威胁或警告。警察似乎也更愿意接受由地位较高的公民对地位较低的公民提出的"精神疾病"的说法。在一起案件中，一名黑人牧师报警，因为他的儿子长期酗酒，并且想驾驶家里的车（尽管他没有驾照）外出兜风，还一直与牧师的女婿打架，甚至曾经跑到车水马龙的大街上去打。虽然不清楚他想让警察做什么，但他告诉警察，他的儿子刚刚在监狱服刑了两年，这段时间"太长了"，致使他儿子有点"精神错乱"。警察建议这名男子——他们总是称呼他为"某某牧师"——带他的儿子去看精神科医生，其中一名警察建议这名年轻人到公园里去散散步，放松放松，警察从来没有使用过任何强制手段。在另一起案件中，一名黑人妇女投诉称她的丈夫（也是牧师）"疯了"，威胁恐吓她并毁坏他们的一些家庭财产。这名牧师被锁在隔壁的房间里，对他的妻子大喊大叫，并大喊着要警察离开他的家。没过多久，警察什么都没说就转身离开了。警察也可以使用治疗方式处理，而无须专门使用"精神疾病"的概念。例如在一起这样的案例中，一名白人房东打电话报警，他显得心慌意乱，因为他的妻子从一位房客的卧室里"拿走"了一些钱和珠宝首饰。在向警察讲述其妻子"拿走"财物的细节时，他时而哭泣，时而对妻子的行为大发雷霆。在其他情况下，本来可能被视为盗窃的行为，在本案中却成了犯罪嫌疑人的丈夫的一种悲剧或负担。观察员提到，警察与该男子待在一起的时间"超出了官方处理此类事件所需要的时间"。"在此期间（其中一名警察）对该男子的态度非常友好，并给予了很大的情感支持"。处理这一事件的警察"为了帮助公民解决他们的问题，想方设法地避免在这种情况下采取任何官方行动"，从来没有提到

143

逮捕的可能性，也没有将该妇女视为罪犯或给予任何形式的训斥。她只是一个"问题"，她的丈夫值得同情。

此外需要补充的是，如果中产阶层认为警察的行为是非法的，并被要求屈从于警察的强制性权威，他们很可能会感到愤怒，甚至有可能提出诉讼威胁。在一个案件中，一名年轻的白人女子投诉她的父亲违反了法院不准他接近她房子的命令，一名警察用很委婉的语气询问她的父亲在她的厨房里做什么。他回答说："我看起来像在这里做什么吗？我坐在这里只是喝杯茶而已。我对法庭的命令一无所知。如果真有什么法庭命令的话，那就让我们看看是什么东西吧。如果你想拘捕我，那你就来试试看，我会到法庭上控告你们实施非法拘捕。"观察员指出，那位警察的"声音减弱了"，他向这名男子保证，没有考虑逮捕他："我们不是来逮捕你的，先生。我们接到报警电话来这里，是因为你女儿说你待在这里使她很害怕。"然后，警察走上楼去与他女儿交谈了一会儿，但没有再对该男子说什么话。当警察离开时，他还在厨房里怒目而视。现在，将警察对一位下层黑人男子的权利主张的反应进行一下比较（据称，这名男子试图把妻子赶出家门，妻子打电话给警察寻求帮助）。男子不想让警察进来，就对他们说："这是我的房子，你不能进来。"其中一名警察回答说："见你妈的鬼，我们不能进来?!"于是就推门而入。同时警察还警告该男子"闭上你那该死的臭嘴"，这时他变得更加合作，也不再抱怨了。

似乎白领阶层的人把他们自己看作不同于曾经被称为"犯罪阶层"（criminal classes）的人，他们认为自己与众不同，而且警察也这样认为，而双方都理所当然地认为对下层和工薪阶层来说，惩罚方式是恰当的。与此同时，警察似乎不太愿意将地位较低的人定义为"精神病患者"，或以任何其他方式运用这种治疗模式来处理他们的问题。在一个案件中，一名低社会阶层的黑人妇女打电话给警察（从一处地址不明的公共场所打来）说她的丈夫"精神错乱"了，而且还威胁说要杀死她。警察回复说，她的丈夫实际上只是"喝醉酒了"，并且说如果他们不立即回家，他们俩都会因为"酗酒"而被逮捕。观察员在记录中说，在他看来，这个人可能是"精神病发作了，或者至少是危险的"。同时也应该承认，与中产阶层群体相比，地位较低的人自己也更不可能首先将别人定义为"精神病患者"（Black，1976：29）。

虽然在许多涉及贫穷黑人的案件中，警察只是袖手旁观，很少或根本不采取任何行动，但在涉及中产阶层的案件中却没有发生这种情况。这些案件提供了一个更大范围的比较样本，使人们能够评价警察可能做出反应的范围和多样性。一起涉及中产阶层犹太家庭的案件，很好地说明了警察在一定条件下所采取的极端措施。在这起事件中，来自无线电的呼叫指示警察去"见巡警队长"，其中一人立即说："又是这样的电话。"他接着解释说，这起电话显然是他们在当晚早些时候处理的纠纷的另一个发展阶段，当时一名年轻女子（18 岁）报警，声称她的父母扣留了她的孩子，不让他回家。这是一系列冲突事件的最新情况，这些事件可以追溯到几年前。当时年轻的女孩因"精神疾病"住院治疗，离院后与她同住的男子被她父亲形容为"只是个没用的流浪汉"，随后她因怀孕与该年轻男子结婚（这个男子也是犹太人，并且来自一个被警察称之为"相当不错"和"真正富有"的家庭）。不久两人的婚姻破裂，最终女孩带着她的孩子又回到她父母家，她父母居住在一个富裕的社区，并拥有一栋大房子。现在她的父母"将她赶出了家门"，她正打算搬去与一位朋友同住，但是她的父母拒绝让她把孩子接回去，认为她不能好好地照顾孩子。在当晚第一次访问她的家时，警察就已经告诉这位女孩说，她的父母会一直抚养孩子直到她能够"安顿下来"并有足够的钱支付孩子的食物。于是她去警察局投诉，说她有权抚养并照顾自己的孩子。随后，巡警队长就被派去会见这些当事人。

当中士警官队长到来时，那位父亲用某种即使在较低地位的社会群体中也很少使用的谦逊语气对警察表示歉意："首先，我想告诉你们的是我们对你们深夜到访提供帮助感到非常抱歉。但是老实说，我们现在的状况的确是一团糟，我从来没想到这样的事情会发生在我们的家庭，但是上帝知道我们实在是处境糟糕，我们只是不知道该怎么办。"队长解释说，严格说来警察无权处理这类事情："我想让你意识到这不是警察管的事务。对此我们不能做出任何最终的裁决，即使我说了什么，也完全不会记录在案。虽然法律规定这不是警察的事务，但是我理解你的处境，我们将尽其所能地提供帮助。"这位父亲似乎理解了纠纷的法律特征："噢，当然，我们完全知道这纯属一起民事案件，但是今晚的事态发展已经有点失控了。"巡警队长向他保证说："我们理解，我们会竭尽所能。"

这位父亲继续说道："这个女孩并不知道她在干什么。我们不知道她经历了什么。如果她今晚要带走孩子的话，上帝保佑，这个孩子可能面临死亡的危险——这是她目前处境的真实写照。而且她丈夫对此也漠不关心。你很难想象他是一个什么样的人，甚至他儿子做包皮切割手术时他也没有到场。我不知道你是否意识到那意味着什么。"母亲补充说："我们的女儿也不关心自己的孩子。当她和孩子在这里时，是谁换的尿布？谁来喂这个可怜的小东西？是我。我女儿对她的孩子甚至连一根手指头都懒得动一下。"这位女儿也向巡警队长陈述了相关的情况："我父母用电话砸我并把我赶出家门。你们看看，我的头上还有被电话砸的一个肿块。我会离开这个家的，是的，我会走，但是我知道我有权照看自己的孩子。"队长回复她说："是的，你有权照看自己的孩子，但是你得有能力照看才行。"她转而又说："我能够照看，我有住的地方，也有钱。现在我想接回我的孩子。"她反复不停地述说此类话。巡警队长不愿对此坚定表态："现在，就像我之前说的那样，在这种情况下警察是不能做出任何裁决的，那是法院的事。我们不能采取任何行动，除非你们的行为违反法律规定。到目前为止，我没有看到任何犯罪行为。"这时父亲的态度变得咄咄逼人起来："我们意识到了，队长，相信我。但是如果她要从这里带走孩子，那么肯定会有麻烦。如果她那个什么狗屁丈夫敢来，我对上帝发誓我会杀了他。"队长重复道："好了，现在我告诉你的任何事情，不是因为法律有这样的规定，今晚的事情已经超越了警察的职责范围。"他随后打电话到警察局妇女事务部（Women's Division）寻求有关此事的建议（她父母亲在当晚早些时候也给他们打了电话）。各方轮流通过电话向妇女事务部的女警察解释整个事件的来龙去脉。当每个人都陈述完之后，巡警队长也与她进行了交谈。最后，他挂掉电话，向这位父亲宣布："你可以一直照看孩子直到你女儿获得法院的命令要你送回去为止。所以，今晚无论如何，你都能照看孩子，但是如果你女儿得到了法院命令，你就不得不遵守命令。"女儿说她正联系律师，不久就会赶过来，然后她就离开了。警察向这对父母亲保证在今晚剩下的时间里，他们会一直监视该房屋，并闲聊了一会，接受他们的谢意，然后离开房屋。回到巡逻车后，其中的一名警察说这名年轻女士有点"古怪偏执"。整个事件已经耗费掉这个夜晚的大部分美好时光，从头到尾大约两个小时。如果这起案件涉及的是下层黑人，那么警察是否会在这件事上花费10分钟的时间都是值得怀疑的，更不用说是否会派遣一名巡警队长或其他高级警官来处理此类纠纷了。

如前所述，警察在去处理纠纷的路上故意慢慢开车，希望在他们到达的时候事情已经解决了。但是要补充的一点是，这种情况一般只针对来自下层和工人阶层社区的报警电话。此外，许多警察急于寻找借口以尽快离开争端现场。例如，如果敲门没有人回答，或者开门的人否认呼叫警察，他们都会离开。与此形成鲜明反差的是，如果是出警处理一件中产阶层社区的纠纷，派遣一辆以上的巡逻车是再正常不过的事情了（如上文所述的犹太家庭的案例）。在其他方面，警方也可能将这起案件视为一件相当重要的事情。因此，有一次，警方调派了两辆巡逻车去回应同一次报警电话，处理一件涉及中产阶层邻里之间发生的家庭纠纷。警察到场后发现没有人在家（或不愿意开门），但观察员评论说，这名警察"肯定敲门敲了将近 5 分钟，比我以前见过的时间都长。"他还概括说，"与我在社会经济地位低的社区看到的情况相比，由家庭纠纷引起的报警电话占了（中产阶层社区案件）相当的数量。"

一位处理涉及犹太家庭纠纷的警察提到，从某种程度上来说，这起案件具有典型意义："大多数情况下，我们与犹太人没有任何来往，但当他们遇到麻烦时，兄弟，我们真的会全力以赴。"鉴于犹太人的纠纷似乎不太可能明显有别于其他人的纠纷，所以更准确地说，是警察"全力以赴"地解决争端，而不是犹太人。但只有在上述这种涉及较富裕的犹太人家庭而不是贫穷的犹太人的情况下才会如此。无论是犹太人还是非犹太人，黑人还是白人，当中产阶层或上流社会的人报警提出请求时，都会得到警察的更多帮助。警察愿意不遗余力地满足这些人的要求，特别是当他们能够以治疗方式或调解方式解决争端时，他们通常都会这样做，而不会采取强制措施。然而由于先前提到的理由，这些人一般不会请求警察来解决他们之间的争端。他们很容易就与那些地位较低的人之间的纷争打电话报警，但不会就互相之间的纷争报警求助。

5.5.3 家庭地位

本研究中的绝大多数争端发生在单亲家庭中，其中绝大多数争端涉及户主（支付住房抵押贷款或房屋租金的人）向警察提出的投诉。许多案件涉及报案人和被指控的罪犯被推定为共同户主，但相当多的案件涉及户主对其他人（如配偶、子女、其他亲属或前配偶、情人）的投诉。在任何情况下，配偶对户主提起的控告很难得到支持，尽管有些案件看上去不是这样（如在共同户主之间发生的纠纷），因为在没有额外信息的情况下，配偶会被推定为共同户主。无论如何，警察如何处理家庭中看似平等的人们之间的投诉与向下的投诉（即地位较高的人对地位较低的人的投诉），是可以比较的。

从表5-5可以看出，与向下投诉的案件相比，警察在处理平等地位的人们之间的纠纷案件时，更倾向于选择调解方式。尽管近3/4的地位平等的人们之间的纠纷主要是以调解的方式处理的，但真实的情况是，只有不到一半的案件是由户主对其他人提出的指控。相反，在家庭中地位较低的人更有可能希望以刑罚方式来处理他们提出的投诉，无论是逮捕或威胁逮捕、迁出住所或斥责。尽管事实表明地位平等的人们之间的争端更有可能涉及暴力，但这种模式仍然普遍存在：虽然其中60%的投诉案件涉及某种程度的暴力，但在向下的投诉中，这种情况仅占不到一半。在户主对配偶以外的人的投诉中，只有22%的案件涉及暴力行为，例如25%的投诉针对暂住者，32%的投诉针对前配偶或情人。在42%指控配偶的投诉案件中（这些投诉都是向下的投诉），警察在社会控制中最有可能运用刑罚模式。因此，似乎并不是家庭中地位低下者的暴力行为提高了他们受惩罚的可能性。此外，亲密关系中的差别也没有得到充分的解释。就保持婚姻的亲密度而论，可以观察到，地位平等的配偶之间的争端以刑罚方式处理的仅占案件总数的1/4左右，但对经济依赖于户主的配偶来说，有近一半的争端是以这种方式处理的（见表5-5）。因此，家庭地位本身似乎可以解释警察如何应对纠纷。从这个意义上来说，家庭是社会的缩影，处于社会底层的人更有可能受到惩罚。

148
149

表5-5 警察实施社会控制的主要方式（根据当事人的家庭地位）

单位：%，件

社会控制方式	冲突双方的家庭地位							
	户主提出的指控					前配偶或情人指控户主	其他	全样本
	对其他户主	对受抚养的配偶或情人	对其他受抚养人	对前配偶或情人	对其他非居住者			
调解	71	44	32	33	29	(4)	50	53
刑罚	23	50	56	67	68	(1)	44	40
治疗	2	—	12	—	4	—	3	3
补偿	—	—	—	—	—	—	—	—

社会控制方式	冲突双方的家庭地位							
	户主提出的指控					前配偶或情人指控户主	其他	全样本
	对其他户主	对受抚养的配偶或情人	对其他受抚养人	对前配偶或情人	对其他非居住者			
仅采取预防性措施	4	6	—	—	—	(3)	—	3
其他	—	—	—	—	—	—	3	—
合计	100	100	100	100	101	—	100	99
案件总数	(97)	(18)	(25)	(18)	(28)	(8)	(32)	(226)

注：括号中数据为案件数，非括号中数据为百分比。当统计学意义上的案件总数太少不足以得出一个具有普遍意义的结论时，使用括号中的数据。

户主的优势有两个方面。作为报案人，他或她能够更好地动员警察指控家庭内外的其他人；作为被指控的罪犯，他或她享有相对的免于惩罚的权利。因此，一家之主几乎总是能成功地将地位较低的一方界定为罪犯，而且他或她向警察提出的任何具体要求，很可能得到警察的满足，同时很愿意遵从警察提出的任何要求（见表5-6）。相反，如果有人投诉一家之主（这本身就是一件非同寻常的事情），警察不太可能认可投诉或满足报案人提出的任何要求，甚至可能彻底推翻对情况的定义，将报案人视为罪犯。实际上，警察通常情况下都扮演了家庭掌权人物的代理人角色。通过几个例子就能更清楚地看出这一点。

表 5-6　警察满足报案人要求的程度（根据当事人的家庭地位） 150

单位：%，件

警察满足报案人要求的程度	冲突双方的家庭地位							
	户主提出的指控					前配偶或情人指控户主	其他	全样本
	对其他户主	对受抚养的配偶或情人	对其他受抚养人	对前配偶或情人	对其他非居住者			
完全满足	43	53	58	82	72	(5)	19	51
部分满足	2	7	—	9	—	—	6	3
不满足	48	33	42	9	22	(2)	25	35
反对	4	—	—	—	6	(1)	25	6

续表

警察满足报案人 要求的程度	冲突双方的家庭地位							
	户主提出的指控					前配偶或 情人指控 户主	其他	全样本
	对其他 户主	对受抚养 的配偶或 情人	对其他 受抚养人	对前配偶 或情人	对其他 非居住者			
其他	4	7	—	—	—		25	4
合计	101	100	100	100	100	—	100	99
案件总数	（56）	（15）	（12）	（11）	（18）	（8）	（16）	（136）

注：括号中数据为案件数，非括号中数据为百分比。当统计学意义上的案件总数太少不足以得出一个具有普遍意义的结论时，使用括号中的数据。

在一个案例中，一位"十分焦虑不安"的黑人女士投诉声称她的同居丈夫"没有良心"，不仅在争吵中"毁坏了她的住所"，而且"还殴打她"，因此她想让警察拘捕她的丈夫。虽然警察没有实施这样的拘捕，但是他们告诉该男子必须"离开她的住所"，他也确实离开了。这次接警会面结束后，其中的一名警察向观察员评论说，他们之所以支持这名女士的投诉，是因为她是该公寓的房主，"他可能确实什么也没有做，但是她有权命令他离开"。在由同一名警察处理的另一个相当类似的案例中，警察拒绝命令报案人的同居丈夫离开，并向观察员解释称"因为他帮着支付了租金"，他们"不能强迫他离开，除非她获得逮捕令"。最终，受到投诉的这名男子自愿离开，他说自己想"冷静一下"。这似乎令警察很高兴，其中一名警察后来说："他能自愿离开真是太好了，因为他有权待在那里，他们是普通法上的合法夫妻而且还帮着支付租金。"在另一起事件中，警察在白人夫妇之间的争论中拒绝偏袒任何一方，因为他们在自己的房子里拥有超越第三方劝告的权利。其中的一名警察解释说，面对此情境他们"无能为力，因为这对争论中的夫妻双方的名字都在购房契约上"，而且他们都有"陈述各自诉求的权利"。在另一起案件中，一名黑人妇女请求警察将其丈夫驱赶出门，或者拘捕其丈夫，因为她的丈夫"殴打她"。她的诉求得到了儿子的支持，但她的丈夫否认了这一指控，声称他"除了因喝醉酒而对她大喊大叫外什么也没做"。警察拒绝对这个人采取拘捕行动，后来对观察员说："他妈的想让我们做什么，把一个人踢出自己的房子？因为一个人酒后胡言乱语就将一个男人赶出家门？"

在某种程度上说，上述案件的处理有点异乎寻常，因为在处理相关争端的过程中，警察明确提及将对住所的经济控制作为决定如何解决争端的一个主要因素。虽然在大多数案例中他们没有给出任何理由，只是简单地支持户主一方的要求。在一个案例中，一名黑人女士说她的丈夫因她此前"离开了三天"而殴打她，她试图接回自己的孩子。她的衣服被撕成两半，凉鞋也坏了。她的丈夫正站在门廊前，否认自己曾经殴打过她，警察支持他的说法，并表示，面对此情此景，他们"知道一名丈夫的感受"。这名女士被告知她要做的就是"获得一个搜查令"。据观察员记录，"她厌恶地转身就走了"。在另一个案例中，一名黑人男子去他前妻的住所搬一张桌子，他前妻声称这是一件礼物。警察支持该女士，说这名男子得在法庭上证明他的所有权，同时，"作为一名陌生人他没有权利待在她的住所里"，因此他必须离开。

其他几个案例表明，一个人在家庭中的地位如何，对决定逮捕与否具有重要影响。在一个案例中，一位年轻的黑人男子投诉声称他的父亲及父亲的一位朋友喝醉了，对他进行了谩骂并威胁殴打他，尽管他做了"家里所有的工作"。警察"说服那位父亲上床睡觉"，但以"流浪罪"逮捕了他父亲的朋友。在一个比较特殊的案例中，警察逮捕了一名白人男子，因为一名被形容为"近乎歇斯底里"的妇女投诉称，这名男子闯入了她的公寓并试图强奸她。男子说她在撒谎："她总是邀请一帮男孩子去她家寻欢作乐，但是当她玩够了时，她就会报警声称自己受到了侵害。"根据观察员的描述，"警察不相信她说的事，但为了使她安静下来仍然采取了相应的措施"。随后警察解释说，她是此类投诉的"常客"，经常提出这样的投诉，他们"把这当成了一个笑料"，出警处理"只是为了找点乐子"。不过在她的公寓里，警察还是做了她想要他们做的事。另一个案件非常具有戏剧性，它表明警察会在多大程度上满足户主的报警要求：一名黑人妇女把她的儿子锁在她的公寓里，因为她的情人说当他在她家过夜时不想让年轻人在场。当警察到达的时候，她正在严厉训斥自己的儿子，而她的儿子安静地坐在门外的楼梯上（不清楚谁给警察打的电话）。其中一名警察建议这位妇女的儿子"到公园里去待上一夜"。但他回答说，他害怕待在公园里，也没有其他地方可去，他宁愿进监狱过夜。为了照顾他（和他的母亲），警察以"行为不检"的罪名逮捕了他。在另一起案件中，一名黑人妇女投诉称她的同居丈夫把她关在"她的"公寓之外，但是被报案人说那是"他的"公寓。这名男子说服警察

151

使其相信那套公寓只属于他一个人，当这名女子拒绝离开现场时，警察以"醉酒"的罪名逮捕了她。观察员在报告中补充说，没有证据表明这名女子喝了酒。

在其他情境中，警察也根据同样的原则行事——支持户主的请求。在处理同性恋纠纷事件中，警察通常也是支持户主一方的诉求。例如在一个案件中，一名白人女子告诉警察，她想让警察把一名醉酒的女子驱逐出她的公寓。警察在厨房找到了这名处于半清醒状态的女士，朝她头上泼了一点冷水后，警察将她带到巡逻车上，然后开车把她带到警管区辖区的边上，将她赶下车扔到大街上。她穿着男性化的服装，留着短发，并且向警察解释她"讨厌男人"。事后一名警察说该女士是"女同性恋"，报案人可能在她们发生性关系之后因受到责备而"生气"报警。在另一个案例中，一名白人女子投诉说一名"同性恋"在她公寓里，并要求自己做她的女朋友。她说她不想跟这事扯上关系，要求警察把这名"女同性恋"赶走。警察同意她的请求，说服被投诉的女同性恋者离开，并威胁说如果不离开就以"扰乱社会治安"为由逮捕她。

总之，在家庭社会结构中，投诉的方向可以解释警察所采取的回应方式。不论是男性还是女性，拥有房屋或支付租金的人通常都会有一定的优势，并且社会控制的刑罚方式也有可能被施加于对方。但是如果当事人双方分担家庭的经济负担并且家庭地位似乎是平等的，则警察更倾向于采取调解方式，并且拒绝偏袒任何一方。警察解决纠纷的方式，更能够维护家庭中精英的利益。

5.5.4　年龄

如前所述，报警请求警察处理的绝大多数争端涉及成年人之间的冲突。成年人偶尔也会对青少年提出投诉，但警察很少会遇到一名青少年对另一名青少年或一名青少年对一名成年人提出的投诉。因为几乎所有的青少年都在经济上依赖成年人，这些模式再一次反映了警察在当事人双方地位不平等情况下的角色。以下的讨论，部分与上一节关于家庭状况讨论的内容重叠，因为成年人与青少年之间的冲突往往发生在家庭中。但在现代社会，青少年的社会劣势（social inferiority）如此极端，他们与警察接触的经历尤其值得重点研究。

　　警察与青少年碰面的绝大多数案件发生在公共场所，而且在各个方面与本书中分析的案件完全不同（Piliavin and Briar，1964；Werthman and Piliavin，1967；Black and Reiss，1970）。尽管如此，卷入争端的少年的命运与警察在日常接处警过程中碰见的其他人的命运大同小异。在与成年人的所有冲突中，青少年大都是输家，在大多数情况下受到刑罚方式和道德说教的对待。此外，在少有的情况下，当一名青少年投诉一个成年人时，他或她很可能因为试图诉诸法律来对付年长者而受到严厉的惩罚。

153

　　而当一名成年人投诉另一名成年人时，在半数以上的案件中，警察的处理方式主要是调解，而在成年人对青少年提出的投诉案件中，只有不到 1/3 的案件是按照这种方式处理的。相反，如表 5-7 所示，青少年最有可能受到刑罚处理。除此以外，警方在涉及青少年的案件中采取的刑罚行为与其他案件相比也有所不同（见表 5-8）。

表 5-7　警察实施社会控制的主要方式（根据当事人的年龄）

单位：%，件

社会控制方式	当事人的年龄		
	成年人对青少年[a] 的投诉	成年人对成年人的投诉	全样本
调解	31	54	52
刑罚	62	39	41
治疗	7	2	3
补偿	—	1	1
仅采取预防性措施	—	3	3
其他	—	*	*
合计	100	99	100
案件总数	（29）	（253）	（282）

注：括号中数据为案件数，非括号中数据为百分比。a. 18 岁以下。* 代表不及 5%。

表 5-8　警察采取的刑罚模式（根据当事人的年龄）

154

单位：%，件

刑罚模式（按严重程度排序）	当事人的年龄		
	成年人对青少年的投诉	成年人对成年人的投诉	全样本
逮捕	17	24	23
命令离开或驱离现场	29	25	25
威胁逮捕	4	22	20

续表

刑罚模式 （按严重程度排序）	当事人的年龄		
	成年人对青少年的投诉	成年人对成年人的投诉	全样本
斥责或劝告	46	18	22
要求或者建议离开现场	—	7	7
其他	4	4	4
合计	100	100	101
案件总数	（24）	（174）	（198）

注：括号中数据为案件数，非括号中数据为百分比。

与成年人相比，青少年被捕的可能性要小得多，受到逮捕威胁的可能性也要小得多，但相应地，他或她更有可能受到斥责或训诫。从这个意义上讲，警察对青少年采取道德说教的可能性更大，而对成年人（如果警察完全以刑罚的方式对待他们）则以一种更具公事公办的执法方式处理。警察很少告诉成年人他们该怎么做。他们根本不可能援引是非曲直的标准，即使在逮捕或威胁逮捕时也是如此。如果他们行使警察职权，那么他们通常是以一种客观的和官僚主义的方式来处理，而不会明确地阐述自己的价值观。然而这种方法不适用于青少年。在这些案例中，警察随时会就年轻人的行为方式，特别是他们对待他或她的长辈的行为态度，对其进行教训和劝诫。通常情况下，讨论中涉及的长者是指青少年的父母。

例如在一个案例中，一名非常焦急的白人女士呼叫警察，因为她15岁的儿子下午离家外出，出去前告诉她说"一会儿就会回来"，但是几个小时过去后他还没有回来。当警察赶到报案人的家里时，她的儿子也刚好回到家，并解释说他与朋友骑自行车玩去了。他的母亲高声质问说："你知不知道我有多担心你的安全？你怎么能这样对待我呢？"这位儿子也对她大声"咆哮着"说："噢，少跟我啰唆，离我远点。为什么你对这么个芝麻小事如此的大惊小怪？"这个时候，其中一名警察从座椅上站起来，并说道："等一下，小伙子。告诉我你这样对待自己的母亲，是从哪里学来的？难道你不知道你母亲对你讲话的时候，你的回应应当举止得体吗？"男孩答道："那好吧。但她也没有必要这样大发雷霆，难道不是吗？"他的回答促使警官继续说："听着，你母亲高兴怎么说都可以，她可以用她喜欢的方式对她的孩子说话。你知道吗？我母亲从来不会允许我有你这样的行为。她会给我一大巴掌。有一件事情你最好明白——在你生命中只有一位母亲，你最好记住这一点。你最好从现在开始就尊重你母亲，至少当我在场时你要表现出对你母亲的尊重，明白吗?!" 这名男孩说："明白了，警官。" 然后，一切都平静下来了。该女士热情地感谢警察的所作所为。随后，其中的一名警察说，"麻烦" 的是，这个家庭中没有成年男人（意指是单亲家庭）。

在另一起涉及白人家庭的案例中，一名女士打电话给警察，投诉称她十几岁的女儿在外面逗留太久（违反了城市宵禁法）同时还引发了其他一些没有详细说明的 "问题"。当警察到达时，她女儿正与她的男朋友待在车里，警察要求两个人到她母亲的公寓里去。根据观察员的说法，警察 "非常努力地让女孩相信，她是在伤害自己，以及通过这些反复出现的麻烦，伤害了她那可怜而辛勤工作的母亲的健康"。这名女孩对警察 "公然地表示出厌烦" 的态度，并对他们说："太糟糕了，我不喜欢宵禁。" 在离开之前，警察给了她一张违反宵禁的罚单，并警告她说，如果今后再次发生这样的违规行为，可能意味着她将被送去青少年教养机构接受矫治教育。

另一起案件说明了警察对投诉父母行为的青少年的典型反应。一个 16 岁 155 的黑人女孩打电话给警察，投诉说她受到了父亲的殴打。观察员猜测肯定是她与父亲 "顶嘴"，然后她的父亲才打了她，现在 "她的自尊心受到了伤害"。警察发现女孩的行为有错，应当对自己被打 "负有责任"，因此警察开始贬低她并试图让她感到 "羞愧"，劝告她要尽快 "成熟起来"，并且 "改变那种自以为是的态度"。他们还要求她向她父亲道歉。这位观察员补充说，由于警察 "贬低" 了她，女孩的 "自尊心受到了进一步的伤害"。在一件类似的案例中，一名黑人女孩泪流满面地投诉说，她的母亲 "鞭打" 了她，而这位警官——流露出厌恶的表情——咕哝着说应当 "再鞭打她一顿"，然后就出门离开了。

总而言之，警察很乐意运用他们的权力来对付受到父母批评的青少年，但当情况发生逆转（青少年对成年人提出投诉）时，他们根本不表示任何同情，而且通常将投诉行为本身视为一种犯罪。在任何一个人或群体在社会地位上远远低于另一个人或群体的地方，这种模式都是差不多的，在许多社会中，奴隶和妇女都是如此（Black，1976：18-19，28）。然而在现代美国，几乎没有人比青少年的社会地位更低。

5.5.5 亲密关系

可以将亲密程度理解为人与人之间的关系距离，即人们在多大程度上参与彼此的生活（Black，1976：40-41）。虽然在目前的样本中所有的当事人在冲突发生之前都互相认识，但是他们之间关系的亲密程度差别很大，既包括结婚（正式或非正式结婚）夫妇，也包括已经分居的夫妇、住在不同住所的亲戚、朋友、房东和房客、邻居以及点头之交的熟人等。下面的讨论，审视了警察解决争端的方式如何随着报案人社会位置特征的不同而变化。

　　表5-9显示，在当事人双方相对亲密的情况下，警察更倾向于采取调解方式。因此在将近3/4的涉及夫妇的案件中，警察处理争端的主导方式是调解，但在涉及分居夫妇的案件中，只有1/3多一点的案件是采取调解方式。分居夫妇之间的争端更有可能得到刑罚或预防方式处理。比如当一名女士想要从一名男性（可能不配合或有暴力行为）的住所处取回自己的物品时，她希望得到警察的保护，这种情况下，警察就可能采取刑罚或预防的方式。表5-9还显示，在当事人是相对疏远的家庭成员、朋友和熟人或关系不明确（例如他们只是简单的"认识对方"而已）的情形下，最常见的处理方式就是刑罚模式。另外，在8起没有同居关系的男友和女友之间的纠纷中，有6起案件都是以刑罚方式处理的。一般来说，当事人双方居住在同一住所时，警察更倾向于运用调解方式解决争端。夫妇之间产生的纠纷与那些分居夫妇或朋友之间的纠纷相比，这一点体现得最明显不过（邻居纠纷得到调解的概率比预期的要高，需要额外的解释）。

表5-9　警察实施社会控制的主要方式（根据当事人之间的关系）

单位：%，件

社会控制方式	当事人之间的关系										
	已婚或同居夫妇	分居夫妇	男女朋友	父母-子女	其他亲属	朋友或熟人	邻居	房东-房客	关系不明确	其他	全样本
调解	70	39	（2）	45	35	36	55	47	40	33	52
刑罚	26	45	（6）	49	62	57	43	40	60	42	41
治疗	2	—	—	6	3	—	2	—	—	8	2
补偿	—	—	—	—	—	—	—	7	—	8	1
仅采取预防措施	2	16	—	—	—	7	—	—	—		3

社会控制方式	当事人之间的关系										
	已婚或同居夫妇	分居夫妇	男女朋友	父母-子女	其他亲属	朋友或熟人	邻居	房东-房客	关系不明确	其他	全样本
其他	—	—	—	—	—	—	—	7	—	8	1
合计	100	100	—	100	100	100	100	101	100	99	100
案件总数	(108)	(31)	(8)	(33)	(29)	(14)	(44)	(15)	(10)	(12)	(304)

注：括号中数据为案件数，非括号中数据为百分比。当统计学意义上的案件总数太少不足以得出一个具有普遍意义的结论时，使用括号中的数据。

即使警察在当事人关系亲密的纠纷中采用刑罚方式，也有证据表明与其他案件相比，这种做法也不那么具有法律强制性色彩和胁迫性（见表 5-10）。尽管他们同样有可能实施逮捕，但比起当事人之间的关系较为疏远时，比如对那些夫妇，警察更不可能威胁实施逮捕。因此，当将逮捕和威胁逮捕一起与其他刑事手段相比较时，可以看出，当事人属于已婚或同居夫妇时，警察使用这些更具有执法色彩和胁迫性的行为的比例（38%），低于当双方为分居夫妇（65%）以及仅仅是朋友或熟人关系（66%）的情况。如果警察最终在发生纠纷的夫妻之间使用刑罚处理方式，他们更倾向于简单地告诉一方让其暂时离开一段时间，直到情况"稳定下来"。

表 5-10 警察采取的刑罚模式（根据当事人之间的关系距离）

单位：%，件

刑罚模式（按严重程度排序）	当事人之间的关系距离										
	已婚或同居夫妇	分居夫妇	男女朋友	父母-子女	其他亲属	朋友或熟人	邻居	房东-房客	关系不明确	其他	全样本
逮捕	26	20	(2)	25	29	33	11	(1)	(2)	(2)	23
命令离开或驱离现场	31	15	—	17	24	—	31	(4)	(3)	(1)	24
威胁逮捕	12	45	(5)	4	24	33	8	(1)	(2)	(3)	19

续表

刑罚模式（按严重程度排序）	当事人之间的关系距离										
	已婚或同居夫妇	分居夫妇	男女朋友	父母-子女	其他亲属	朋友或熟人	邻居	房东房客	具体关系不明确	其他	全样本
斥责或训诫	16	10	—	33	19	—	47	—	(1)	(3)	22
要求或建议离开现场	7	10	(1)	8	—	17	—	(1)	—	—	6
其他	7	—	—	13	5	17	3	—	—	—	6
合计	99	100	—	100	101	100	100	—	—	—	100
案件总数	(68)	(20)	(8)	(24)	(21)	(12)	(36)	(7)	(8)	(9)	(213)

注：括号中数据为案件数，非括号中数据为百分比。当统计学意义上的案件总数太少不足以得出一个具有普遍意义的结论时，使用括号中的数据。

　　人们可能认为，警察之所以对关系密切的人更倾向于使用调解的处理方式，而不那么具有执法强制性和胁迫性，是因为这些人之间的冲突从本质上看不那么具有"犯罪行为"的特征。例如可以想象，在关系亲密者之间的冲突，与那些关系疏远的当事人，比如分居的夫妻或朋友之间的冲突相比，发生暴力的可能性要小得多。这就解释了他们在待遇上的差异。但事实并非如此，如表5-11所示，最亲密的人（已婚夫妇）之间的争端尤其可能涉及暴力行为或暴力威胁。与此同时，在研究的样本中，发生暴力冲突最少的恰恰是那些关系距离最远的人——朋友或熟人以及分居夫妻之间（暴力发生率分别为14%和29%，相对而言，已婚夫妇之间发生暴力的概率为60%）。因此通常情况下，警察在最具暴力特征的纠纷中，反而采取更具有调解性质和较少强迫性的处理方式。即使是当一位已婚女性明确投诉她的丈夫对她实施暴力行为时，在72%的案件中（总计46件），警察采取的主要方式仍然是调解模式。尽管这些女性中有许多人不希望警察进行调解，而是希望他们对被指控的一方采取刑罚方式，但事实上警察并没有使用胁迫性手段。在一起典型的殴打妻子的案件中，被丈夫殴打的这个女人似乎想让警察把她的丈夫定义为一个做错事的人，同时警告他如果他今后再犯类似的错误，警察将会采取进一步的行动。换句话说，她想让警察确定她的丈夫突破了他们关系的道德界限。

但警察的典型反应是很少或根本不采取任何类似的行动。如表 5-12 所示，对于已婚或同居夫妇，如果报案人要求警察对其配偶采取特殊的行动，只有约 1/3 的报案人达到了他们的目的。相比之下，在那些与被指控的一方关系疏远的报案人中，有近 2/3 的人得到了满足。有 8 名报案人是被指控一方的朋友或熟人，其中有 7 人以这种方式赢得了警察的支持，达到了他们的目的。

表 5-11　暴力行为发生情况（根据当事人之间的关系距离）　159

单位：%，件

暴力行为的存在情况	当事人之间的关系距离										
	已婚或同居夫妇	分居夫妇	男女朋友	父母-子女	其他亲戚	朋友或熟人	邻居	房东-房客	关系不明确	其他	全样本
有暴力行为	60	29	(4)	29	37	14	37	31	40	75	44
没有暴力行为	40	71	(4)	71	60	86	63	69	60	25	56
其他	—	—	—	—	3	—	—	—	—	—	*
合计	100	100	—	100	100	100	100	100	100	100	100
案件总数	(108)	(31)	(8)	(34)	(30)	(14)	(49)	(16)	(10)	(12)	(312)

注：括号中数据为案件数，非括号中数据为百分比。当统计学意义上的案件总数太少不足以得出一个具有普遍意义的结论时，使用括号中的数据。*代表不及 5%。

表 5-12　警察满足报案人要求的程度（根据当事人之间的关系距离）　160

单位：%，件

警察满足报案人要求的程度	当事人之间的关系距离										
	已婚或同居夫妇	分居夫妇	男女朋友	父母-子女	其他亲戚	朋友或熟人	邻居	房东-房客	关系不明确	其他	全样本
完全满足	37	64	(6)	36	57	(7)	61	(3)	(3)	(4)	52
部分满足	3	5	—	—	—	—	—	—	—	(1)	2
不满足	49	18	(1)	36	43	(1)	28	(1)	(1)	—	34
反对	5	5	—	29	—	—	6	—	—	—	6
其他	6	9	—	—	—	—	6	(1)	(1)	(1)	6
合计	100	101	—	101	100	—	101	—	—	—	100
案件总数	(63)	(22)	(7)	(14)	(14)	(8)	(18)	(5)	(5)	(6)	(162)

注：括号中数据为案件数，非括号中数据为百分比。当统计学意义上的案件总数太少不足以得出一个具有普遍意义的结论时，使用括号中的数据。

161　　在几乎每一个案例中，报案人向警察提出的具体要求都没有完全得到满足，这是因为警察拒绝按照报案人的要求予以惩罚。通常情况下，警察甚至拒绝对报案人表示任何同情。例如在一个案件中，一名黑人女子向警察投诉说她的丈夫殴打她，因为当他下班回家时她还没有准备好晚饭，甚至当她向警察陈述事情经过的时候，她丈夫继续"朝她大喊大叫，还咒骂她，并说当警察离开后还会打她"。观察员没有说明这名女子是否提出了具体的要求，但可以肯定的是，她想让警察对她的丈夫采取某种行动。与此相反，其中的一名警察却对她说："女士，对此我们无能为力。你们最好试着自己把问题解决掉吧，或者去别的地方冷静冷静，等到明天早上再看是否继续提出控告。"虽然不清楚这名女子的情绪反应如何，但是她在带了一些生活必需品后，就离开家去了她母亲家。警察报告该事件为"家庭纠纷——争论得到了解决"。还记得这样的案件吧：当一名女子控告一名不在场的男子时，警察通常拒绝采取行动，因为当警察在听取案件事实陈述时，这名男子随时可能到达现场。当报案人是男子，而被指控的一方是女士时，也会出现同样的情况。例如在一件这样的案例中，一名男子在人行道上碰见警察，说他的妻子拿着一把刀"砍杀"他，他受伤了并且正在流血，因此想要控告她。尽管如此，其中一名警察仍然"劝说他不要提起指控"。对于这名被指控的女子，警察没有因为这名女子袭击其丈夫的行为而对她进行任何斥责或其他评判，只是把这位丈夫送到医院进行治疗，并将该事件报告为"家庭纠纷"。观察员补充说，警察不希望"整个案件"在这种情况下"开花结果"（全面开展调查将耗时费力），因为这时已接近换班，他们不希望下班回家太晚。在另一个案例中，当警察到达现场时，发现一名白人男子躺在地板上，"浑身都是血"。他被他的儿媳妇用奶瓶击中了头部，儿媳妇承认是她打的，因为他"喝得醉醺醺的回到家，并且用言语骚扰她"。她也提到他"用难听的语言辱骂她"。由于这名男子还处于半醉半醒状态，不能确定他究竟要警察做什么，因此警察决定不以"伤害罪"指控他的儿媳妇，因为"这是一起家庭纠纷"。

　　另一方面，必须补充的是，即使当事人双方之间的关系密切，而且都不希望将案件作为犯罪案件处理，警察也不一定总是选择不动员。例如，在一起案件中，一名黑人妇女刺伤了她的同居丈夫，尽管受害者只想警察将其送往医院救治，而不想提出任何指控，但是警察仍以"严重伤害"为由对她实施了逮捕。到达现场后不久，其中一名警察对另一名警察说："必须将那个婊子养的关起来。这是她两个月来第三次刺伤他了。让我们找他谈一谈，（说服）他同意提出刑事犯罪指控。"但必须指出的是，这起案件完全是由黑人警察处理的，观察员（白人）也与双方当事人保持一定的距离。"警察告诉这名观察员不要进入（急诊室），因为根据他的经验，一旦一个白人警察被一个黑人罪犯看到，即使有时是被受害者看到，也不会有任何形式的合作。"然而，这位观察员确实无意中听到了下面的对话："嘿，老姊，你真把你的男人砍伤了吗？""不，我不会这么做，不是我刺伤他的，我爱他，是别的婊子干的。"因此，黑人警察以自己的语言和风格与双方当事人拉近关系。作为黑人，他们比许多白人警察更关心受害者的最终命运。无论如何，这种情况（警察行使的权力比报案人希望的更多）非常罕见。

162

在这方面值得注意的是，一些警察指出，必须避免"卷入家庭纠纷之中"，即不要贸然采取行动，以免双方当事人将冲突搁置一边，联合起来对抗警察。虽然这种情况并不经常发生，但在观察研究的过程中确实发生过几次，这本身就具有一定的启发性。这些事件表明，当被指控的一方是报案人的密友时，是由报案人来界定究竟什么样的社会控制的量和方式才是公正和适当的。从这一角度来看，警察在采取不受欢迎的逮捕时，报案人似乎最有可能反对警察的行动。例如在一起案件中，一名黑人妇女报警，因为她丈夫拒绝按她的要求离开她的家。当警察到达的时候，两人正相互挥舞着刀子尖声叫喊着。然而当他们问这位女士是否希望将她的丈夫"关起来"时，观察员记录称："她不再对她的丈夫大喊大叫，并转身对警察说'不'，还让我们'滚出去'，很快我们就只好这么做了。"当他们离开的时候，其中一名警察评论说："离开是唯一的办法。如果他们不希望提起控告，我们就得滚出去。"在另一起案件中，一名黑人妇女投诉说，她"醉酒"的丈夫不让她照看孩子并陪伴过夜。丈夫说他不会把孩子交给他的妻子，因为"当她在该回家的时候却没有回家"。一位警察建议这位丈夫让他的妻子带走孩子，但他"不但不听劝告，而且还变得好斗起来"。这时，警察"逮住了他的把柄"，并说他们要以"醉酒"的罪名逮捕他。但当他们一碰他时，他的妻子却对警察说："放开他，他刚从医院回来。"随后，这位丈夫同意他的妻子可以留下来在晚上照看孩子，他们会在第二天早上"谈一谈"。回到巡逻车里后，一名警察对观察员说："你看到了吗？当我们威胁要逮捕那个醉酒的家伙时，他的妻子却站在她的丈夫一边反对我们行动，这真是一份你不可能赢的工作！"另一名观察员也描述了这一现象：

> 如果要求警察使用武力来限制犯罪者，就会发生因争端双方关系亲密而产生的危险情况。在这种情况下，即使受害人最先报警求助，她也可能突然转向支持纠纷的另一方，转而攻击帮助她（他）的警察。一名警察讲述了下面的一个案件：一名妇女在一家酒馆里请求警察的帮助，她的丈夫正在那里殴打她，并且还破坏了酒馆的设施。当警察到达时，警察不得不约束控制她的丈夫，在混战中那位醉酒的丈夫被推倒在地上。这时，最初报警的妻子用一把酒吧的高脚凳袭击了其中一名警察（Parnas，1967：921；Westley，1970：61）。

因此，在处理亲密关系中的纠纷时，警察似乎很少采取或根本不采取任何行动，只有在很少见的情况下，才施加大量的社会控制。在通常情况下，报案人想要在这两种极端之间寻求某种平衡。在这种情况下，警察很少按报案人的要求行事。例如一名黑人妇女打电话给警察，只想让他们警告其丈夫今后不要再殴打她了。警察询问她是否"希望他们逮捕她丈夫"，但是她回答警察说："不，我不希望你们逮捕他，只要警告他今后不再殴打我就行了。"警察告诉她，如果下次再发生类似事件，她就得去法院申请逮捕令了。警察在离开之前，还是"警告他今后不得再次殴打报案人"。同样，在另一个案件中，一名黑人女子想要警察叫醒她丈夫（因醉酒晕倒在地板上），并且要求警察"威胁他一下，因为他最近以来经常在醉酒后殴打她"。他们按照该女子的要求，威胁说要逮捕这名男子，但是没有采取进一步的行动，甚至当他变得非常具有"攻击性"，还说"如果你想要拘捕我的话，那就来吧，我一点都不在乎"时，警察也没有采取行动。

有时，警察假装他们要实施意料外的逮捕，以便操控报案人——被指控一方的亲密关系人——接受一个与最初要求比较起来更轻的解决方案。例如，在这方面的一次尝试中，警察试图运用一种策略以拒绝一名白人女子投诉其丈夫"殴打"她时提出的请求。她是葡萄牙人（或巴西人），会一点英语，但是她似乎只希望警察对她丈夫的虐待行为进行训斥。警察回应她说会逮捕他，但是正如观察员所描述的那样，"除了报案人以外，没有人认为警察真的会将其丈夫羁押起来，即使是警察自身也并没有这样的打算"。因此，当报案人没有反对（可能是因为她英语不好听不太懂）时，警察放弃了使用威胁手段，并警告该男子"不得再次殴打"其妻子，从而促使他们"达成和解"。观察员补充说，报案人不反对实施逮捕在无意中"压制"了警察行使职权的行为，因为他们正准备利用威胁手段来让自己能够在不采取任何行动的情况下就离开："威胁实施逮捕是用来向妻子表明她的报警电话请求是多么的荒谬。当时的想法就是，警察威胁要逮捕她的丈夫，她就会说'不'，然后警察就有理由离开了。"另一种旨在鼓励报案人撤回报警请求的胁迫性策略是威胁逮捕双方当事人，既包括报案人也包括被指控的一方。然而在一个案例中，该策略完全没有用。一名黑人女子打电话报警希望警察拘捕她的丈夫，因为他毒打她，警察同意了她的请求，但是前提条件是她承认其丈夫针对她提出的指控。当他们向这名男子提出这一建议时，他表示接受警察的建议，并向警察陈述他的妻子没有履行为他做饭的义务。他的妻子似乎也对这一结果感到满意，并补充说，她的丈夫除了殴打她之外，还拒绝工作，一直玩到凌晨 5 点。最后，两人都没有退让，都因"行为不检"扰乱治安而被捕入狱。如果警察支持报警妇女的请求，只是警告她丈夫今后不再殴打她，这一切也许是完全可以避免的。相反，警察强迫她在自己被逮捕与不要求采取任何行动之间做出选择。

总而言之，当双方关系密切时，在大多数情况下，警察和报案人不希望逮捕被指控的一方。但报案人通常希望警察做出判断，宣布另一方所做的事情是错误的，并要求今后不能再犯。然而警察更倾向于采取中立态度，很少或根本不采取行动。当双方关系不那么亲密时，警察更愿意偏袒其中一方。因此可以概括地说，警察使用惩罚性手段的意愿随着冲突各方之间的关系距离的不同而变化。警察是否愿意满足报案人的要求，以及他们所实行的社会控制的总量也是如此。因此，与报案人关系相对较为疏远的被指控一方的状况，在某种程度上类似于社会地位低下的被指控一方。这种情况下双方当事人都更有可能被警察界定为不法行为者，且更可能遭受社会控制的刑罚方式的对待。另一方面，像家庭地位平等的人一样，关系亲密的当事人通常被赋予一定的强制性权力豁免权，甚至许多声称他们自己是受害者的报案人也可能接受警察的调解或者双方达成和解。

164

5.5.6　群体

到目前为止，还没有考虑到许多争端涉及组织或群体中的个体。依其身份，他们代表的是一个群体而不再是一个人。一个群体是否为冲突的一方当事人，可以解释警察将做出何种反应。特别是比起个体而言，群体更不可能受到刑事惩罚，而且在与个体产生的争端中，群体更有可能获胜（Black，1976：92-98）。警察会将更多的时间和精力用于处理群体提请他们关注的任何事项。

这种冲突最可能涉及群体之间的关系，而且最可能被警察按"邻里纠纷"处理。这通常是家庭之间的纠纷，个人以家庭代表的身份参与其中。邻里纠纷可能有很长的演变历史，往往涉及指控与反指控，而不是一方对另一方的单方面控告。这场冲突很可能一开始是个人之间的纠纷，很快其他有关的家庭成员也卷入了冲突之中，直到问题演变为家庭之间谁对谁错的争端。在这种冲突的早期阶段，儿童往往是主要的行为者，只有在成年人介入的时候，这一事件才会升级为不同群体之间旷日持久的争端。应该补充的是，在现代美国，同一社区的邻里家庭之间往往是非常熟悉和彼此了解的，而且他们的地位往往是平等的，在财富和其他方面的地位上也彼此相近。这些因素肯定也与警察如何处理他们之间的纠纷有关。组织本身是一种按照自己利益行事的社会身份，组织似乎自我赋予了某种优势（Black，1976：第5章）。

当警察接到要求处理邻里之间的纠纷的报警电话时，他们的回应可能秉持中立态度，而不会妄下结论。这类案件中有一半以上是以调解的方式处理的。如果不是有这么多宗个案涉及噪声问题，这一占比无疑会高得多，而警察一般会对噪声投诉做出处理，要求把"声音调低"或"关掉声音"，这是一种温和的刑罚方式。因此，在所有以刑罚方式处理的案件中，邻里之间的纠纷案件是最不可能导致逮捕的，而且最有可能只通过斥责或训诫的方式进行处理。但是，当邻里之间的纠纷属于其他事情时，在绝大多数情况下，警察用调解方式解决问题。

在一起案件中，警察被派去会见一名报警偷窃事件的女子。警察见到了一位低社会阶层的白人女子，她用南方口音向警察解释说："邻居家的儿子偷了我的半导体收音机，我想要回来。"当她讲述她的故事时，警察并没有立即做出任何判断，只是简单地用"嗯哼、啊哈"之类的话回答说"我明白了"，以及"你确定真的是他偷的吗？"该女子提到，她的邻居（住在她隔壁的一间公寓里）曾经说过，她儿子拿走了收音机，因为报案人的儿子不久前拿走了他们的收音机。其中一位警察说："我想你最好和你的儿子谈谈，让他把这件事情解释清楚。"但是该女士回答说，她的儿子目前正在军队服兵役。这个时候，被指控一方的母亲在走廊中加入了与警察的谈话，随后这两名女子开始了一场充满敌意的对话。一名警察立即介入并命令她们保持安静，接着转向报案人说，如果第二天早上邻居的儿子还没有归还，他会实施逮捕，同时要求她"冷静下来，只要稍稍等待一下就好"。然而报案人告诉警察这样做是不行的："警官，实话对你说吧，我和一名男子住在一起。如果他今晚回家发现他的收音机没在，他会一直揍我到天亮！"警察回复她说："这位女士，如果我是你的话，我会在他回来之前收拾好行李立即离开这里。"根据观察员的描述，警察的回答"彻彻底底地把这位女士难住了"，并且她"怯懦地同意等到第二天早上再行决断"。应当指出，警察从未直接威胁或批评被指控一方的母亲，也没有调查被指控一方的下落。虽然警察使用了逮捕威胁来引入采取强制性措施的暗示，但警察更关注的似乎只是恢复两个家庭之间的和平。报案人所报告的偷窃从未被任何一名警察界定为"盗窃罪"。回到巡逻车里后，其中的一名警察解释了这样做的原因："那看起来就像是一件邻里纠纷"。 166

在许多邻里纠纷中，警察处理的事件似乎只是家庭之间更深层次冲突的一个回合而已。在某些情况下，更大的问题是生活方式的冲突。有一次，一对黑人夫妇投诉说，住在他们大楼里的一名女子用刀威胁他们，并殴打了他们中的一人（男子），打破了门上的一扇窗户。这一切都是因为他们要求该女子的姐姐"不要坐在台阶上占住通道，以便人们通行"。然而，当他们向警察讲述这一事件的经过时，他们还"对她的出身、性格及其对他们的孩子和大楼其他人的影响发表了其他评论"。这位观察员指出，他们"对（被指控的一方）这样的人进行了责怪，这些人与男人住在一起，滥用'帮助抚养儿童计划'（Aid to Dependent Children）的福利，购买最好的杜松子酒等，而其他真正需要帮助的人却得不到这些福利待遇，那些愿意工作的人不得不为滥用它的人付出代价"。他们还声称她是个妓女。警察对他们的投诉表示同情，并建议他们可能需要联系房东（驱逐那名女子）和她的社会工作者（了解关于她的福利状况）。他们还解释说，这对夫妇可以到法庭去提出控告。然而，正当警察要离开的时候，被指控的一方赶到了现场并向警察提供了另外一种说法。她说她"非常有礼貌地问"其中的一名报案人，为什么她姐姐不能和她的孩子坐在台阶上，其中的一名报案人（女方）开始朝她"大喊大叫"，与此同时，"另一个人从房门里冲出来，几乎把她撞倒在地，并撞碎了窗户，还抓扯她的衣服，诸如此类"。她又说她并不是妓女，她与自己的五个孩子居住在公寓里，如果有妓女出现在她孩子们面前的话，她会感到"非常抓狂"，她之所以经常在外，是因为她在邻近城市的一所大学里上夜校，每周四个晚上都有课。警察也对这一说法表示同情，并就该女子如何到法庭上提起控告提出建议。但是，警察在任何时候都绝不会以牺牲另一方的利益为代价，对任何一方行使警察权力或支持任何一方。观察员总结说："警察认为当事人双方的故事本身都是完全可信的，这是在这些纠纷中通常采用的解决之道，这属于民事问题，而不是应该由他们来解决的警务问题。"

在另一起涉及邻居（都是白人）纠纷的案件中，观察员指出："相当清楚的是，报案人对被指控一方的妹妹的道德问题提出了一些暗示性指控"。另外几起涉及黑人和白人家庭冲突的事件含有种族紧张因素，但警察并未公开承认这一点。在一个案件中，一个黑人家庭和一个白人家庭互相提出了骚扰指控。观察员说，这一争端具有"强烈的社会意味"："（白人）报案人在住所发表了许多对我们（黑人家庭）造成伤害的偏见性言论"。另一宗这样的案件（在中产阶层社区中发生）是327起案件中唯一由黑人对白人提出的单方面的投诉，仅仅因为这个原因，就值得进行详细的讨论。当一名黑人在他的车道上遇到警察时，他平静地告诉警察，他再也不能容忍白人邻居的行为了。他说："我已经掌握了所有我能够从隔壁邻居那里收集的有关他们所作所为的一切信息。我们在这里居住已经有两年了，自从我们来到这里以后，还不到一个星期我们就经历了从来没有过的麻烦。主要是邻居家的孩子，他们已经在这里造成了各种各样的破坏。现在他们打碎了我防风门上的玻璃，我知道是他们干的。我们实在受不了，忍无可忍。"警察很认真地耐心倾听，其中一位警察回答说："伙计，有这样的邻居真是痛苦，难道不是吗？但是你知道，我们对此无能为力。就目前的情况而言，我们真的没有任何权利去采取什么行动。此时此刻，这还只是一个民事问题。你已经与你的邻居谈了吗?""哦,一定要和他们谈吗? 老兄,我已经尽了一切可能来结束这一切。我妻子到了忍耐的极限。她对这样的事情相当在意。每当发生事情的时候,我们就告诉那位女士,可是她却说,'哦,不,那不是我的孩子们干的! 他们一直都待在家里。'对这样的回答我还能做什么? 我妻子过去和他们理论的时候,她的那些孩子却弯下腰去拉她裙子,就在这位母亲面前做这样的事情,而她没有说过任何一句责骂的话。"这名男子描述了以前这些孩子所造成的破坏,警察对此表示出同情和友好的态度。他们甚至和这名男子开起了玩笑,笑着建议他在他们房子之间筑起一个 20 英尺高的栅栏。但是他们反复强调这是一个民事问题,并告诉这名男子他可以聘请一名侦探开展调查行动,以便到法庭上去控告邻居的行为。他们还主动去和这位邻居讨论此事。这名男子"表现出了极大的感激",并同意当警察去找邻居谈话时,回到自己的房子里面。

当警察敲门的时候,邻居"花了一段时间"才回应敲门声。当她最后开门出来的时候,其中一位警察说:"你的孩子给隔壁邻居制造了很多麻烦,那是怎么回事?"这位妇女带着外国口音回答说,她对这件事一无所知:"不,警官先生,我不知道你在说什么。"警察回答说:"是的,你知道,不要给我玩这套把戏。"然后这个女人说:"不,没有什么把戏,很遗憾。我的孩子什么也没做。当那些他所说的事情发生的时候,孩子们正在学校上课。"这样的交流持续了一段时间,直到最后警察宣布:"夫人,现在你听我说。你最好做点什么,尽快与你的邻居解决这件事,否则你会发现自己被告上法庭。如果我们再次收到这样的报警电话,你会发现事情还没结束自己很可能就身陷囹圄了。"说到这里,警察突然转身离开了。回到巡逻车后,其中的一名警察说:"我知道那个婊子。我过去常常处理他们住的地方发生的同样的事情。这个婊子养的,她真给我们添了不少麻烦。"他接着说这名女子和她丈夫是马其顿人,非常富有。也许这位警察过去与她相处的经历解释了她被粗暴对待的方式,但即使是这样,如果某一个人是其他家庭指控的对象,警察也不会像他们在其他情况下做出价值判断那样给予评判。此外,当事人双方都不知道对方向警察提出什么样的要求,因此,也没有人被公开地定义为应负责任的一方。还应该注意的是,警察在处理这起打破窗户的案件中,与处理那些普通下层社会的丈夫和妻子之间的暴力案件相比,投入了更多的时间和精力。虽然报案人是黑人,但是他属于中产阶层,代表了

168

一个家庭。

样本中的其他案例还表明，家庭成员身份，如同财富和亲密关系一样，能够提供一定程度的刑事豁免。在一个案例中，一名白人女子打电话给警察投诉说，一个明显喝醉了的男人脱了鞋，睡在她的前门廊上——在这种情况下，警察很可能逮捕这名男子。但在他们到达后，报案人意识到醉汉可能是她的邻居。事实上，他恢复意识后证实自己确实住在附近。随后，一名警察送他回家，并没有采取进一步的行动。即使在涉及邻居之间的暴力的情况下，警察也不愿意使用惩罚的方式，通常只是简单地建议双方当事人各自回家，尽可能地远离对方。①

在邻居之间的纠纷中，虽然群体的作用尤为突出，但是警察在其他背景中也会遇到群体行为者。例如企业、学校、教会或其他组织的任何投诉，都可能以这种方式进行解读。例如一位观察员可以很容易地看出，在这些案件中，警察往往会表现出特别的关注。即使是临时性群体，在与警察打交道方面也比个人有优势。例如在一个家庭中，两个或两个以上的当事人可以组成一个联盟，组成一个反对个人的群体。当这种情况发生时，该群体就占有优势。当报案人以这种方式组织起来时，警察更有可能顺应报案人的请求；或者当违法者是一个群体时，警察不太可能利用其职权来对付他们。观察员的报告还表明，通常情况下不容易受到逮捕的人，当他们遇到一个群体联盟时，往往也会丧失很大一部分豁免权。

例如在这样的一个案例中，一名年轻的黑人女子在正门前的草坪上碰到警察，她说她的父亲殴打她的母亲。当他们进入公寓的时候，这名母亲正在号啕大哭，说她要对她的丈夫提起诉讼。这名丈夫问了她好几次："为了什么这样做？这会让我们付出 25 美元的代价，你知道的。"警察以"扰乱治安"为由逮捕了这名男子。女儿与她母亲形成联盟，使得警察实行了少见的逮捕。在另一起案件中，警察遇到一名女子，她告诉警察，她的丈夫"喝醉了"，并一直在"制造骚乱"。这栋大楼的房东也在场，他也赞同这位妇女的主张。警方发现这位丈夫正"懒洋洋地躺在"二楼楼梯平台上，因为他被关在了他们的公寓外面。那个女人想让他们逮捕他。但是警察提醒

169

---

① 相互或单方面的回避本身就是对社会冲突的一种重大反应，并且经常作为法律或其他社会控制的替代物出现（Furer-Haimendorf, 1967：22；Felstiner, 1974；Koch, 1974：27-31）。梅利讨论了在美国住宅项目中避免使用的方法（Merry, 1979）。

她，如果他们逮捕他，她丈夫将被关押近六个月，但她"认为这很好"。随后该名男子被警察以"醉酒"为由拘捕。观察员指出，这名妇女曾多次报警，但警察一直拒绝逮捕她的丈夫，"理由是他在自己家里"。然而这一次，她不仅把他锁在外面，而且"让她的房东在现场支持她"。

如果双方都得到其他人的支持，这可能会造成一个僵局，导致双方都没有明显的优势。在一个案例中，被指控的和报案人双方都有朋友支持，结果警察拒绝采取行动。在这样的一个案件中，一名白人男子被指控"喝醉了酒"，并一直"公开地威胁他的妻子"，于是她和她的一些邻居希望警察逮捕该醉酒男子。这名男子在街上"语无伦次地大喊大叫"。但他也得到了一位朋友的支持，这位朋友在与警察的交谈过程中，对该男子的所作所为"轻描淡写地说出了许多细节"。然后这位朋友"漫不经心地把'罪犯'带走了"，警察同意不逮捕他，尽管最终那个酗酒的人"开始臭骂"他唯一的支持者。这位观察员指出，"显然，一切还没有结束"，警察离开时还在一厢情愿地希望和平解决争端，并报告说"恢复了和平秩序"。

联盟的形成为一方或当事人双方提供了一定程度的组织支持，警察的行为也相应地有所不同。从邻里纠纷中可以看出，当群体之间发生冲突时，警察是不愿意选边站队偏袒任何一方的。与此同时，如果一方是一个群体，另一方是单个的人，那么在争端中群体一方将占有优势。如果提起控告，与单个人一方相比，群体一方则不太可能受到刑罚方式对待，而且群体一方的诉求更有可能得到警方认可。

5.5.7 合法性

人们对社会控制的定义和反应或多或少是合法的。从这个意义上说，合法性是可定量分析的，它经由人们与社会控制主体的合作程度而为人所知（Weber，1922：324-327）。一种极端的情形是，他们可能对警察非常尊重和顺从，或者他们可能只是简单的礼节性地对待、倔强地抵制但实际上不尊重警察，甚至对警察充满敌意或者公开反抗警察。在许多情况下，对那些实施社会控制的人所采取的敌对行为本身，也可以被理解为是一种社会控制，这是一种自下而上的判断，但这种行为通常被社会控制对象视为是一种侵犯。事实上，社会控制的量与其合法性之间似乎呈现出一种曲线关系，因此在某种程度上，人们接受社会控制的程度越低，他们所经历的社会控制反而

170

越多（Black，1971：1108－1109）。① 至少在法律生活中，质疑社会控制合法性的人似乎特别容易受到刑事制裁。因此在现代美国，"藐视法庭"是犯罪，各种"妨碍司法"的行为也是一种犯罪。②

当警察处理纠纷时，他们的合法性可能受到多种挑战。例如人们可能拒绝警察进入私人场所、拒绝回答他们的询问、无视他们的命令、侮辱他们，甚至对他们进行人身攻击。虽然在绝大多数的警民会面接触（87%）过程中，当事各方都尊重警察，但仍然有为数不少的人并不尊重警察，这些案件特别值得更进一步的深入研究。正如可以预料的那样，最有可能对警察干预行为的合法性提出质疑的，恰恰是受到指控的一方。在6%的案件中，被指控的一方对警察不尊重，但也不是暴力相向。在3%的案件中，这种不尊重变成了暴力对抗。然而，有时是报案人转而反对警察，这通常发生在当他或她无法说服警察对被指控的一方采取特定行动的时候。在3%的案件中，报案人不尊重警察，在1%的案件中，表现出了对警察的暴力倾向。在一起案件中，警察遭到了代表冲突双方利益的几个人的暴力袭击。警察接到报警电话，称"一名妇女正在尖声呼叫"（显而易见，后来得知是邻居拨打的报警电话）。当他们乘坐电梯到达事件发生的楼层时，他们听到一名妇女的尖声喊叫："救命！救命呀！他要杀了我弟弟！"但他们一走出电梯，就有人大叫："谁他妈报警让那该死的警察进来的？"于是，一名男子随即冲向走廊里的一名女子，警察试图控制这两人，拉住他们的手臂。在这个时候，另一名男子加入了冲突，并"诅咒和殴打"其中一名警察。与此同时，另一名女子也加入进来，击中了一名警察的眼睛。所有当事人都是下层黑人工人。最后，四人中有三人被捕，其中包括那个"尖声呼叫的女人"，她试图用一盏破灯袭击一位警察。在整个冲突过程中，一位警察的一只手臂骨折了，腹股沟被踢了一下，其他部位受到了几下重击，还有两处被咬伤。观察员也认为，为了保护自己免受这些公民的袭击，在这种情况下警

171

---

① 在法律权威的合法性受到质疑时，如警察和其他武装部队在暴乱或革命面前撤退或投降时，社会控制就会完全崩溃。也许这是对前面讨论的案件的一种解释，在这起案件中，当一名男子用枪威胁警察时，警察退缩了。

② 有人认为，以发展的眼光来看，法律制度在合法性最不稳定的时候是最具惩罚性和压制性的。因此，当法律第一次施加于某一群体时，它往往会遇到最大的阻力，而在这些条件下，刑罚才是最明显和最严厉的。

察使用武力是必要的。

无论如何，无论当事人是谁，无论他们之间的关系如何，如果他们对警察的干预做出不合法的反应，他们就可能受到刑事处罚，往往是逮捕（Piliavin and Briar，1964；La Fave，1965：146–147；Black，1971：1097–1104，1108–1109）。事实上，对于争端中实施的逮捕，相当一部分都是因为这些反应，几乎 1/4 的逮捕发生在被指控的一方对警察表现出敌意或不妥协让步的时候（23%），另外 12% 的逮捕发生在其他策略未能按照警察的设想解决问题的情况下，6% 的逮捕行为发生在有关各方之间爆发暴力冲突之后（尽管警察努力防止这种情况的发生）。因此，在所有的逮捕行为中，有 41% 可以解释为是由公民未能认可警察的合法性所造成的。① 下面再考虑一下几个关于这一模式的说明。

在一起案例中，事情起于一名白人女子请求警察护送，她想从丈夫那取回自己的衣物。她说他"喝醉了"，并殴打她，还"用劲地殴打"他们的孩子。然而，警察发现他已经把门锁住了，因此不得不把门撞开。他们进去以后发现这名男子睡着了，并把他唤醒。在这个时候，"他开始向警察挥舞拳头"。于是警察的行为也开始变得具有暴力性，用脚踢了他的头部两下，并且用力地牢牢拧住他的手臂。他们以"酗酒"的罪名逮捕了他（Parnas，1967：920）。在另一个案例中，一名白人男子应声开门并否认屋里有任何人呼叫了警察，但是他的妻子走向前来对警察说是她打的报警电话。丈夫迅速关上门并上锁。警察警告他，如果不开门，他们就要破门而入了。当他仍然拒绝让警察进去时。他们撕破纱窗，打开纱门，然后踢开大门，立即以"扰乱治安"的罪名逮捕该男子。显而易见，警察并没有调查他的妻子为什么要报警。在另一个案例中，警察接到了一对黑人夫妇的报警电话，他们投诉说他们的儿子在参加完高中毕业典礼后，"叽里呱啦"地高声喧哗着回家。他们感到恼怒的不仅仅是他的喧闹行为，而且因为儿子没有邀请他们参加这次毕业典礼。尽管如此，他们明确表示不希望警察逮捕他。然而这位年

---

① 比宾斯基（Pepinsky）认为，令人印象深刻的证据表明，在涉及暴力的家庭纠纷中，对警察介入干预的合法性不予认同是导致逮捕行为发生的一个主要原因：
　　一位长期负责家庭纠纷培训工作的纽约市警察局上尉警官证实，至少在报警中声称的所谓家庭"伤害"案件中，巡警通常只在他们受到攻击时才会实施拘捕，而不论其他公民在纠纷中是否受到威胁或伤害（Pepinsky，1976a：63）。

172 轻人对警察非常无礼，反复地说"×你妈的，你们这些白人狗杂种"。他因"行为不检，扰乱治安"被捕。观察员补充说，逮捕是为了"向他表明要遵从法律和听从父母"。

当警察到达的时候，即使简单地拒绝警察要求保持安静的命令，都可能导致逮捕。在一起案件中，一名白人女子报警，因为她丈夫在他们的公寓里制造了"骚乱"。警察赶到后，这名男子继续"大喊大叫"，并咆哮着说"反正我不想活了，你们开枪打死我吧"，因为他认为他不是他孩子的亲生父亲。他因"扰乱社会治安"而被捕。观察员解释说，这是因为他"桀骜不驯"，难以控制。另一起案件涉及一名黑人妇女指控她的嫂子"猥亵"了她的孩子，当警察赶到报警现场时，这场冲突仍在持续。被指控的一方"变得勃然大怒"。据观察员描述，"她的尖叫声非常响亮，这迫使警察把她关起来，尽管她对自己的行为深感后悔"。虽然罪名是"醉酒"，但观察员指出，这只是警察"拘捕并带走她的一种理由而已"。

警察往往倾向于将这种逮捕作为"恢复秩序"的一种正当理由，但他们的做法也可能被理解为警察权威受到挑战的应对方式，不管这种挑战是明显的或是含蓄的。事实上，在面对面的警民接触中，直接对警察发起挑衅被视为是一种相当严重的犯罪。例如在一个案例中，在一名黑人声称"警察无权掺和私人事务"之后，立即被以"扰乱治安"为由逮捕。这是在他妻子报警投诉声称他"殴打和踢她"的情况下发生的。警察通常以调解而不是惩罚的方式处理这类问题，这是一个非常轻微的小问题。

由于绝大多数人愿意承认警察的合法性，在处理案件时，这一变量的重要性通常情况下并不那么明显。只是在个别情况下，当个人拒绝对警察权威表示尊重或公然反抗时，这种重要性才会显现出来。从这一点上看来，警察实施社会控制的刑罚方式与赋予其权威的合法性恰好负相关。

5.5.8 其他变量

上述各节详述的调查结果，包含了在本研究中发现的警察解决争端的主要模式。然而在少数案件中，只有在参考了通常情况下不相关的那些因素之后，才能理解警察的回应方式，包括其他类型的社会地位、纠纷各方通常情况下并不常见的社会关系，甚至是通常情况下并不存在的其他类型的社会控制的因素。

虽然每一种社会地位在法律制度中都很重要，但通常情况下，警察并不了解他们所遇到的人的所有社会特征。例如他们往往不知道一个人是否被雇用，是否为某一个种族的成员或其他文化少数群体的成员，或者是否有犯罪记录或其他不良记录。但是所有这些特征都可以解释警察如何处理一起案件。如果被指控的一方有工作或有子女，这就意味着他或她能够更深地融入社会生活，而且——在其他变量保持不变的情况下——使这种人不那么容易受到警察权威的影响（Black，1976：49-53）。因此，在一个案例中，一名黑人女士因为她的前夫在企图看望他们的孩子时，"引发了混乱且当众无理取闹"而报警。她说根据法院命令，他只能在星期六来探望孩子（现在才星期五）。她指出类似的冲突此前就已经发生过多次，她似乎只想让警察实施逮捕。但是当警察了解到被指控的一方是一名出租车司机的时候，他们只是简单地警告他说此类"争端"可能危及他的工作，而并没有采取进一步的行动。在另一个例子中，一名黑人男子希望警察逮捕他的妻子，因为她"有点神经病，不适合照看他们的孩子"。她显然只是喝醉了酒而已，对所有人都大声吼叫。其中的一名警察建议这名男子带她去戒酒诊所，还补充说他也想以"扰乱治安行为"为由逮捕她，但是"这样做就意味着要把五个孩子全都送往妇女事务局，对这样的结局他们肯定不会高兴的"。

虽然有工作或抚养子女可减少被指控犯罪的可能性，但其他特点也可能造成不利影响。例如一个已知生活方式放荡不羁的或有犯罪记录的人，更容易受到警察权力的攻击（Black，1976：69-73，113-117）。在一个案例中（不在样本中），警察发现一名醉酒的黑人男子躺在公园的草地上，从脚踝到胸部都裸露着，在那里"自娱自乐"（自慰），因而被警察逮捕。然而在对他提出指控之前，警察检查了他的前科记录。观察员称，由于"该男子没有性犯罪的前科，因而只被指控'酗酒和妨碍治安'"。如果是有有伤风化的"露阴癖"的犯罪记录的男子的话，其结果将会是受到完全不同的犯罪指控。一方面，如果发生纠纷，身份不正常的人（deviant identity）更有可能成为人们向警察投诉的对象，更有可能被警察界定为应负责任的那个人，更有可能受到严厉的对待。另一方面，如果这样的人报警投诉其他正常的人，报案人的请求就不太可能获得满足。在这样的一个案例中，一名已婚女子的丈夫突然回家，此时正在床上与该女子鬼混的一名黑人男子急匆匆地从后门跑出去，发现当他与该女子胡搞时，她的孩子将工具从卡车上拿走了。然而，当这名男子向警察投诉时，警察告诉他说："这是你言行失检胡搞的代价。"在另一起案例中，一名白人女子向警察投诉声称她的丈夫殴打她，但是当警察了解到她最近才从精神病院回来时，该投诉马上被忽略掉了。尽管在大部分案件中，警察不知道某个人是否有越轨行为的记录，只有在面对面的接触中了解到的事实的基础上，才能决定是否继续提起犯罪指控。

174　　警察和公民之间的社会关系也有助于解释他们在接触会面中所发生的事情，但在本研究中，其影响是模糊的，这是因为不同案件之间的差异很小。除了通过以前的电话辨认出的人（如经常报警投诉的"常客"）外，警察一般不认识他们遇到的公民。毫无疑问，尽管与了解所发现的模式有关，但样本不支持系统地评估这一因素的强度。不过，有两宗涉及休班警务人员的个案是值得注意的，因为它们描述了警察与被指控一方之间的密切关系，如何使警察为他或她提供某种程度的刑事处分豁免。这两起案件都涉及警察妻子提出的殴打指控。在一个案件中，据称这名警察在街上追赶他的妻子，用他佩带的左轮手枪威胁她。在另一个案件中，报警的妻子说她的丈夫从后背殴打她，她的后脑勺被打出了一条裂口。在每一起案件中，事件都是交给高级官员处理的，他们在没有采取任何官方行动的情况下设法使一切事情都得到了圆满的解决。在第一个案件中，观察员指出，被指控的警察在警察局受到"非常小心的对待"。他的妻子被告知，她提出指控是不明智的，因为"这只会伤害孩子们"。在另一起案件中，这名警察的妻子一再高喊，说她丈夫的同事会"像过去一样把他弄出来"。这一预测是正确的，她最终被说服不再提起追究其丈夫责任的指控。在另一次接警会面中（就本研究的目的而言，那不算是一场争端），警察释放了一名显然喝醉了的黑人，虽然他都已经倒伏在车的方向盘上了，仍然允许他驾车离开。处理这起事件的警察看到他的搭档（也是黑人）用观察员所说的"友好的态度"问候这名醉酒司机，"好像他认识他似的"。而且他还告诉那个人，如果他没有什么"问题"的话，他可以"继续走他的路"。当他回到巡逻车的时候，这名警官向他的搭档（一直待在车里靠近无线电的位置）评论说："要是你不认识他的话，我肯定把他铐起来了，很明显他的确喝醉了。"他的搭档回复说，事实上他根本不认识这名男子——"他不是我认识的那个人"。然而要逮捕这名男子已经太迟了，他已经驾车离开。

警察与当事各方之间的文化距离也与案件的处理有关。除了种族之间的文化差异（Rokeach，Miller，and Snyder，1977），在现代美国，两性之间存在一定程度的文化距离，男女在许多方面都有不同的生活方式。由于本研究中的所有警察都是男性，因此，警察与卷入争端的女性之间存在着基本一致的距离。观察报告中偶尔有迹象表明，这种文化差距表现为，与女性相比，警察对他们遇到的男性当事人表现出更大程度的理解和同情。在涉及两性之间的冲突时，这一点尤其明显。例如，回想一下那个说"我知道你的感受"的警察，那个男人在妻子试图带回那天早些时候他带走的孩子时，殴打了他的分居妻子。在另一起案件中，一名黑人女子投诉说，她分居的丈夫不愿离开她的住所，并提到他还拒付赡养费，但是警察对那个人非常友好。其中一名警察告诉那名男子，他认识他的在电话公司工作的女儿（"一个品行端正的好女孩"）。当警察离开公寓时，其中一个警察把手放在那个男人的肩膀上说："山姆，你是知道女人们的德行的。有时她们希望你围着她们转，有时候她们不想你在她们眼前。我想你明天最好找个机会与她谈谈。"他们结束了这场会面，开车送他回家，一切都是在男子气概的团结一致氛围下进行的。在另一个案例中，一名黑人妇女想让警察把她丈夫的堂弟从她家里带走，因为他对她的孩子说"脏话"。然而，他们拒绝这样做，告诉她如果要这样做就必须要有法庭命令，其中一名警察用下面的话驳回了她的投诉请求："他可能是拜倒在她的石榴裙下，而她则很恼怒。在同一个屋檐下这是很常见的事情。"最后，另一名观察员报告的一个案件提供了进一步的说明。当警察准备离开一对夫妻纠纷的现场时（涉及一对南方白人夫妇），其中一名警察低声对丈夫说："你为什么不出去给她买一罐鼻烟，也许你今晚会得到更多的愉悦享受。"然后，警察和善地拍了拍他的后背，而他则开怀大笑起来（Parnas，1967：935）。警察和妇女之间的文化距离，也可能有助于解释他们在处理殴打妻子的投诉案件时，为什么经常使用非正式调解方式。① 无论如何应当认识到，警察和公民之间的社会关系的任何方面——无

175

---

① 值得注意的是，在这些观察研究之后的几年里，美国各地的许多警察部门开始雇用女性普通巡警。此外，有少量的证据表明，处理家庭纠纷的女性警察可能比男性警察投入更多的时间和精力，她们可能采取更持久的解决方案，而且在任何情况下，她们受到暴力抵抗的可能性更小。

论他们是报案人还是被指控的一方——都不能被视为理所当然。因为这些特征处于不断变化之中，警察的工作也是如此。

另一个值得简单讨论的变量是，当事各方很容易接触到警察以外的社会控制人员。如前所述，那些自己有解决争端办法的人不太可能报警。因此可以理解的是，样本中很少有家庭成员、邻居或其他第三方能够或愿意干预他们之间的纠纷。在少数情况下，救助于这些人来解决纠纷的可能性引起了警察的关注，但他们完全规避了这种可能性，把问题留给其他人来处理。例如在一个被指控的一方不在场的案件中，一名白人女子说，她的丈夫（一名海员）发现她待在朋友的家里，并在她抱着孩子时对她拳脚相加，"连打带踢"。警察告诉她，鉴于她丈夫在海军服役，她应该给海岸巡逻队打电话投诉。更多的情况是，警察往往对公众中的一部分人放弃行使警察职权。在一起案件中，他们被派去处理一名"扰乱治安的男子"，并遇到一名黑人女子，她把他们带到起居室，发现被指控的一方正"烂醉如泥"地躺在地板上。那个女人"很固执地说她想把他赶出去"。通常情况下，警察可能采取措施逮捕这名男子，但在他们采取任何行动之前，报案人的丈夫——显然是被指控一方的朋友或亲属——赶到现场并对该男子表示了"同情"。他要求警察不要逮捕这名醉酒男子，并向他们保证"他会找辆出租车把他送回家"。这位女士持续地对那个男人进行投诉，要求警察逮捕他，但是警察无视她的抱怨，其中一名警察以挖苦的语气对她说："你真是帮了个大忙。"最后，他们帮忙将该男子从公寓抬到街上，然后将他留给报案人的丈夫照看。

5.6 有关商业纠纷的记录

在观察期间，警察处理了一些商人与其客户之间的纠纷（6 起案件）。这些案例被排除在样本之外，因为它们不涉及有持续人际关系的人。尽管如此，还是有机会通过这些案件审视一些鲜为人知的警务工作，这些工作与更大的研究主题密切相关，值得花几页篇幅。

然而，在讨论这些案件之前，不妨特别提一下房东和房客之间的纠纷，这些纠纷被放在样本中，因为它们通常涉及关系密切的当事人之间的纠纷，而不是日常商业交易中的情况。虽然房东与房客之间的租赁纠纷只占样本的

5%，但其中只有少数个案与合约性质有关，其余个案涉及噪声问题及打架斗殴等问题。此外，这些与契约义务有关的纠纷案件，也可能因超越租赁与房客关系本身的个人因素而变得更为复杂。例如在一起涉及白人的案件中，一名房东告诉警察，一名每月支付 25 美元房租的女子"喝醉了"，"想要杀他"。他想要警察把那个女人从他的房子里撵走。受到指控的一方说，房东"喝醉了"，她没有做他声称的那些事情。经过进一步的调查，警察告诉房东说，他只能去租赁法庭（renters' court）提起控告。一名警官补充说："你不应该每当房客拒绝与你睡觉或拒不为你做饭就报警。"后来他又补充道："他与她同居已经有 3 年了，现在却想把她赶出去。"在另一个案例中，一名白人女子向警察投诉她的厕所堵塞了，并且污水已经溢得满屋都是，她的房东却拒绝采取任何措施。当一名警察上楼去跟房东谈话时，他了解到双方是兄妹关系。知道这些情况后，警察立即转身离开。不过观察员注意到报案人已经"处于精疲力竭状态而且有点歇斯底里"，大喊大叫道："在他对我做了这么多事之后，我不认为他是我兄弟！"正当警察要出门离开的时候，一名警察告诉她说："女士，这是一个民事问题。"而且也提到她的兄长说了"管道没问题了"。在另一个案例中，一名公寓经理（白人女性）请求警察赶走一名正坐在后面台阶上的男子。这名男子告诉他们他住在那里（5 号房间），但是经理坚持认为他在撒谎。警察随后去 5 号房间跟那里的一对夫妇谈话，这对夫妇告诉他们这名男子是经理的弟弟，也是他们的朋友，当妻子（住在城外）不来探望时他就待在房间里。经理开始时极力否认被指控的一方是他的弟弟，但是最终还是承认他确实是她的弟弟。一位警察告诉她说："可能有许多像他那样的房客愿意一个人待在房间里并分享租金。"此时，经理给房屋所有者打电话，并要求警察与他交谈。房主告诉警察，"房屋规则"向所有人清楚地表明，"除了合法租房者外，其他人不得任意占用出租房屋"。警察挂断电话后，告诉被指控的一方，他不能再居住在那间房屋里了，如果他回去就会被逮捕。

　　这些案件表明，警察不愿对涉及个人因素的商业纠纷采取强制行动。但是当缺乏这些要素时——如前面一个案例的结论，房屋所有者与被指控的一方没有任何关系——警察似乎愿意干涉这样的纠纷，运用他们所拥有的一切手段进行干预。事实上，在这种情况下，警察甚至可能采取超越其正式权限范围的强制行动。在另一起案件中，一名白人女子投诉称，另一名白人女子

"扭伤"了她的手臂。据了解，被指控的一方向报案人租用了一间房间，并预付了她第一个星期的房租 30 美元。然而当她试图搬进房间时，她发现以前的那个房客还没有搬出去。随后她去找房东，要求退还她的 30 美元，但房东告诉她不能返还预付金："我不会退款给她，合同就是合同。"正在这个时候，准房客变得暴躁起来，于是房东打电话报警。听完事件陈述之后，一名警察告诉房东她应当将这 30 美元的预付租金退还给这名女子。但是房东拒绝了警察的要求，因此警察威胁要逮捕她，并告诉女房东要是一直不退还这笔钱，那就构成了"普通盗窃罪"。虽然最后她让步了，但是她要求知道警察的姓名和警徽编号，而且还威胁要去投诉他。警察回答她说："你愿意投诉你就去告吧，我收到的这类投诉信可不少。"同时，他也警告她说不要给他添堵，那是自找麻烦："我会让房屋督察员经常检查你出租的房屋。"于是，这件事以补偿的方式得到解决，但是解决方法是以刑事惩罚的威胁为支撑的。正如更多的例子所显示的那样，这种情况是极不寻常的。本研究收集到的少数案例以及其他证据（Westley, 1970：71-72）表明，通常情况下商人对警察的态度都是尊崇和友善的，而且每当发生纠纷的时候，警察也非常倾向于支持商人一方的诉求。

在观察员记录的 6 起商业纠纷中，其中一起涉及一家鞋店的白人店主。他投诉说一名黑人男子在他的商店"寻衅滋事"。该男子的妻子买了一双鞋，他们发现鞋子"破了个口"，并要求老板退款。店主拒绝了男子的退货请求，并指着收银机上的一个牌子说，上面清楚地写着"一经出售概不退货"。这名男子继续与鞋店老板理论，这时鞋店老板报警叫来了警察。当这名黑人男子看到警察来时，大声嚷嚷道："瞧，他们居然派来了两名白人警察来处理此事！"同时转身对鞋店老板说："你赚黑人的钱，而不是白人的钱！"这名男子使用粗俗的言语辱骂店主，其中的一名警察警告他"注意自己的语言"。在了解这次事件的真相后，警察指着收银机上的标志告诉这名男子他必须离开。虽然他勉强同意离开商店，但是他声称会将此事向商业改善局（Better Business Bureau）以及全国有色人种促进会（National Association for the Advancement of Colored People）投诉。在这次接触后，两名警察觉得黑人男子的行为荒唐可笑，他们取笑这名男子的威胁行为：竟然异想天开地想向其他部门投诉他们。

在一个类似的案例中，一名白人店主呼叫警察投诉一名年轻的黑人男子，该男子"大喊大叫"说店主没有找他 20 美元的零钱，而老板声称已经给了他零钱。这名男子的母亲当时也在现场，并试图"让他冷静下来"，但是他继续索要他的零钱。警察（都是白人）在未能说服他不要这样大吵大闹之后，以"扰乱治安"的罪名拘捕了他。当该男子在警察局接受处理时，警察在该青年身上发现了一张皱巴巴的 20 美元钞票。尽管还不能确定这张 20 美元钞票是不是争论中的零钱。但是无论如何，该案件说明了如果顾客拒绝接受警察代表商人做出的裁决，可能发生什么样的情况。

　　另一起案件显示，警察为了支持商人的商业活动，可以在多大程度上扩展自己的职权范围。有这样的一个案例，一位白人顾客打电话投诉汽车服务站，认为他们的收费过高且多收了自己的检修费。这名男子——他似乎一直在饮酒——告诉警察说，他把车留在服务站要求他们对汽车发动机进行一次"常规检修"。当他回来时，他收到了一张账单，他发现相对于他们所做的检修工作，账单的价格明显过高。他把账单递给其中的一名警察说："你瞧瞧看，价格太高了吧！"这名警察对此保持沉默。这时，服务站的那位白人老板或经理走过来大声说道："他就是一个醉鬼，不想付钱而已。"这个时候，其中的一名警察不怕麻烦地逐项检查这张发票的服务项目，并对每项工作的服务价格的公平性做出评论。正当他这样做时，老板走过来说："除非他支付服务费，否则不能开走他的车。虽然他来的时候完全清醒，但是当他走进隔壁酒吧喝得挂在墙上（酩酊大醉）时，我们正忙着检修他的汽车。"这时，一名警察对这名顾客说："你最好是支付费用。他有权扣留你的汽车，直到你付完费用。"这名男子说："天呀，你怎么会这样做？我的耶稣基督啊！"警官回复说："如果是我的话，我会支付这些费用；检修费的价格没有错。"最后，这名男子支付了检修费，还感谢警察对他的帮助。在另一个案例中，警察收到呼叫电话前往处理一起"在餐馆发生的骚乱事件"，到达现场后发现是这样的一起纠纷：顾客是否有权要求免费在他的三明治里放生菜和西红柿。这名顾客是一名黑人男子，黑人服务员告诉他如果要添加生菜和西红柿的话，需要另外再付 10 美分，而这名顾客认为应该免费提供生菜和西红柿。警察告诉他说，他可以向餐饮协会投诉，同时仍然需要支付这 10 美分。顾客听从了警察的要求。另一个案例——尽管从严格意义上来说这不是一起商业纠纷——也说明了警察帮助商人的意愿，如果他们愿意的话，还可以提供一个财务上的解决办法。一名白人聋哑人进入了一家酒吧

179

（经常有白人光顾），想要散发写有手语符号的卡片并进行募捐。然而酒吧经营者告诉他的顾客不要给这名聋哑人任何钱财。他的这一做法激怒了这名聋哑男子，他走出酒吧并砸坏了一扇窗户。一名顾客把他从外面拉回酒吧并扣留了他，直到警察到来。警察告诉那名聋哑男子必须赔偿酒吧的损失，并在那里看着他支付损失费。

应当补充的是，每当商店管理人员提出要求时，警察通常会将类似的被指控者驱赶出去。在一起案件中，一家酒吧的老板（一名亚裔美国人）要求警察把三名黑人带走："我要这些人立刻离开我的酒吧。"没有问为何要逐出这些人，警察（都是白人）只是简单地说："出去吧，伙计们。"这些黑人耸了耸肩，都离开了酒吧。

简而言之，通常情况下，商人似乎能从警察那里得到他们想要的东西。他们经常想要的是一种财务清算的解决办法，一种通常与民法而不是刑法有关的社会控制。尽管如此，警察也能让他们如愿以偿。

5.7　成文法的相关性

到目前为止，警察处理纠纷的方式已经呈现出来，但是在进行分析的时候几乎完全没有考虑到成文法的相关规定。前文已经指出，将近一半的案件涉及暴力，几乎 1/5 的案件涉及武器，但是在按照律师或法官可能使用的类别对其进行分类方面，我们还没有展开分析。此外，没有从法律程序规则或任何其他形式的正式义务（formal obligations）的角度审视警察所采取的行动（Goldstein，1960；La Fave，1965）。本研究的目的是从社会学的角度而不是从法律的角度来理解警察解决纠纷的问题。从现代美国成文法的角度看，如果只是为了本研究目的的话，仅仅提供一个法律视角的分析就已足够了。这也使得人们能够评估警察所做决策的实际价值，因为警察通常参照成文法的规定来解释他们的行为。可以看到，无论成文法在多大程度上被用来证明警察处理纠纷的合法性或正当性，成文法的规定似乎与警察的实际行为并不十分一致。

样本中的 317 起案件都被分为不同的类别，以确定它们是否具有提出任何形式的法律诉讼的理由。如果存在提出法律诉讼的理由的话，这些理由是民事的还是刑事的？如果是刑事犯罪，则将案件进一步归类为"重罪"或"轻罪"(前者指可判处一年以上监禁的罪行)。然而必须强调的是,合理地运用这些类别往往是一个观点问题,而不是事实问题。此外应当指出的是,除非事件的事实细节对观察员来说是不言自明的,否则分类只能以报案人对所发生情况的说法为基础。因此可以概括地说,在大约1/4(26%)的争端中,没有任何提出刑事或民事诉讼的理由。有9%的案件没有明显的刑事要件(criminal elements),但可以被视为属于民事范畴,例如涉及在婚姻破裂后,子女监护权或财产分割的纠纷。因此超过1/3的案件与刑法没有任何关系。但是从另一个极端来看,约1/5的纠纷涉及重罪(18%),几乎所有这些纠纷都是暴力性质的,例如涉及枪支等武器的使用或威胁杀人的人身攻击。超过1/3纠纷案件可被归类为"轻罪"。根据这种分类,暴力和非暴力案件的比例大致相当(分别为17%和20%)。最后,其余的案件不能归入任何主要类别,原因是观察员的报告没有包括关于刑事暴力事件的足够详细的资料(6%);或者因为争端不符合任何分类(5%)。例如后一种情况涉及这样的一个案例:一对中年夫妇照料他们女儿的孩子,并且不愿意让女儿带回其孩子。另一宗案件涉及一名老年黑人男子,他想要一个年轻人和他的女朋友搬出他的公寓。这两人 181与他没有血缘关系或婚姻关系,也没有付房租,但他们声称,他们已经"照看"这名男子长达6个月,他"又老又瞎","没有人照顾他",因此他们拒绝离开(一听说他们没有关系之后,警察告诉这对年轻情侣他们没有合法居住权,必须得搬走,并且一直待在那里直到他们将行李打包并装上出租车后才离开)。对这类案件,在目前的分析中最好将其放在未经分类的案件中。

如前所述,在美国不同司法管辖区内,成文法中逮捕的具体含义并不完全明确,但警察有权在没有获得正式逮捕令的情况下实施逮捕,只要他们有"合理理由"认为某人已经实施了严重犯罪行为。在轻罪的案例中,他们通常必须目睹犯罪行为的发生或得到公民经过宣誓的控告,才能实施"合法"逮捕。由于重罪案件的逮捕条件限制较少,而且重罪意味着"犯罪危害程度更严重",会受到更严厉的惩罚,可以预料到的是,当发生了类似的事件时,警察可能进行逮捕。可以预料到与轻罪案件相比,当发生重罪案件时,警察实施逮捕的可能性更大。事实上,在出现类似事件且受到指控的罪犯容易抓获时,警察通常会拘捕他们(对本书中分析的案例也是如此）。尽管如此，如表5-13所示，更常见的情况是对那些并不明显的严重犯罪的犯罪嫌疑人允许其保持自由，而且与那些轻罪的犯罪嫌疑人相比，他们只是稍微更容易受到逮捕而已。在涉及暴力的案件中，有1/4左右的人被逮捕。在实施逮捕的案件里，有超过1/4的案件涉及暴力重罪，近1/5的案件涉及暴力轻罪。在那些暴力程度不明确的案件中逮捕率最高（超过40%）。涉及民事诉讼和非暴力轻罪的案件逮捕率最低（平均每20人中只有1人受到逮捕）。最后值得注意的是，在没有任何刑事或民事诉讼理由的案件中，有17%的人遭到逮捕。绝大多数从形式上看容易受到逮捕的人仍然保持自由，但是确有少部分从实质上看根本没有犯什么罪的人却被送进了监狱。

182

表5-13　逮捕率情况（根据报案人的法律地位）

单位：%，件

警察采取的行动	报案人的法律地位								
	重罪（暴力犯罪）	重罪（其他类型）	轻罪（暴力犯罪）	轻罪（其他类型）	暴力犯罪（类型不明）	民事诉讼	没有理由采取法律行动	其他	全样本
逮捕	27	(2)	17	5	37	4	17	—	16
不逮捕	73	(2)	83	95	63	96	83	100	84
合计	100	—	100	100	100	100	100	100	100
案件总数	(52)	(4)	(52)	(61)	(19)	(23)	(78)	(10)	(299)

注：括号中数据为案件数，非括号中数据为百分比。当统计学意义上的案件总数太少不足以得出一个具有普遍意义的结论时，使用括号中的数据。

183　　成文法的规定与警察处理纠纷的方式也没有多大关系。在涉及暴力的案件中，超过一半的案件主要是用调解方式处理的，这一比例与没有任何明显理由采取法律诉讼的各种案件几乎相同，仅略低于民事诉讼案件（见表5-14）。在暴力程度分类不明确的案件中，不太可能采用调解方式，在所有非暴力的轻罪案件中，运用调解方式的可能性更是微乎其微。最有可能采用调解方式处理的案件是暴力轻罪。因此，成文法并不184　能准确地预测某个事件是被当作犯罪行为来处理，还是仅仅被当作人际冲突来处理。

表 5-14　警察行使社会控制的主要方式（根据报案人的法律地位）

单位：%，件

社会控制方式	报案人的法律地位								
	重罪（暴力犯罪）	重罪（其他类型）	轻罪（暴力犯罪）	轻罪（其他类型）	暴力犯罪（类型不明）	民事诉讼	没有理由采取法律行动	其他	全样本
调解	54	(2)	65	33	47	61	58	40	52
刑罚	46	(2)	27	66	47	26	32	40	41
治疗	—	—	—	2	5	4	3	20	2
补偿	—	—	2	—	—	4	—	—	1
仅采取预防性措施	—	—	4	—	—	4	6	—	3
其他	—	—	2	—	—	—	1	—	1
合计	100	—	100	101	99	99	100	100	100
案件总数	(52)	(4)	(52)	(61)	(19)	(23)	(78)	(10)	(299)

注：括号中数据为案件数，非括号中数据为百分比。当统计学意义上的案件总数太少不足以得出一个具有普遍意义的结论时，使用括号中的数据。

此外应当记住，在被指控的一方无法立即被逮捕的情况下，警察的行为通常不会严格遵守成文法的规定（这些案件被排除在主要的纠纷样本之外另做了讨论）。例如当一名女子投诉称自己受到一名男子的殴打或以其他方式的伤害时，如果警察到达现场时被指控的一方并不在场，在提交的正式报告中，警察几乎从不将这一事件定义为犯罪（当受到指控的罪犯为人们所熟知且正在附近的酒馆饮酒或正躲在一扇紧锁的门后时，警察的行为也是如此）。在这种情况下，采取进一步的跟进调查、逮捕和起诉等措施，通常都是不可能的。除此之外，这类案件没有纳入每个城市公布的犯罪率的范围。

涉及使用武器的案件提供了更多与成文法相关性有关的证据。涉及使用枪支的案件比完全没有使用武器的案件更有可能导致逮捕（分别是 36% 与 13%），尽管使用的是临时找到的武器，可能导致逮捕的可能性也是如此（35%）。但是涉及刀具或类似武器的案件不太可能导致逮捕（17%）。虽然与完全不使用武器的案件相比，涉及使用临时替代性武器的案件似乎不太可能以调解的方式处理（分别为52%与41%），但是涉及使用枪支的案件和使用刀具的案件实际上更有可能以这种方式处理（分别为64%和61%）。在绝大部分涉及使用枪支或刀具的纠纷案件中（即使警察到达时持有武器的一方当事人正好在场）警察也不会轻易启动刑罚模式。正如本报告中的大量案例所示，在这种情况下，警察一般不将任何人界定为任何类型的罪犯。例如回想一下这个案例，警察不愿动员法律来对付已经下班的同事，该同事拿着一把佩枪在大街上追逐他的妻子。在另外一个案件中，一名男子用枪指着警察，拒绝让他们进入他的房间，他们只好撤退。同样，警察将其中一起涉及使用刀具威胁的案件贴上"民事案件"的标签，并解释说，由于这个原因，该案件"不该由他们来解决"。

或许还应在此再提及几个案例。在其中一个案件中，一名黑人妇女投诉说，她丈夫拿着一把枪恐吓她，但当她威胁要报警时，她丈夫就离开了。正当警察与该名女子交谈后准备离开她的房屋时，该名男子返回并持续否认他妻子的指控。观察员指出，这名男子的"臀部有一个明显的凸出物（可能是枪），当他的手从口袋里抽出来时，一颗子弹就掉了出来"。尽管如此，接警现场的警察并没有搜查该名男子，并拒绝逮捕他，理由是当他们"碰见该男子的时候他并没有使用枪支"。这名警察还决定不搜查这名男子的汽车，理由是这种搜查是"非法的"。

在另一个例子中，一名黑人妇女投诉称"她丈夫拿枪指着她的脸"。然而警察并没有在现场看到这把枪，警察说："由于这是一项轻罪指控，所以不可能进行搜查。"（据推测，这是一种故意瞒报的行为，因为他们肯定知道，根据成文法的规定，这种罪行是一项重罪。）警察把这名女子和她的丈夫都留下来，告诉她到市中心的法庭提起控告，如果她想要逮捕他，就去法庭申请逮捕令。他们把这起案件报告为"家庭纠纷"。在另一起案件中，警察去处理一名"持枪男子"的案件，他们到达时发现两名黑人男子——岳父与女婿——正在打架，并都发誓要杀死对方。观察员对这起冲突的描述如下："在他女儿结婚前，这个父亲与女儿有不正当的性关系。自从女儿结婚以来，父亲一直在骚扰他的女儿，主要是通过电话。这样的电话引发了他们之间的打斗"。当警察到达时，他们发现年轻的黑人男子手里拿着刀，但是没有证据表明其中一个人使用了枪支。报告称，冲突双方中的一方持有手枪。警察收缴了其女婿手中的刀（并说那个老男人"不值得他这样做"），告诉他去雇一位侦探调查他岳父所干的事情，并命令后者远离他女儿的住所。然而他们没有询问枪支的事，也没有明确承认父亲和女儿的性行为是乱伦，没有将该事件报告为犯罪案件。

在另一个案例中，一名女子拿着一把破冰锥跟踪她的邻居。警察告诉双方"他们不应该指望警察来解决他们之间的个人问题"。在另外一个类似的涉及刺伤的案件中，一名黑人男子站在他的门廊上"引诱"一名女子，他的妻子盛怒之下，拿着一把刀走下楼梯，刺伤他了的胸部。这名男子把她打倒在地，用脚不停地踢她，并夺走了她手中的刀。这名妻子随后报警，并希望警察将她丈夫"赶出家门"，因为她丈夫公开地这样对待她。警察不顾这名女子的请求，而去问这名男子是否要提起指控。其中的一名警察评论说："瞧，要是我们介入你们的纠纷，你们明天就会后悔。现在你不想我们这样做吧。"另一名警察也说："你这是在鬼混，难道不是吗？你是罪有应得。"最后，警察建议这名男子去"散散步"，直到他妻子"清醒点并冷静下来"。男子表示同意警察的建议。该案件被报告为"家庭打斗"事件。

除了众多的侵犯人身的刑事案件，警察还忽略了入室盗窃、恶意破坏财产、偷窃以及其他带有技术犯罪性质的案件。例如，在一起"恐吓电话"案件中，报案人（一名黑人女子）向警察提供了被指控一方的姓名和地址，但是他们把该事件报告为"恐吓电话——报警者身份不明"，由此确保不会有进一步的行动。这样的事件还可以举出更多。样本案例中提供的大量证据，足以说明警察在日常警务活动中经常忽视那些违反成文法规定的行为。在某些情况下，警察撒谎是为了使这样的处理方式在有关的人看来是合理的。当他们通过逮捕来动员法律时，他们经常对所发生的事情撒谎（Manning，1974）。因此，一些人因在私人场所"醉酒"而被逮捕，尽管在所研究的每一个城市，只有在公共场所醉酒才被成文法所禁止。一些因这一罪名被捕的人，甚至没有显示出任何饮酒的迹象。还有一些人因行为不端"扰乱治安"而被捕，如果按照正常的标准来衡量的话，他们的行为完全是平和的。

总之，用成文法来判断警察处理案件的方式，其价值是有限的。但是警察经常援引法律规定，利用法律来证明他们的许多行为的正当合理性。样本中没有包括的一个案例尤其说明了这一点。警察停下来调查在一辆停着的车里的三个白人少年。后来，观察员问处理这件事的警察是否给他们开了罚单。警察回答说："不，我没有发现什么问题。嗯，我的意思是，如果是别

186

人，我可能找出许多问题，但那帮家伙都是些古道热肠的好好先生。"警察是否认为某种行为违犯了成文法的规定，这在许多情况下取决于他们选择如何行使权力，而不是取决于其他因素。[①] 而这一选择反过来又取决于他们所处的社会环境。

5.8　结论

当警察处理互相了解的个体之间的纠纷时，许多社会变量可以解释所发生的事。无论警察是否将任何人界定为正确或错误，无论是采用惩罚、治疗、补偿或调解哪种方式处理纠纷，无论他们使用的时间、精力或权力更多或是更少，所有这一切都取决于纠纷在社会空间中所处的位置和方向。本研究中确定的主要影响因素及相应行为模式，可归纳如下。

5.8.1　种族

1. 警察把更多的时间和精力花在白人的纠纷上，而不是用在黑人的纠纷上。
2. 比起白人，警察对待黑人更具有强制性。

5.8.2　社会阶层

3. 与处理社会下层和工人纠纷上耗费的时间和精力相比，警察在处理中产阶层的纠纷时，会投入更多的时间和精力。
4. 警察对中产阶层更倾向于使用调解和治疗模式，而对社会下层和工人更倾向于使用刑罚模式。

5.8.3　家庭地位

5. 当户主在自己的住所产生纠纷时，警察会偏袒户主，支持其诉求。
6. 家庭纠纷中，双方地位越平等，警察越倾向于采用调解模式；双方

---

① 有人可能说，警察对成文法的解释，其作用与引用神话大同小异：

　　神话……不仅能附着于魔法，也能附着于任何形式的社会诉求。它总是被用来解释特殊的权益或义务，或巨大的社会不平等，以及解释巨大的等级负担……神话的功能不是为了解释而是做出保证，不是为了满足好奇心，而是让人们对权力充满信心（Malinowski，1925：84）。

地位越不平等，警察越倾向于采用刑罚模式。

5.8.4　年龄

7. 当成年人与青少年产生纠纷时，警察会偏袒成年人，支持其诉求。

8. 警察对成年人倾向于采用调解模式，对青少年倾向于采用刑罚模式和道德说教模式。

5.8.5　亲密关系

9. 随着纠纷当事人之间关系距离的增加，警察更可能满足报案人的诉求。

10. 纠纷中的当事人双方关系越亲密，警察越倾向于采用调解模式；双方关系越疏远，警察越倾向于采用刑罚模式。

5.8.6　群体

11. 当群体与个人之间产生纠纷时，警察会偏袒群体，支持其诉求。

12. 警察对群体一方倾向于采用调解模式，对个人一方倾向于采用刑罚模式。

5.8.7　合法性

13. 当警察的权力被赋予较少的合法性时，他们更倾向于采用刑罚和强制模式，但当合法性少到某种程度时，他们可能离开现场。

此外，有零星的证据表明，警察解决争端的方法因其他类型的社会地位（如有关涉事人员的社会融合情况、因循惯例以及名目等因素）、警察与争端中当事人之间的关系性质以及警察以外的社会控制的可利用性的不同而有所不同。除此之外，我们有理由相信，与公众发生争执的商人通常会从警察那里得到他们想要的东西。然而成文法的规定似乎与警察如何处理一个又一个的案件的行为并不那么密切对应。当律师可能期望他们逮捕时，他们通常会采用调解的方式解决问题，而且往往是完全被动的。而当严格按照法律规定他们似乎没有权力这样做时，他们却往往采用刑罚和强制模式处理纠纷。

警察解决争端的一个显著特点是，在大多数情况下，警察很少或根本不帮助当事人各方达成持久性的冲突解决方案。他们主要发挥调解代理人的作用，只处理表面上的事实，很少深入调查他们所听到的投诉的内在原因。他

188

们的解决方案——如果有的话——都是情境性和暂时性的，对他们离开后将会出现什么样的后果，影响很小或没有什么影响。在这种意义上来说，很难说警察解决了纠纷。

很明显，这些人——特别是那些社会地位较低的人——通常不能从警察那得到他们所想要的结果。事实上，许多人公开对警察处理（或逃避）他们问题的方式表达不满或厌恶。警察对他们自身履行这一方面职责的情况也有许多不满。很多人认为，警察处理争端几乎没有什么成果。警察抱怨说，这些问题实际上"不是警察事务"，只是在"浪费时间"而已。他们认为他们缺乏有效的办法来处理这些纠纷。正如一名警察在被派往处理一宗家庭纠纷后所表示的那样："这只是那些众多无法处理的纠纷中的一件个案而已。"另一名警察也做出了如下的评论：

> 你谈的就是一件讨厌的事！这类事情（家庭纠纷）迟早都会得到解决。麻烦在于警察没有权力去做任何事情。有一些人可能烂醉如泥，把他的老婆打得浑身是伤，并且当你离开以后，他有可能把他老婆揍得更狠。你所能做的就是告诉她第二天如何到法院去申请一张逮捕令。她的丈夫一直在那里看着我们与她交谈，此时他要你滚出他的房子，他会告诉你他的家就是他的城堡和诸如此类的话。他会站在那儿，用污言秽语辱骂你，说你只会舔他美国老爹的屁股以及诸如此类的话，但你仍然不能碰他。

另一名警察做了一个大致类似的评论：

> 我讨厌那些该死的"家庭纠纷"。这不是能够对付的事。大多数时候，我觉得那个女人想让你给她丈夫一拳。你待在那里，直到事情平息下来。他们没什么大不了的事情，他们也并不想将事情弄大。

还有一位警察评论说道：

> 我们介入家庭纠纷所能得到的就是羞辱，这是我们极力想避免卷入的原因。至少在一半的纠纷中，冲突双方都会把矛头转向我们，我们除了代人受过以外一事无成。也许这就是我们服务的宗旨，我不知道是否

真的如此。①

一些警察还声称，除涉及致命武器的案件外，警察不应处理这些问题。一般来说，尽管在解决纠纷方面警察往往一事无成，但他们宁愿做得更少。② 但是由于他们的职责主要是由呼叫他们的人决定的，而不是由他们自己决定的（Black，1973），因此处理争端仍然是他们的主要活动之一。

如前所述，现代美国警察解决争端的方式与部落社会及其他简单社会的冲突管理形成鲜明对比（Barton，1919；Llewellyn and Hoebel，1941；Gibbs，1963；Gulliver，1963；Gluckman，1967；MacCormack，1976；Roberts，1979）。特别值得注意的是，简单社会中的争端实际上得到了更大程度的解决。在这些情况下，冲突更有可能得到所有相关方的详细审查和充分讨论。有时会表现出许多敌意，有时讨价还价，有时甜言蜜语，有时甚至可能扬言使用暴力相威胁，但最终往往能找到解决办法。③ 通常而言，社会控制的主要方式是调

190

---

① 帕纳斯（Parnas）指出，当报案人将矛头转向警察时，警察成为冲突双方当事人的敌意目标，事实上他们的职责已经有所成就："报案人对警察的攻击至少是暂时把纠纷者互相间的敌意转移开了，朝向一个共同的目标，因而达到了暂时调停双方的效果"（1967：921）。

② 其他调查人员也说，警察不喜欢这类工作。以下引用一名观察员的话：

　你知道，如果有一件比其他任何事都更让人厌烦的事的话，那就是接到报警电话去解决某起家庭纠纷了。当他们听到来自无线电的呼叫电话时，你看看他们的脸色就知道了（Westley，1970：61）。

　在帕纳斯（Parnas）的研究中，一名警察把家庭纠纷报警电话称作"浮渣呼叫"（the scum of calls），还说"即使你提供了帮助，也没有人会感激你"（1967：921）。

　警察也认识到，人际冲突是他们处理的最危险的案件之一。在执行职务时因公殉职的警察中，约有 1/4 的人是在处理纠纷时牺牲的，受伤的警察中大约有 40% 的情况也是如此（Bard and Zacker，1976：71；Parnas，1967：919—920）。部分危险在于这些案件的不可预测性，许多警察本身不喜欢这些。正如一名纽约市的警察所说：

　当你接到来自酒类零售店遭受抢劫的报警电话时，至少你知道你进去会面临的情况及应采取的措施。但在家庭纠纷中，到达现场时，你永远不知道会不会有人在门口用平底锅砸你的头，或者迎接你的是当头砸来的一个酒瓶。

③ 虽然这种定性是基于若干人类学家对大量不同的人的研究，但并不意味着这些结论能够适用于所有的部落或其他简单社会。正如纳德（Nader）所说："在所有的初民社会中，人们参与司法讨论，都是一种空想的浪漫情怀，仅此而已"（Nader，1978：92；Colson，1974）。事实上，其中一些社会经历了大量反复的流血事件和背叛行为，几乎没有任何形式的第三方干预。（对于纠纷解决的跨文化调查，参阅 Schwartz and Miller，1964）。应当补充的是，即便是在那些持久解决冲突的社会中，流血事件和背叛行为也是经常出现的，持续的解决之道很可能是一种奢侈品，只有人口中的少数群体如成年人、男性和附属于特定群体的人才能享受到这种奢侈。

解和补偿。无论在哪一种情况下，这种努力不仅可以解决争端本身，而且还可以修复冲突造成的任何社会损害或不良情绪。有时，在找到解决办法后，每一个参与纠纷的人甚至可能参加一种象征团结的仪式，如一场宴会或啤酒聚会，以庆祝和平的恢复，代表着对所有一切不愉快事情的谅解。①

美国警察解决争端与部落社会中第三方解决争端之间的差异，不能用他们处理的案件种类来解释，因为本研究所分析的争端，实质上与人类学家所描述的部落社会中的争端大致相似。有关人员之间的关系也是如此：通常情况下，警察处理的纠纷当事人之间彼此关系非常密切，在文化上两者也有相似之处。除此之外，电子通信技术和机动汽车使那些希望诉诸警察的人能够像部落村落的长者或酋长一样，随时向警察提出服务请求，轻易地实现他们的愿望。因此，问题仍然是为什么警察解决争端的方式如此不同，而每一个参与其中的人都不那么满意。

从跨文化视角来看，警察解决纠纷的独有特征是警察自身的社会位置。然而在部落和其他简单社会中，社会控制是在社会中与冲突双方关系亲密的人的职责。现代美国社会中的警察，他们在绝大部分案件中与双方当事人的关系距离都是相当远的。通常情况下，打报警电话要求警察解决纠纷的人多是陌生人、文化上相异的人以及社会地位较高的人。这些情况都不利于警察进行调解，而有利采用刑罚模式相关举措（Black，1976：29-30，47，78-79；Black and Baumgartner，1981）。更重要的是，目前的情况与培育各种第三方帮

① 在较复杂的社会中，解决争端的方式也很发达，那里拥有高度的文化同质性，且占据主流地位，相当大比例的社会关系仍然保持相对亲密和稳定的状态。其中的一个例子便是现代的日本社会，悠久的调解传统仍然非常强大，他们不仅通过一些新的机构来表现这种传统，同时旧的机构仍然在发挥着这种传统作用（Henderson，1965）。一位美国观察员对日本警察在争端解决中表现出来的关注程度感到惊讶：

  警察看到的是一群普通的人，他们身陷极其复杂并且仅对直接卷入纠纷中的人有意义的局势里。一般而言，整个社区对纠纷的结果没有兴趣；问题是否得到了解决，报纸也不会报道；高级警官没有办法记录下级警察在试图帮助他们方面所做的努力；总的来说，人民自身基本上没有能力永久地逃避他们所面临的困境。警察有责任照顾这些人，表现出他们欣赏每一个人——无论他们如何的疲惫、匆忙、厌烦以及心事重重。他们用一种细致入微的方式表现出他们认为每一个人面临的问题都是独一无二的。也许这就是他们能够提供的最好的服务（Bayley，1976：51-52；Kawashima，1963：55-56）。

  中国也有与日本差不多相同的传统，这种传统仍在延续（Cohen，1966），至少直到最近，在美国的唐人街里还在延续这种传统（Grace，1970；Doo，1973）。总之，虽然部落社会和其他简单社会的纠纷解决方式已经从现代美国社会的警察工作中彻底消失了，但不能推断说现代性本身侵蚀其根基并逐渐削弱了传统模式。

助意愿的条件大不相同（Black and Baumgartner，1981）。所有这些都表明，只要社会距离实质上排除了那些有责任解决争端的人，那些人就会对此漠不关心。

＊　　＊　　＊

最后，可以指出，现代美国对争端解决的需求似乎还在增多。在某种程度上，这可能与父权制家族的解体有关，反过来又说明这是女性经济独立程度提高的结果。① 其他趋势也在同时改变人们获得这类帮助的机制。首先，警察与所接触的人员在地位上越来越平等和同质化。例如，开始招募黑人和其他少数族裔人员从事巡逻警察工作，也开始有了女巡逻警察。这种变化反映了社会地位的重新分配和整个社会的同化进程，在某些方面这场（警务改革）运动使警察和人民更紧密地联系在一起，即使他们在其他方面仍然是陌生的。在一定程度上，这将鼓励更类似于部落和其他简单社会的争端解决模式。② 与此同时，另一项警务改革运动已经开始，即建立完全独立于警察和其他法律机构的争端解决机制（Danzig，1973；Wahrhaftig，1978）。调解和仲裁制度，是由那些与冲突中的人们的社会地位相似的人所组织和运作的一种制度，在全社会的许多社区和社群组织中都有所体现，正在挤压警察的职能。③ 即使警察更亲近公民，他们也可能被类似于简单社会的争端解决机制所替代。如果这种情况继续下去，由警察解决争端的方式——如上所述——将不复存在，只能作为历史陈迹而被有好奇心的人们记住。

192

---

① 这种现象不仅发生在现代美国，而且发生在世界上大多数国家里，任何地方的社会条件都正在削弱男性对妇女的权威。在这种情况下，妇女将越来越多地呼吁各种第三方——而不仅仅是警察——在她们与男性的冲突中帮助她们（Starr and Pool，1974：552-553）。与此同时，鉴于法律的动员因其他社会控制而异（Black，1976：107-111），社会控制本身也越来越受制于法律。越来越多的女性将成为向警察投诉的目标（被她的丈夫和其他人投诉），更多的妇女将会受到逮捕以及被关进拘留所或监狱（Kruttschnitt，1979：第7章），而且越来越多的女性将成为诉讼的对象。因此，在目前，下层黑人妇女的相对独立性不仅解释了为什么她们比白人妇女更有可能报警投诉她们的丈夫和情人（见第124~128页），而且还解释了为什么她们更有可能被定义为罪犯并被送进拘留所或监狱。

② 应该补充的是，近年来，一些美国警察部门正在探索建立特殊部门，其主要职责是处理家庭纠纷。这些部门的警官接受了人际关系技巧方面的培训，以提高他们作为调解代理人的效力（Liebman and Schwartz，1973）。这种变化可能意味着一些城市的警察的争端解决方式，与本报告所描述的争端解决模式有很大差别。

③ 尼尔斯·克里斯蒂（Nils Christie，1977）认为，人际冲突可能被理解为现代国家垄断的一种财产。为了讨论"去警务化"和其他策略，可以鼓励人们处理自己的问题，请参见 Black 和 Baumgartner（1981）。

第6章 现代社会中的私力救济*

在现代社会中，很多人与人之间的冲突被定义为犯罪，并由国家官员如警察、检察官和法官负责处理。人们理所当然地认为，普通公民无法解决他们与他人之间的许多问题，必须求助于法律。① 这种社会控制模式有几种不同的后果。例如，它戏剧化了某种犯罪行为的越轨特征（Tannenbaum，1938：19-21），它可能加剧卷入冲突的有关各方之间的敌意（Gibbs，1963）。其侦查模式和其他程序也影响了犯罪本身的性质和在社会中的分布，使某些地方的一些行为更容易受到注意和干预，而其他一些地方的其他行为则相对地不受影响。最后，对违法者来说，法律往往比其他社会控制更加使其污名化和丧失能力，甚至可能使以后的服从行为不太可能发生。② 如果人们更多地参与私力救济（self-help），而不是过分地依赖法律，也就是说，如果由

---

* 本章为与鲍姆加特纳（M. P. Baumgartner）合著，在《辩证人类学》（*Dialectical Anthropology*）第 5 卷（1981）上发表了一个略有不同的版本。本研究起源于弗吉尼亚州阿灵顿西屋电气公司（Westinghouse Electronic Corporation）国家问题中心（National Issues Center）的"通过环境设计预防犯罪"项目，这个项目得到美国司法部法务局（执法援助局）国家执法与刑事司法研究所的资助。然而这里所持的观点仅是我们自己的观点，不代表资助方的立场。我们要感谢 W. 戴尔·丹尼弗（W. Dale Dannefer）、爱德华·德·格拉齐亚（Edward de Grazia）、斯坦利·戴蒙德（Stanley Diamond）、斯蒂芬·A. 杜恩勒比尔（Stephen A. Duennebier）、克劳斯-弗里德里希·科赫（Klaus-Friedrich Koch）、伊姆雷·R. 科恩（Imre R. Kohn）、帕特·劳德戴尔（Pat Lauderdale）、彼得·K. 曼宁（Peter K. Manning）、弗兰克·P. 罗莫（Frank P. Romo）以及斯坦顿·惠勒（Stanton Wheeler）对初稿的评论。

① 出于这些目的，我们把法律界定为政府的社会控制（Black，1972：1096），换句话说，就是国家定义和回应越轨行为的程序。

② 社会控制作为越轨行为的起因一直是社会学标签理论的一个主题（Schur，1971）。由此产生的行为被称为"次级越轨"（secondary deviation）（Lemert，1967）。

他们自己行使更多的社会控制，一种不同的公共秩序就会形成。[1] 就案件性质而言，许多事件实际上会非刑事化（decriminalized），因为这些事件将不会再被正式地定义为犯罪和被当作刑事案件处理。除此之外，很多行为模式本身肯定会随着新的风险和机会的出现而发生变化。在本章中，我们详细说明了私力救济发展的几个条件，并提出了一些鼓励私力救济的方式。

私力救济绝不是新现象。它是一种在诸多背景下司空见惯的社会实践，在某种程度上几乎无处不在。它也是可量化的，在一个地方可能更强，而在另一个地方可能更弱。例如，从历史上看，在最简单的社会如族群和部落社会中，私力救济的量是最高的，其随着社会变迁和法律的不断完善而逐步减少（Hobhouse，1951：第3章）。在现代社会中也是如此，一些群体参与大量的私力救济，甚至有组织的治安维持会[2]也参与其中，同时其他一些人更多地依赖于法律控制。[3] 在一些场合可能依靠私力救济的人，也可能转而求助于法律。[4] 需要注意的是，像法律一样，私力救济也有预防和治疗两方面的作用，并且在社会中，这些变化是定量的而且在某种程度上是独立进行的。问题是找到帮助我们预测和解释这类变化的因素。

---

[1] 在本讨论中，我们使用的私力救济的概念，指代任何对越轨行为的反应。在这种反应中，无论有没有那些社会控制专门机构以外的第三方的帮助，被冒犯的一方都代表自己的利益采取行动。

[2] 治安维持会（vigilantism），有的译为"自警制度"、"民团主义"或"义务警员"（vigilante），是指在没有法律授权的情况下，履行执法者职能或追求自我理解的正义（self-perceived justice）的平民或组织。该组织及其思想大致起源于1760年代的美国西部，在那个骑马提枪、开疆拓土的时代，许多农业州和边疆州的人民皆自组武装团体，借以抵御盗贼，寻求自我正义。"自警正义"或"私刑正义"常常被理解为一种信念，即刑事惩罚的适当法律形式要么不存在，要么不充分或者效率低下。义务警员通常认为政府执法不力；这些人常常声称自己的行为是为了实现社会的愿望，并以此为自己的行为辩护。被指控逃避法律或凌驾于法律之上的人，有时是义务警员的受害者。义务警员的私刑正义行为可能涉及不同程度的暴力，他们可能对攻击目标实施言词和（或）物理侵害，损坏或者肆意破坏财物，甚至谋杀他人。——译者注

[3] 应该指出的是，法律和私力救济之间往往存在相互敌对的状态，每一种制度都试图禁止或以其他方式阻止诉诸另一种制度。有关法律禁止私力救济的例子，参阅 Pollock 和 Maitland（1898：574-578）。人类的冲突，在某些方面甚至可以被理解为律师和国家垄断的一种财产（Christie，1977）。有关法律对社会控制的其他形式的"吞食"（cannibalize）趋势，参阅 Diamond（1971）。

[4] 例如，在现代美国，在法律上定义为民事事务的事情上，私力救济发生的可能性似乎更大——例如消费者对商人的投诉（Best and Andreasen，1977：710-724；Nader，1978）。而在刑事案件中，那些选择使用私力救济的人很容易获得警察的帮助。

法律理论中利他主义或助人行为理论的发展，为这个主题提供了有用的观点。法律理论是相关联的，因为私力救济如同其他非法律社会控制一样，通常会随着法律的发展而变化（Black，1976：107－111），因此，不同因素可能产生相反的影响。利他主义理论与私力救济也相关，因为一个人为了另一个人的利益而行使非正式社会控制，包括他或她干预争端和尝试调解，本身就是提供各种各样的帮助。作为一种社会控制体系，任何鼓励利
195 他主义的事情在私力救济的起源中可能都是重要的。我们的研究方法借鉴了这些理论，也借鉴了众所周知的"通过环境设计预防犯罪"的研究成果，因为这项研究成果描述了社会控制的现象（Tien，Reppetto and Hanes，1976：第3章）。①

建立在这些传统之上，我们提出了几种可能在现代社会增加私力救济的方式，包括管理、建筑和技术。第一是警察的配置，第二是物理空间的设计，第三是电子和其他设备的使用。每一种方式都允许随时改变那些对我们研究的问题很重要的变量。为了这些有限的目的，我们不需要考虑进行大规模社会重建的方式，例如那些影响财富分配或社区族裔构成的方式。首先讨论行政管理方式。

6.1 去警务化

大多数关注犯罪和执法的人理所当然地认为，拥有更多权力的警察越多，犯罪就越少。据称，让更多的警察从事更广泛的监视，可以通过预防性的工作来减少犯罪的发生。同时还有人断言，允许警察更快地采取行动并对特定的人实施拘捕，能够发挥治疗或补救的作用。

虽然这些想法无疑具有一定的有效性，特别是在短期内，但是提高见警率和加强警察在街面上的存在感并不是减少犯罪的一种可靠手段（Wilson，

---

① 人们可能注意到，最近在美国开始了一项建立完全由普通公民操作的调解和仲裁制度的运动，但到目前为止，这项努力的主要目标是为那些与家庭成员、邻居和其他与他们有持续关系的人提供一种刑事司法的替代措施（Danzig，1973；Lowy，1973；Wahrhaftig，1978）。然而，与其他地方一样，在这场运动中，人们普遍认为，对陌生人的社会控制不能由普通公民进行，而必须由警察和其他法律官员负责。我们在当前的讨论中背离了这一假设，探讨了现代社会的公共场所中陌生人之间的社会控制的可能性。

1974），而且它也有其自身的不足之处。由于法律和私力救济之间的关系是反向的，因此，警察力量越强大以及越具有侵犯性，私力救济就越弱，这种模式从长远来看可能加剧犯罪问题。随着法律和警察的发展——一个涉及许多变量的进化过程（Black，1976）——人们越来越依赖国家来定义和维持秩序。在这种情况下，人们越来越多地不再为自己的安全和争端解决承担责任，并且不愿在这类问题上帮助他人。当袭击行为或其他被害事件发生，等待警察的时候，他们甚至可能袖手旁观。[1] 因此，警察和其他法律保护范围的每一次扩大，都会对这些服务提出新的和更高水平的需求，从而导致这些服务的扩散不断升级。彼得·克鲁泡特金（Peter Kropotkin）在 20 世纪初对这类模式做了一次经典的分析：

196

> 国家对所有社会职能的吸收必然有利于一种肆无忌惮的狭隘个人主义的发展。随着国家的义务的增加，公民显然成比例地从彼此之间的义务中解脱出来……在野蛮社会中，协助两个人因争吵而打架，而不是阻止其解决致命问题，意味着将自己视为杀人犯，但在保护一切的国家理论下（the theory of the all-protecting State），旁观者不必介入，干预与否是警察的事（1914：227-228）。

迈克尔·泰勒（Michael Taylor）也描述了同样的现象：

> 积极的利他主义和自愿的合作行为在国家面前开始衰退……因此，国家使人们认为依赖它的干预。我们可以说国家就像使人成瘾的毒品：我们拥有越多，我们的需求也就越多，依赖就越多（1976：134）。

正是这种依赖部分地解释了为什么警察人数和权力的增加，通常被视为解决公共秩序问题的办法。减少警察数量——或去警务化——几乎从来没有

---

[1] 这种模式的最极端的形式被称为"基蒂·吉诺维斯综合征"（Kitty Genovese Syndrome），指的是纽约市的一名年轻女子基蒂·吉诺维斯多次遭到袭击和刺伤时——她的呼救声被邻居们忽视——许多人从窗户里看着她被伤害，甚至没有人替她报警，每个人都认为会有其他人报警。她最终死在了自己公寓的门口。

被认为是解决这些问题的方法。①

197 　　然而，如果减少警察提供的保护，私力救济的数量和强度就会相应地有所上升，从而扭转越来越依赖法律的趋势。② 从法律与私力救济二者之间相互对抗看，这也是必然结果。在任何地方，人们都会自己进行更多的预防性监视，会为他们与其他有关各方的争端找到更多的非正式解决办法，并更容易向那些需要帮助的人提供援助。③ 已有的实验证据表明，当人们似乎最明显地需要其他人的帮助时，他们提供的帮助通常是最有益的——也就是说，当最明显缺乏其他选择的时候，他们的参与是最有帮助的（Darley and Latane，1968；Bickman，1971）。同样的模式也适用于社会机构。例如，有人认为，在献血完全是自愿的社会中，对血液的需求比买卖血液的社会更有可能得到满足，因为实际上在买卖血液的社会中，人们被雇佣来提供这项服务（Titmuss，1971；Arrow，1972；Singer，1973）。似乎警察不在场的情况下，公民能够利用自己的资源，并在解决他们的问题时互相帮助。

　　鉴于目前对警察的高度依赖，最明智的方法似乎应该是从裁减一些警力开始，并逐渐向私力救济过渡，循序渐进地推进这一进程。事实上，在一

---

① 一个值得注意的例外是理查德·塞尼特（Richard Sennett，1970），他提议建立"生存社区"（survival communities），这是一个人口稠密和社会文化多元化的城市社区，没有集中的规划和社会控制，在这里人们将不得不解决自己的问题。现代都市对警察的需求，也受到罗杰·韦特海默（Roger Wertheimer，1975）的质疑。尽管去警务化的想法可能第一次出现而并不寻常，但重要的是要认识到人类历史上的大多数社会——以狩猎和采集为生以及其他更简单的部落——在没有任何警察的情况下相处得很好（Schwartz and Miller，1964）。可以补充的是，关于去警务化，我们仅仅指警察减少社会控制，而不是减少他们目前提供的其他类型的紧急服务，例如帮助迷路、生病和受伤的人们。在本文中，我们对如何组织这些服务的问题，搁置一旁不予考虑。

② 应该认识到，随着私力救济以及其他种类的非法律社会控制的发展——更多的有组织和专业化的私力救济方式——将很有可能随着去警务化的发展而增加。还应当认识到，在某些情况下——也许在很多情况下——人们在根本没有任何社会控制的情况下实施私力救济，或者如果警察不在场，人们可能自行采取行动，"抱团取暖"（lumping it）共渡难关。例如，妓女、同性恋、赌鬼、大麻吸食者和青少年的骚扰，可能极大地减少。此外，现代社会为公民提供了很多机会，让他们可以避免那些他们觉得令人反感或不可预测的行为，而在没有警察存在的情况下，这种情况可能变得更为频繁（关于"抱团取暖"和逃避的问题，参阅Felstiner，1974）。虽然这些问题值得进一步讨论，但超出了本文的关注范围。

③ 虽然在整个社会中私力救济将会增加，但这将以不同的速率发生，并且随着社会背景的不同而呈现不同的水平。这种差异将取决于每个社会背景中的若干其他因素，包括私力救济已经发展的程度以及有利于其增长的其他社会特征的程度。后者包括亲密关系——本章稍后会讨论——以及平等、同质性和其他变量。

个人们习惯于依赖政府维持公共秩序的社会里，突然而彻底地减少警察的
数量很可能引发一场霍布斯式的"所有人反对所有人的战争"（Taylor，
1976：141）。① 事实上，已经发生了一些案件，在这些案件中，警察队伍的
急剧减少导致了大规模的骚乱、抢劫和袭击（Andenaes，1966：961-962）。②
尽管如此，大量警察服务的中断往往能顺利地而且迅速地催生私力救济。例
如，随着灾难的来临，诸如地震、龙卷风以及洪水，警察和其他机构的常规
运转经常瘫痪。与此同时，人们对其服务的需求却急剧地增加。在这种情况
下，受灾社区的人们一般情况下会控制局势，并愿意相互提供援助。由公民
自身施行的非正式社会控制，几乎总是能够维持社会秩序，掠夺和打斗是罕
见的（Mileti，Drabek and Haas，1975：第4章至第5章）。③ 因此，即使是
警察控制的突然崩溃，私力救济也可能在没有大规模混乱的情况下产生，而
一个渐进的去警务化的计划将进一步助推这一过程。④

　　不管什么原因，一旦开始出现去警务化，私力救济的发展就需要靠自己
支撑。当法律增加的时候，私力救济开始衰减，法律不断地创造了使自身成为
必要的条件，反之亦然：私力救济引发更多的私力救济。人们越多地依靠自己
和其他社会控制方式来解决争端，他们自力更生的能力就越稳固。人们互助越

198

199

---

① 泰勒（Taylor）认为，政治学理论提出国家的主要职能是必须防止混乱——托马斯·霍布
斯（Thomas Hobbes）和其他人所信奉的一种理论——在没有国家存在的情况下，这一理论
未必描述了所有人的行为特征，但是非常准确地描述了"在一个成员长期生活在国家统治
之下的社会中，一旦国家统治从这个社会中退出，人类将会如何行为"（Taylor，1976：
141）。无论如何，即使是这样一场"所有人之间的全面战争"，也可能在某种程度上涉及
私力救济，但也会涉及大规模的无端暴力和掠夺行为。

② 当在社区冲突的背景下出现去警务化（depolicing）现象时，这些情况似乎更有可能发生，
例如，波士顿警察在一个城市举行罢工，这个城市的警察因潜在的种族和社会阶层之间的
紧张关系而处于过度疲劳状态（Russell，1975）。或者举个极端的例子，在法国大革命中部
分人奋起反抗（Kinberg，1935：129-136）。

③ 简·T.格罗斯（Jan T. Gross）提出了在灾难期间有关行为的文献与我们研究主题的相关性。

④ 在这方面，重要的是要认识到，诉诸暴力只在某些特定条件下发生。例如，到目前为止的
研究和分析表明，复仇和长期相互仇恨主要发生于以下情况中：那些被组织进包罗万象的
各种社群共同体的人——例如扩展的亲属团体——往往居住在其他类似的有组织群体附近，
而且在没有横向交叉连接的地方，他们彼此联系在一起（Colson，1953；Hasluck，1954；
Thoden van Velzen and van Wetering，1960；Peters，1967）。由于当代社会不是以这种方式构
建的，它们发生大规模内部暴力的潜在可能性似乎大大地降低了。这可能有助于解释为什
么在现代美国社会中，人们在不使用法律的情况下，经常以非暴力方式解决他们日常生活
中的争端。在美国郊区的纠纷解决中，有关暴力及其替代办法的作用的讨论，参阅鲍姆加
特纳的有关论述（Baumgartner，1980a，1981b）。

多，他们的互助就越发达（Taylor，1976：136-140）。这个观点得到了来自实验和其他有关利他主义现象研究的大量支持。最相关的证据是，如果人们在其他人的行为中发现了某种利他主义的"模型"，他们就更有可能表现出利他的行为（Bryan and Test，1967；Hornstein，1970）。例如，一项研究发现，如果人们观察到一名驾驶员为抛锚的汽车司机提供了帮助，他们更可能帮助不能启动车辆的司机（Bryan and Test，1967：401-403）。这似乎是合理的推断，当人们意识到其他人具有类似的行为时，他们更有可能为犯罪或相关问题的受害者提供帮助。也有证据表明，人们更有可能表现出利他行为，如果他们自己——或者他们身边的人——是利他主义的接受者。例如许多献血者是其他血液提供者的受益者（Titmuss，1971：228-229）。这似乎也应该适用于私力救济的受益者：如果人们更加依赖于私力救济，他们就会期望彼此提供这种服务，并且会让那些不尽自己职责的人声名狼藉。这一过程本身就是一种社会控制制度，据说在早期没有法律的社会中就已经出现过（Kropotkin，1914：131）。

总而言之，大量的理论和研究表明，去警务化会有助于现代社会私力救济的发展。去警务化本身就会产生某种程度的私力救济，而这种私力救济反过来又会产生更多的私力救济。

6.2 物理设计

200

物理空间的设计为增加私力救济的数量提供了另一种手段。这是一种建筑结构策略，它借鉴和吸纳了大量关于人类行为与物理环境之间关系的研究成果。特别是它借用了众所周知的原则，即社会互动反映了它发生的物理环境（Sommer，1969）。例如，这个环境可能扩大或限制了可能的行为范围，以及任何个人可能涉及的人员数量。它可能是一种"社会亲近空间"（sociopetal），是使人们聚集起来并将他们紧紧联结在一起的空间；或者可能是一种"社会离心空间"（sociofugal），抑制或阻止这类联结行为（Osmond，1957：28）。① 这种

---

① 汉弗莱·奥斯蒙德（Humphrey Osmond）提出了这些概念，他把社会向心性（sociopetality）定义为"一种鼓励、培养甚至促进稳定的人际关系发展的品质，例如在那些小规模的面对面的群体中所发现的一种品质"；把社会离心性（sociofugality）定义为"一种防止或阻止稳定的人际关系形成的构想"（1957：28）。我们从更广泛的含义上使用这两个术语，认为其指的是环境的倾向性（propensity of settings），一种鼓励或延缓任何类型的互动行为的倾向，无论其是否稳定。

差异可能对私力救济的预防和补救方面都有影响，特别是因为这涉及为了他人的利益而采取的行动。

事实上，近年来，城市规划者和其他与减少犯罪有关的人对这一做法给予了相当大的关注（Tien et al.，1976：第 2 章）。一些建议涉及如何设计物理环境，以便最大限度地进行自然监视，并在较小程度上创造可能带来公民之间互助的条件。加强监视的建议包括城市区域功能的多样化，这将有助于确保任何地方在任何时候都有人员在场（Jacobs，1961）；行人交通流量的集中（Angel，1968），以及窗户、走廊、门道、庭院和其他空间的设计，以提高社会活动的可见度（Wood，1961；Newman，1972）。鼓励互助的建议——包括利用监视机会的意愿——至少隐含地承认了，在所有其他因素都保持不变的情况下，人们最可能帮助那些与他们关系密切的人，最不可能帮助陌生人。① 此外，人与人之间的亲密程度与他们帮助第三方的意愿呈正相关。例如，在一项实验中发现，两个朋友比两个陌生人更有可能帮助一个明显受伤的女士（Latane and Rodin，1969）。因此，任何增加人与人之间接触的方法都会带来帮助行为的增长，而这种方法之一就是创造促进社会亲近的空间环境。例如，社区和住宅单元环境都很容易设计出来，以培育紧密而牢固的联结纽带，从而增进互助行为（Jeffery，1971：219-220），而大多数有关物理设计和社会控制之间关系的工作都集中在这种环境上。因此有人认为，如果城市街道和住房综合体的设计，使人们能够通过亲近性和自然暴露而彼此接触，同时通过实际或象征性的障碍将其与城市中心的其他部分分开，那么城市街道和住房综合体就可以实现社会融合，增进社会凝聚力（Tien et al.，1976：78；Newman，1972）。在另一种情况下，也有人认为，如果个人住宅的设计理念中包含了从街道上可见的室内空间，居民可以随意造访，那么这种室内空间本身就可能有助于社会凝聚力的增强（Alexander，1967：87-88，94-96）。另一种可以培养人际关系的建筑方法是建造公园、游乐场、公共建筑的大堂、洗衣房和其他公共区域，这些空间在设计上对人们具有吸引力和社会向心性（Wood，1961：12-17；Alexander，1967：88，

201

---

① 换言之，助人行为与关系距离成反比，关系距离指的是人们参与彼此生活的程度。应该指出的是，一般来说，助人行为的模式与对越轨行为施加的社会控制模式相反。因此，人们似乎最不可能运用各种社会控制来对付他们的密友，他们最有可能以各种方式帮助这些人，包括以维护他们利益的名义行使社会控制。

96-97）。

除了具有持久性质的人际关系所固有的私力救济的可能性之外，还有一些来自公共场合中人与人之间的情景互动的可能性。事实上，证据表明，即使在陌生人之间的短暂相遇中也能产生相互帮助。例如，在一次实验中发现，比起以前没有任何接触的情况，当人们之前已经有过交谈时，他们更乐意向隔壁房间癫痫病发作的"病患者"提供帮助。

> （那些曾与受害者交谈过的人）报告说，他们曾经看见过他癫痫发作时遭受痉挛痛苦的过程。很显然，一个与癫痫病人有过人际交往接触、目睹其癫痫发作的具体过程、亲身感受到了病人所遭受痛苦的人，更可能帮助这个人（Darley，1967，引用自 Hacker，Ho and Urquhart-Ross，1974：332）。

即使是没有交谈的接触——包括直接的眼神接触和纯粹仅仅是视觉上的接触——也会使参与者之间的帮助行为更有可能（Ellsworth and Langer，1976；Piliavin，Rodin and Piliavin，1969）。因此，那些旨在鼓励人们在公共场所中相互认识和互动的物理安排，将有助于提高私力救济的总体发生率。

与这个观点一致的建议是，诸如地铁和火车站之类的公共场所，应当设计成人流聚集的场所（Tien et al.，1976：172-173）。用这种思维方法设计的环境——如果不是太拥挤的话——将会增加自然监视，并且也能产生有助于互助的情景式亲密（situational intimacy）。通过减少公共汽车站、公园长椅以及其他聚集场所的数量，也能达到同样的效果。除此之外，尽可能使每一处公共场所的物理结构具有社会向心性。例如走廊可能被最小化，房屋尽量呈圆形而不要呈棱形（Osmond，1957）。无论是在航空交通枢纽站、建筑物大堂、公共汽车，还是在地铁车厢，这些地方的座位安排，都可能是为了培养社交能力而设计的。一般来说，如果公共环境设计得更好，就会鼓励陌生人之间建立交往关系，无论这种关系是多么短暂，更多的私力救济会因此发生。

简而言之，不论地点是私人的还是公共的，不论涉及一个人还是多个人，物理环境的设计都可能对私力救济的数量产生深远的影响。而且如前所述，一旦私力救济行为开始出现，它就有一种不断自我完善的倾向，而且还会变得越来越盛行。现在再考虑一下另一种策略，通过这种策略可以促进这一变化。

6.3　技术

就像人们居住的物理环境可能对他们的互动产生影响一样，人们对世界产生作用的行动方式与手段也会对他们的互动产生影响。社会思想家们早就认识到，生产方式、战争行为、通信和运输等技术资源，对人类社会的影响远远超出了原本的预期（Cottrell，1955；Marx，1956；White，1962；McLuhan，1964；Ogburn，1964）。这些包括对各种不正常的越轨行为和社会冲突的性质以及处理这些问题的策略手段的影响，无论其是预防性的还是补救性的。例如，技术影响到法律制度对群体的渗透程度（Kaplan，1965），也影响到人们独自实施社会控制的程度。在这里，我们讨论技术特别是电子通信技术，对私力救济的数量的影响。我们特别关注这些技术与人们相互帮助的能力的相关性。

现代技术的发展使社会互动模式成为可能，这种模式在很大程度上独立于物理空间中人群的分布。这在一定程度上是由于快速交通的出现，也部分地是由于电子技术的发展。电话和类似的通信方式，使人们在世界上无论身处何处都能随时获得对方的服务。从这些通信设备在人群中传播的程度来看，现代社会的生活与简单社会中的生活有着共同的特点，在简单社会中，人们总是可以互相接触。

> 电子媒介使这个世界缩小成一个村庄或部落，在这里，每件事都 203
> 同时发生在每个人身上：如果碰巧发生了某件事情，在每一件事情发
> 生前后的分分秒秒里，每一个人都知道此事，并且都参与其中……正如
> 因纽特人通过运用印刷术而使部落组织解体一样，他们在几年时间里从
> 原始部落游牧民转变成为有文化人。同样的道理，我们也在一个短暂的
> 时期里，通过电子媒介而变得"部落化"了（Carpenter and McLuhan，
> 1960；McLuhan，1964）。

随着这类"地球村"的出现，人与人之间的社会距离缩短，而物理距离保持不变甚至增加，社会控制也随之发生变化。其中的一个后果是，可以获得的警察服务大幅增加（通过电话和无线电通信以及机动汽车），这使得

公民在几秒钟内就能在家里联系上警察。在某种程度上，同样的技术使警察自身能够协调整合他们以前不敢想象的极其庞大的人力资源。此外，目前正在开发的新的电子设备将会进一步提高公民动员警察的能力以及警察实施社会控制的能力（Tien et al.，1976：175-178）。但是，没有得到普遍认识的是，这些发展如何对公民处理自己的问题的能力产生潜在的影响。对警察服务的需要，现在被视为是理所当然的事，而在一个人们得知相关信息后随时可以互助的社会中，对警察的需要可能不那么明显。

电子通信对私力救济的潜在影响，远远超出了公民使用同样的策略和方式履行与警察相同职能的可能性。最近在美国城市中出现的配备了无线电通信器材的义务警员（vigilantes）就说明了这一现象（Brown，1969：201-207；Marx and Archer，1971）。电子设备能够将人们的影响延伸到彼此的生活中，使更多的相互援助在整个人群中蔓延，例如无论什么时候当个人遇到麻烦时，无论他们身在何处，都可以利用他们的密友寻求帮助。此外，电子设备可以创建一个更广泛的通信网络，将联系范围延伸到任何拥有适当设备的人。通过这个网络，只要他们愿意，可以与其他相距遥远的人们随时随地保持联系。助人行为与亲密程度之间呈现正向相关关系，这导致所有参与者之间产生一定程度的亲密关系，所有这些人都可以从互助中受益。事实上，这种模式正围绕着民用无线电台的广播而蓬勃发展起来。

虽然这一模式在美国已经存在了至少 20 年，但是民用无线电广播电台或民用波段（CB）直到 20 世纪 60 年代中期才开始流行。它最初被州际公路运输的卡车司机所采用，现在已经在美国各行各业的驾车者中传播开来（民用波段电台的简短历史，参阅 Dannefer and Poushinsky，1979）。其结果是出现了人员交际网络的持续不断的波动起伏，当他们在国家的高速公路上相遇时，形成并迅速结束了彼此之间的关系。随着这个群体的形成（不管它可能是多么零碎和暂时），一个主要的后果就是建立起了一个广泛的互助共济制度，而先前几乎没有这样的制度。

> 由民用无线电台促进的对话互动改变了人们之间的关系，使驾车者不再把彼此当作孤立的、不相关的陌生人……在这个相互作用的框架内，其他司机不会被含糊地界定为恶意的陌生人，而是被界定为"好伙计"（good buddies）。他们可以获得信息和彼此互相帮助。很难充分

强调这种新的通信模式从根本上改变了高速路旅行的体验……（民用
电台）网络是匿名的但不是没有人情味的，维持人们之间的互动可能是
短暂的，但网络本身是永久性的。成员开放且不断变化，但共同关心的
问题和互相帮助解决困难的意愿似乎是真诚的（Dannefer and Poushinsky，
1979：615-616；Kerbo，Marshall and Holley，1978）。[①]

还需要进一步补充说明的是，民用波段电台产生的互助制度是高度平
等的，不论他们的社会身份特征如何，人人都可以获得帮助。也许，这种
平等主义是可能实现的，因为民用波段电台网络中的人们的绝大部分社会
特征，对其他人来说都是未知的。几乎所有人都知道的是，自己是电子社
区的成员。[②] 更重要的是，这种私力救济可以在其他环境中运行。

例如，目前正在开发的一种电子技术是便携式电话，能够戴在手腕上或
放在衣袋或手提袋中（Rockwell International，1977：13-14），从而使联系
网络延伸到大街小巷，直接接触到家庭成员、朋友和其他可能提供帮助的
人。设计一个同样大小的双向无线电通信设备也应该是有可能的，其功能与
较大的民用无线电广播电台相同，可以在所有碰巧收听到的人（包括陌生
人）中创建一个电子社区。民用电台为高速公路上的驾驶者所做的事情，
就是建立一个关心的网络，将人们置于其他人力所能及的范围内，彼此寻求
帮助或提供帮助。此外，毫无疑问的是，人们还可以发明其他电子设备，从
而进一步改变城市的社会生活，甚至能使陌生人现在居住的地方"部落
化"。与快速运输相结合，这些设备将使公民能够为彼此提供一些通常情况

205

---

① 在同一篇论文中，丹尼弗（Dannefer）和波斯辛斯基（Poushinsky）评论说，民用电台也使
得新的受害策略成为可能。例如，为了使那些潜在可能的帮手落入陷阱而拨打的求助电话，
或者为了掠夺性的目的而对处于困境中的人做出的反应。然而一般来说，这种做法已被证
明是极为罕见的。

② 由于助人行为、社会控制和其他社会过程中的差异往往与所涉及人群的社会身份特征呈函
数关系，这种差异将相应地随着在整个案件中表现出来的这些特征的信息量的不同而不同。
［从经济学角度上看，这个过程被称为"发出信号"（signaling）］。因此，只有在他们有足
够的关于潜在接受帮助者的信息的情况下，个人才能够有系统地选择给予帮助。比如根据
社会阶层或族裔情况选择帮助对象。一般说来，比起面对面的交流，音频电子通信传输的
这类信息相对较少。例如，这就解释了这样一个事实，即警察对公民电话求助的反应，
不如他们在现场对类似请求的反应那么有选择性。尽管如此，有关个人特征的信息还是
可以通过电子设备传播的，当出现这种情况时，给予帮助的差异也会发生（Gaertner and
Bickman，1971）。

下被视为警察事务的服务。因此，技术可能有助于建立一种新的社会秩序，在这种秩序中，人们可以自行处理自己的事务。①

6.4 通过私力救济进行社会控制

私力救济是一种社会控制模式，拥有一套自己的逻辑和组织机构。它不仅仅是法律等其他模式的替代品，更是一种具有独特特征的动员模式、代理人招募方式以及运行程序和结果。因此，如果私力救济在现代社会发展到一个新的突出地位，它将对社区的规范生活产生巨大影响。

也许私力救济和法律之间最大的区别在于各自产生的实际解决方案。在公共秩序问题上，在法律解决中发现的社会控制方式（styles of social control）② 往往倾向于刑罚，通过惩罚进行补偿是一种标准的结果。通常情况是，任何冲突的一方才是这种制裁的对象，而另一方则被证明是无辜的和应当给予支持的。这种刑罚方式在其他社会控制风格中是非常罕见的。法律对公共秩序问题的另一个反应是以治疗的方式处理，人们被当作"病人"处理，需要矫正治疗，必要时强制实施。相比之下，私力救济更多的是采用调解方式。它的解决办法通常是使卷入争端的两个或多个对立方之间进行谈判，双方或所有各方在寻求解决办法时都会做出一些让步（Gulliver，1969：67-68）。如果其中一方被界定为责任更大的违法者，且通过双方协商就能够达成和解协议，那么他或她通常向被冒犯的人或群体提供某种赔偿，无论是采取给予赔偿③的形式，还是采取简单的道歉形式。需要说明的是，因为这通常是通过相互让步达成妥协的和解协议，而不是将某种决定或决议强加于被界定为输家的一方。因此，这种解决方案既不同于民法的解决方法，也不同于刑法的处理方式。最后，虽然民事和解方式通常不像刑事和解那么严厉，但私力救

---

① 吉恩·杨布拉德（Gene Youngblood）创造了"技术无政府状态"（technoanarchy）这个词来描述这样一个世界（1970：415-419）。在他看来，这种制度不仅是可能的，而且是人类生存所必需的："技术已经使我们摆脱了对官僚（officialdom）的需要……昔日，人类需要官场才能生存。但是现在技术已经扭转了这一过程：现今的生存取决于自然秩序的出现（419，418）"。

② 至少存在四种基本的社会控制方式，或是人们界定和应对越轨行为的策略，包括刑罚、治疗、补偿和调解方式。详细阐述，参阅 Black（1976：4-5）。

③ 指现金赔偿或其他物质赔偿。——编者注

济与前两者相比，严厉程度更弱。

私力救济的几个特征解释了这些差异。首先，私力救济本质上是社会控制的一种完全分散化模式（Sennett，1970：164）。在许多情况下，这意味着直接卷入争端的人而不是其他人会立即参与其决议过程。在其他情况下，一方或双方可能利用家庭、朋友网络，向他们寻求帮助，或者向情景熟人（situational acquaintances）甚至旁观者寻求帮助，但是这与拥有指挥部、命令系统以及法院的正式法律组织有很大的不同。此外，在刑事案件中，是国家本身——一个出类拔萃极为优秀的集中化的团体——提起犯罪指控。这些特征本身是非常重要的，由于在所有其他定量变量保持不变的情况下，在组织高度集中的地方社会控制最具刑罚性质并且极为严厉，而在组织化程度最不集中最分散的地方，社会控制则很少具有刑罚性质，而且也不那么严厉（Black，1976：86-91，98，101-103）。甚至有证据表明，比起小的群体而言，个人很少受到刑罚处罚（Wolosin，Sherman and Mynatt，1975）。因此，私力救济具有的相对宽大仁慈及其和解的性质特征，受到权力分散以及个人在达成和解协议中的角色作用这些条件的制约。

私力救济的另一个特征也在某种程度上解释了它的运行模式。虽然冲突各方在解决问题的过程中，不诉诸社会控制的法律机构，而是依靠其他人通过私力救济解决他们之间的问题，通常情况下，他们寻求那些与其关系最亲密以及与他们最相像的人参与解决冲突。因此，那些与争议者关系亲密并与他们有共同兴趣爱好和经历的人，在他们的生活中扮演着一个具有规范作用的角色（normative role）。即使是从情境上与当事人有过某种接触的人——而不是完全陌生的人——也最有可能受邀请来担任这种调解者的角色。与争议者关系相对亲密的人也更有可能主动介入干预。就这一点而言，许多争端是由参与者单独解决的，而且往往他们自己以前就有某种联系。理论表明，当社会控制机构在关系和文化上最接近卷入冲突的各方当事人时，社会控制是最不严厉和最温和的（Black，1976：40-47，55-57，73-80，82-83）。因此，可以理解的是，通过私力救济进行的社会控制，与警察和其他法律机构所行使的社会控制完全不同，后者通常不为社会所知，而且在文化上对处理问题的人来说，他们往往是既陌生又不相容。

除了严重程度和风格上的差异外，私力救济与法律之间的另一个差异与每一次纠纷解决中的多变性有关。虽然法律程序的每个阶段的结果都有实质

207

性的变化，但通过私力救济解决的纠纷案件，其结果的变化性更大。① 这是由于人们自己处理的案件的参与更加多样化的结果：相对而言，法律机构（代理人）在背景和社会特征方面同质化程度较高，然而私力救济的代理人则不然。在不同时间，实际上几乎是所有的居民——不管其性别、年龄、种族和职业如何——都在充当其他人的调解人的角色，基于自己的利益进行社会控制。他们来自整个人群，为社会秩序做出贡献，然后再撤出。参与纠纷调解的可变性越大，结果的可变性也就越大。

然而，法律和私力救济之间的其他区别是可以进一步详细描述的。例如在私力救济体系中，不太强调程序公正问题，个人网络和联盟的重要性更大（Gulliver，1963：297-301），其对规则或原则的导向性较小（Northrop，1958：349-351；Henderson，1965：第2卷，241），以及争端解决的直接性和及时性更强（Gulliver，1963：233）。然而，在这一点上我们不可能对私力救济的任何新的发展所带来的变化做出详尽或明确的解释。这种评估的机会取决于社会控制的发展。

＊　＊　＊

我们描述了在现代社会中鼓励私力救济的几种方法，包括有系统的去警务化，设计社会亲近的向心性环境，以及采用新的电子通信形式。我们也比较研究了法律与作为社会控制制度的私力救济。最后，应该指出，我们的分析只关注在这方面应用理论和经验知识的可能性，而不是将私力救济作为一项社会政策的可取性和必要性。尽管私力救济可以是一个强有力的公共秩序制度，但也有人可能批评实现私力救济所需的必要手段，以及它的某些特征和后果。② 此外，法律动员的下降和私力救济的发展对社会各阶层并不具有

208

---

① 菲利普·格利佛（Philip Gulliver）提出了一个类似的观点。他把坦桑尼亚的阿鲁沙人（Arusha of Tanzania）（一个无国家主权的群体）与有法律遵循的国家群体相对照，格利佛区分了两种纠纷解决模式：一种是"司法程序"（judicial process），上级官员按照既定规范轻易地做出裁决；一种是"政治程序"（political process），由纠纷中的双方当事人经过协商后做出裁决，没有任何一种外部权威介入和干预，而且结果的可变性也相对较大（Philip Gulliver，1963：297-301）。

② 在一个人们自己实施社会控制的世界中，这意味着存在一种完全不同的社会秩序，在某些方面这种秩序可能被视为危险或不公平。（与此有关的是我们先前有关暴力行为的讨论，参阅原书稿第198页，尤其是注释④。）私立救济可能也意味着极少的隐私。然而，正如我们这里所设想的那样，通过把人们暴露在其同伴随意的日常监视之中，可能侵犯人们的隐私。同伴对公民进行的系统纳罕或大规模调查的任何增加都是极不可能的。（转下页注）

同样的吸引力。那些从法律中获得特殊利益的人对这种发展的接受程度肯定是最低的，而其他从私力救济中获益的人则会对此表示最热烈的欢迎。然而，这些都是价值和政治问题，超出了本书目前研究的范围。

（接上页注②）然而，个人在很大程度上将继续缺乏对其家庭成员以外的任何人进行密切监视的动机和能力。相比之下，现代国家经常收集和储存关于其管辖范围内人民的大量事实。政府机构通过使用证书、注册登记、成绩单、许可证和人口普查等工具，收集有关人们出生、死亡、结婚、离婚、收入、破产、继承和其他行为的数据。这些记录可随时提供给国家授权行使社会控制的官员。除此之外，大多数州在不同程度上通过使用电子监视、告密者网络和其他技术，秘密地发现更多有关公民习惯和行为的信息（Marx, 1980）。当有人对警察等政府工作人员产生怀疑时，甚至在搜查公民的身体或财产时，所有这一切技术都会得到加强。因此，任何对私力救济给隐私造成的影响的评估都必须承认，其所涉及的国家监控的数量大幅下降。

附录 A 法律测量报告[*]

法社会学理论预测并解释了在社会空间中具有位置和方向特征的法律行为。[①]这个理论完全并最终偏离了评估自然界法律生命（legal life）的所有论述。法社会学理论既不赞成也不反对任何形式的法律，而是对所有问题的关键特性保持缄默。它只研究了任何人都可以观察到的东西，以及随之而变的内容。法社会学理论抛弃了法律常识——法律从业者的话语——以及尽力理解完全与事实无关的法律（Black，1972，1979a）。

作为定量变量的法律

在法社会学理论中每一个概念被表述为一个定量变量（quantitative variable）。也就是说，就存在的多少而言，每一种情况都可以进行描述。例如，在给定的背景中可能有或多或少的不平等、亲密关系、异质性、组织等诸如此类的问题，还可能有或多或少的法律。

事实上，一个值得注意的事实是，仅当法律的概念被确切地阐述或公式化以后，法律本身才能是可观察和可测量的，此后，才能够对法律进行统计

---

[*]　鲍姆加特纳（M. P. Baumgartner）和乔治·卡斯帕（George Caspar）对本附录提出了建设性的评论，该文发表于《法社会学资料摘要》（*Informationsbrief für Rechtssoziologie*）特刊第2卷，再版时做了细微修订（1979年4月）：92-106。

[①]　虽然法学理论中的这个概念来源于《法律的运作行为》（*The Behavior of Law*）（Black，1976），但是至少早在世纪之交就为这类方法打下了基础。特别不可忽略的是迪尔凯姆的《劳动分工论》（*Division of Labor*）（1893），但是许多其他的贡献也需要提到（Tönnies，1887；Weber，1952；Malinowski，1926）。最近，许多人类学家的著作也很有影响力（Gulliver，1963；Nader and Metzger，1963；Nader，1964；Gluck man，1967）。尽管如此，下面的讨论建立在这个方法的基础之上，因为它出现在《法律的运作行为》一书中，并且——没有进一步引用——在那书中特别详细地阐明了法律的概念。

分析。在采取这个步骤之前，理解法律的努力在某种程度上是形而上学的，停留在科学进化的早期阶段。虽然作为一个定量变量的法律概念，其表述仍然处于一种原始的状态，但随着它的出现，法律研究已经进入一个新的阶段，而且对法律的研究永远不会是千篇一律的。

作为定量变量的法律概念把法律作为一种社会控制的实例，或者作为界定和回应越轨行为的行为。[①] 此外，也把法律视为政府的附属物，就这些目的而言，它意味着法律在某种意义上讲就是国家。[②] 因此，法律的量与给定环境中政府社会控制的数量是同义词——也就是说，是指在一个国家的框架内，任何人将他人的行为界定为越轨行为或对此做出回应（无论是错误、病态、不合理或其他任何行为）的程度。这种行为发生得越多，法律的量就越多。例如，如果一名警察实施逮捕，比起没有这类行为发生的情况，就会有更多的法律动员，因为警察会把某人的行为界定为政府框架内的越轨行为。这同样适用于诉讼，甚至是通过电话向警察提出的投诉。刑事法院的定罪与其说是驳回诉讼，还不如说是法律动员，因为法律正式地将某人定义为一个越轨者，而驳回诉讼则不是。这同样适用于在民事诉讼中代表原告做出的决定，而对被告的决定意味着没有人被正式界定为越轨者。比起更短刑期而言，受到更长刑期对待意味着更多的法律动员，因为这表明比起受到短刑期对待的人而言，一个被判处长期徒刑的人更可能是越轨者。但是，为了原告利益而做出的任何裁决都会增加法律的量，因为它总是涉及将某人的行为定义为不正常的越轨行为。这样的例证数不胜数，花再多的篇幅都难以穷尽，可以列出各种各样的国家社会控制，公民、警官、法官或任何国家的其他官员，无论是过去或现在，都可能对某一个人或某一群体进行社会控制。

这个概念的一个含义值得特别提及：如果法律被理解为政府社会控制

---

① 由于缺少替代选择，此处使用了一般意义上的"越轨行为"这一概念，广义上的"越轨行为"是指任何一种受到任何形式的消极负面对待的行为，无论是刑罚、补偿、治疗还是调解方式。这一概念起源于社会学，可能暗含着被禁止和受到惩罚的行为，这可能是因为社会学家非常关注现代社会中的犯罪和刑事司法问题。人类学家更多地谈论"争端"（或"纠纷"）问题，因为他们的大部分著作是在刑罚方式不那么发达的简单社会中完成的。

② 需要补充的是，在这种用法中，法律涉及公民本身的行为，而不是例如雇主、家庭成员或朋友本身的行为。基于这一原因，邮递员、税务人员或是其他政府雇员的日常监督行为不是法律，因为这类监督仅仅与这类雇员的行为有关，即便他们是政府雇员。

211　（governmental social control）的数量，那么所谓的公民权利——如批评政府的权利或隐私权——本身并不是法律的实例，而是违反法律的保障。事实上，这些权利受到的尊重越多，法律就越少。最后，应该认识到，这一法律概念可以在任何情况下适用，甚至适用于整个社会。例如，在如下这个层面上，一个所谓的无政府社会——按照定义——根本没有任何形式的法律，①并且任何给定的社会、社区或任何类型的社会场所都可能比另一个社会或多或少地拥有法律。因此，法律的这个概念涵养了最初可能出现的极其广泛的各种不同的现象，但它实际上提供了一种方法来理解所有这些现象，因为这些都是同一事物的许多实例：政府的社会控制。

　　然而，无论它在某些方面多么具有革命性和创新性，法律的概念——作为一个定量变量——仅仅只是一个开端。在任何给定的环境条件下，如何精确地以数值（numerical value）的形式描述法律的量，仍然是一个有待进一步考虑的问题。这就是测量或度量的问题，也是法社会学面临的重大挑战。

　　就目前情况而言，法律的测量已经达到了一个新的阶段，已经超越了纯粹的差异识别阶段，也就是说超越了名义测量或定类测量（nominal measurement）②阶段。现在的发展已经处于一种定序测量（ordinal

---

① 虽然一个无政府社会中没有一种永久性质的法律能够在日常社会中运作，但在集体行动期间，例如在战争、迁移或集体狩猎期间，可能存在有某种形式的法律。例如，美洲北美平原的印第安人在水牛狩猎期间有"水牛警察"（buffalo police），在战时有"军事首领"（war chiefs），但是没有自始至终都存在的法律规则和全职法律官员（MacLeod，1937；Lowie，1948）。

② 在统计学中，统计数据主要可分为四种类型，分别是定类数据、定序数据、定距数据、定比数据。a. 定类数据（Nominal）：名义级数据，数据的最低级，表示个体在属性上的特征或类别的不同变量，仅仅是一种标志，没有序次关系。定类测量是一种将调查对象分类，标以各种名称，并确定其类别的方法。它实质上是一种分类体系排列。b. 定序数据（Ordinal）：数据的中间级，用数字表示个体在某个有序状态中所处的位置，不能做四则运算。定序变量能决定次序，即依据变量的值能把研究对象按高低或大小排列，具有">"与"<"的数学特质。定序测量是一种按照某种逻辑顺序将调查对象进行排列，确定其等级及次序的方法。c. 定距数据（Interval）：具有间距特征的变量，有单位，没有绝对零点，可以做加减运算，不能做乘除运算。定距测量是一种不仅能将变量（社会现象）区分类别和等级，而且可以确定变量之间的数量差别和间隔距离的方法，又称区间测量或者等距测量。d. 定比数据（Ratio）：数据的最高级，既有测量单位，也有绝对零点。定比变量测量是一种除有上述三种测量的全部性质之外，还能测量不同变量（社会现象）之间的比例（转下页注）

measurement）阶段，涉及对相差不大的两起事件中动员法律数量多少的比较研究，例如，逮捕与非正式处理，诉讼与庭外解决，或是定罪与撤回诉讼的法律动员数量的比较。然而，应当认识到，这种成对比较可以为更精细的定序本质（ordinal nature）测量提供基础。因此，例如，可以通过对一种普遍行为及其紧邻的次一级行为的惩罚幅度进行比较研究，直到所有行为的惩罚按其涉及法律的量的大小和多少形成一个严密完整的序列，从而构建起一个惩罚严厉程度的等级序列表。还可以将刑事诉讼的各个阶段划分为一个等级（single scale），因为在刑事案件中，随着报案人向警方求助到警察开展调查、逮捕、起诉、定罪和判刑，累积的法律的量将越来越多。[①] 因此，从这个角度来看，所谓的漏斗效应（funnel effect）——即越来越少的案件能够到达刑事诉讼的最后阶段——似乎是法律本身分布的一种模式。同样的观点也适用于民事诉讼程序、监管过程，或案件经过政府社会控制的任何其他程序。也可以为每一种类型的法律措施制定一个比额表，无论是刑法的、补偿性的、治疗性的还是调解性的纠纷解决方式，都能够形成一种由小到大或者由轻到重的等级序列。正如可以将惩罚幅度按其涉及的法律的量，从少到多从轻微到严厉进行等级排序一样，也可以按照这种方式判定损害赔偿、问题处理或争端解决的方式。例如，如果法律在形式上是和解的，在法律的量的衡量上，被动调解可能被列为比主动调解更少，而主动调解又可能被列为低于仲裁。简而言之，法律生活的众多模式会导致定序量表（ordinal scales）的创建。

212

然而，最终的挑战是测量法律的每一种表现形式的绝对量（absolute magnitude）。这就是所谓的定距测量（interval measurement）。由于绝对量级

（接上页注②）或比例关系的方法。一般来说，数据的等级越高，应用范围越广泛，等级越低，应用范围越受限。不同测度级别的数据，应用范围不同。等级高的数据，可以兼有等级低的数据的功能，而等级低的数据，不能兼有等级高的数据的功能。——译者注

① 必须特别强调的是，在整个刑事诉讼程序中的法律的量的增多，是当案件随着这些程序阶段渐次推进，各个阶段法律的量逐渐积累的结果，并不意味着每一个连续阶段本身构成的法律数量，比它之前的任何一个特定阶段的法律的量都要多。就此而言，也并不意味着每一个阶段在这方面与下一个阶段都是相等的。很有可能，各阶段的法律变量的实际量级差别很大，甚至在某个较早阶段比如逮捕阶段可能涉及的法律的量本身就比起诉或定罪等较晚阶段涉及的法律的量大。这是一个经验性问题，需要比定序尺度更精确的测量。（参阅第 212~216 页）

也可以用来对法律事件进行比较和排序，因此，定距量表（interval scale）能够立即回答任何可以用分类量表或定序量表解决的问题，而且还具有许多优点。特别是，它可以精确地计算从一种环境到另一种环境，跨越社会空间不同地点和方向的法律总量。它将使得在不同的社区、社会以及在整个历史进程中，评估法律的量成为可能，以及评估指向某一个人而不是另一个人的法律的量成为可能。更重要的是，这类测量将使我们有可能建立一套方程公式（formulate equations），这种公式在其他的任何一个变量单位中，能够精确地指出或描述法律的量是如何增加或减少的。这种精确程度现在看来似乎有点牵强附会，但总有一天，奇迹一定会出现，在没有法社会学理论的情况下，人们会尝试如何运用法社会学。

法律的区间

原则上，每一个法律实例都有一个确定的绝对量级——一个数字。这将表明任何具有法律性质的事件所引起的社会控制的数量，换言之，在政府框架内，任何界定越轨行为的事件或对越轨行为做出的任何反应，都可以被精确测量。举例而言，将一起向警察的投诉计算为 5 个单位的社会控制，一次逮捕可能增加 20 个单位达到 25 个单位，一次起诉可能再增加 5 个单位达到 30 个单位，一次定罪可能再增加 20 个单位达到 50 个单位，一次判决监禁入狱一年可能再增加 50 个单位，总计达到 100 个法律单位。但问题是如何分配这些量级。法律区间（interval of law）究竟是多少？我们什么时候知道发生了多少政府的社会控制？犯罪程度是多少？何种程度为过失？我们如何衡量？

民间测量

众所周知，社会学家很少能够测量社会变量之间的定距测量上的差异。相反，他们倾向满足于定序量表，在某些情况下，例如当性别、种族或宗教被用作变量时，甚至只坚持定类上的差异（男性和女性，黑人和白人，新教徒、天主教徒和犹太教徒等）。绝对量值的测量主要发生在社会生活本身的参与者之间发现区间（intervals）的情况下，也就是说，人们用统一的标准，比如日历、时钟或货币兑换，来衡量自己的活动。例如，现代社会中的人们计算他们所挣的钱，他们受教育的年数，以及他们生存的时间长度。反过来，社会学家们采用这样的做法进行收入、教育、年龄等方面的定距测量。这些量表在古老的民间制度系统中是现成的，因而在测量领域里也是显而易见的（*objets trouvés*）。

也有一些民间惯例可以用来衡量法律。例如，在现代社会和社区中，人们保存着被称为"犯罪率"的记录。这些记录可以作为刑法数量的粗略测量标准，因为它们表明有多少事件是警方认为值得官方关注的（参阅 Kitsuse and Cicourel，1963；Black，1970）。其他公共记录也可能以这种方式使用。例如，官方逮捕和民事诉讼被记录下来，这些也可能用于构建法律等级。在民事案件中，有利于原告的刑事定罪和裁决也是如此。[①] 但是这种法律等级有一个严重缺陷：它们通常不能测量不同法律实例之间的量级差异。除了在"更严重"和"不太严重"犯罪之间的等级差异外（例如，重罪与轻罪），这些等级一般不能反映这样一个事实，即在法律程序中有些案件比另一些案件走得更远，或者有些案件与其他案件比较起来可能体现为更严厉的制裁。不管法律对每一种案件的实际影响有多大，所有的"盗窃""谋杀"和其他罪行受到法律制裁的概率都是一样的。民事法律的等级也是如此。

然而，还有另外一些民间惯例做法可以用来衡量各个不同案件的法律量级。因此，许多社会采用均匀的梯度等级来衡量惩罚的严厉程度（在囚室或监狱里关押的天数、月数或年数，遭受枷刑或者流放的天数、月数或年数；鞭刑的鞭打数目；罚金刑所需要的财物数量）。补偿性损害赔偿或恢复原状的费率也可在统一的计算制度中加以规定（牲畜头数，贝壳、铜板和美元数）。各种各样的质押物——为确保遵守传票或其他法院命令而持有的押金——也是采用这种形式。像这样的民间测量尺度非常适合纳入社会学领域。尽管如此，似乎这种做法自身存在一个特殊的缺点：没有考虑到测量实践做法的影响。

不可否认的是，在民间法律等级中，每一等级的影响取决于受其影响的　214

---

① 立法的比例（rates of legislation）——扩大政府的社会控制——也可以从公共记录中得出，尽管立法的数量本身并不一定反映人们在法院和其他法律环境中实际上被视为越轨者的程度。对美国刑法内容变化的研究——包括古代刑罚严厉程度变化——参阅 Berk，Brackman 和 Lesser 的著作（1977）。

对象是谁。例如，在惩罚方面，民间严重程度的等级，未必一定能够测量出所有那些被处理为罪犯的人所经历的实际痛苦区间。在普遍实行经济制裁的情况下，差异痛苦（differential suffering）尤为明显，因为，显而易见的是，较富裕的人所受的损失，按比例比那些无力承担特定刑罚的人要少。对于那些能够毫不费力地支付一笔特别罚款的人来说，这几乎是一种许可，甚至是一种豁免。在某种程度上讲，无论法律程序的后果不均衡地降落在人群中的哪一个人身上，包括体罚、监禁、补偿性损害赔偿和保证金，都会使其遭受不同程度的痛苦。尽管如此，这种法律的差异化影响并没有减损民间尺度在科学测量方面的价值。正如可以不考虑热量对其他现象的后果——例如，有些液体会冻结，一些固体比其他固体融化得更快——来衡量热量一样，也有可能凭借其自身的力量自行衡量法律的量，而不考虑其后果。[①]

尽管民间测量尺度提供了一种令人满意的手段，在某些情况下可以衡量法律的区间距离，但事实仍然是，这些尺度中只有少数可供采用，完全依靠它们进行测量，将会极大地妨碍法社会学的发展。当然，这并不是物理和化学等更先进的科学所遵循的策略。对任何人来说，这从来都不是不言自明的，例如，如何测量热能或电能的区间定距。由于民间测量手段不能使用，因此科学家必须发明仪器和标准，根据这些仪器和标准可以对这些现象进行数值划分。加布里埃尔·华伦海特（Gabriel Fahrenheit）发明了一种方法来测量温度，安德斯·摄尔修斯（Anders Celsius）发明了另一种测量方法。发明电力测量方法的主要人物包括亚历山德罗·伏特（Alessandro Volta）、安德烈·安培（Andre Ampère）以及詹姆斯·瓦特（James Watt）。应该理解的是，每一门科学中的每一种测量方法都是强加于自然界的人类创造，每一种测量方法都不过是现实可能被量化的无数种方式之一。此外，社会学现在正进入一个发展时期，测量系统的发明为那些将做出持久贡献的人提供了一个重大机会。随着这个时代的发展，有些工作者将一生致力于社会生活的量化，许多名字将添加到那些华氏、摄氏和其他以人名命名的方法之列。

间接测量

测量工具的发明创新在所有这些情况下都是必要的，除了那些可以使用

---

① 这并不是要否认热的差异影响仍然是一个重要的研究问题；这同样适用于法律的差异影响研究。但是，一个现象的确切影响是无法知道的，除非它的数量是已知的。

民间测量（folk scales）并准备好融入科学的情况。通常情况下，不可能直接观察到某种现象是如何生成的。在这种情况下，科学中的一个既定战略是，通过其与另一个更容易观察和量化的现象之间的关系，来测量受到质疑的现象。后者的行为能够提供一个可以测量前者的标准。因此，华伦海特发明了温度计，通过测量密封在玻璃管中水银的反应间接测量热量。类似的策略也能够适用于法律的测量。

间接的法律测量需要一种可观察和可量化的现象，这种现象随着法律的量的变化而有系统地产生变化。其中一种现象可能是人们回避法律的倾向，即在政府社会控制的过程中，避免被界定为越轨行为或者被视为越轨行为处理的倾向。如果我们假设人们规避法律的倾向与其量级大小直接相关，那么法律测量的区间尺度量表，就可以建立在对这种规避行为的观察之上。① 然而，现实中的人们一般不会经历各种法律事件，因此，这些观察必须以一种人为的方式进行。（这在科学上也是一种常规的做法，就像温度计这个事例一样。）

某种自然的实验可能是一种理想的环境，在这个环境中可以观察人们用其中一种或另一种方式规避法律的程度，但这可能很难实施。另一种选择可能是提出具有假设情况的主题，并要求受试者说明在涉及的每一项法律事件上，其规避行为能够达到什么程度。这些假设情况可以在面对面的访谈、调查问卷或是在实验室的实验中提出。无论是什么环境，受试者都会被要求以定量的方式，说明他们将在列表中的每一个事件上采取多大程度的规避行为，这些事件可能包括以下的经验：警察实施的审讯、个人搜查、逮捕、起诉、定罪，10 美元的罚金、50 美元的罚金等，以及高达 500 美元及以上的罚金，10 天刑期、30 天刑期等，1 年监禁、两年监禁等，电刑、绞刑处罚等。这个清单也可能包括民事案件，比如诉讼、疏忽大意或玩忽职守的裁决、违约裁决、支付赔偿金 10 美元或 50 美元，等等。也可能包括治疗事件，比如送往精神病医院救治的法律承诺（legal commitment），以及调解事

① 这并不意味着具体指法律在多大程度上能够阻止人们从事非法行为，尽管遵守法律是他们可能寻求避免某一特定法律经历的一种方式。恰恰相反，更确切地说，问题是人们是否会选择或多或少地经历一场法律事件，以及参与到什么程度。因此，威慑理论（theory of deterrence）虽然与这一问题相关，但其侧重点更为有限。

件，比如婚姻纠纷中的调解或者劳动争议中的仲裁。①

216   由于具有不同社会位置的人可能能有不同的回避模式，② 这一工具将适用于那些社会特征已经是众所周知的人，以及那些社会特征极其相似的人。也许他们应该是人口统计学意义上的一种典型群体，每一个人都是英美法学中"理性人"（the reasonable man）的社会学版本。在任何情况下，都根据他们的反应来计算平均分数，这将成为制定法律定距标准量表的基础。基于心理学研究的目的需要，这类方法已经发展成为一种方法论，并且已应用于构建一种受到高度评价和认可的定距测量量表，用以测量人们对犯罪严重性的看法（Sellin and Wolfgang, 1964；另请参阅该著作有关心理学测量的综合讨论，特别是第 15 章和第 20 章）。但是就法律而言我们希望测量的是行为，而不是看法。③

从一开始，就应该认识到，任何衡量法律的尺度都会像所有测量工具一样，有其自身的局限性。它在某些方面更有用，甚至可能不可避免地在某种程度上扭曲现实中的真实情况。只有在法律测量程序进入探索实验阶段时，

---

① 在不同的背景下——讨论如何对"角色期待"（role expectations）进行分类时——达伦多夫（Dahrendorf）认为，这个数值可以任意地分配给一系列的负面制裁，无论是合法的还是非法的：如果我们能够成功地量化刑事制裁的严重程度，我们就会有一种方法来对某个特定社会中所有已知角色进行排序、定性和区分……所有的标准在最初都具有随意性，因此没有理由说明为什么人们不应该试图对惩罚进行分类，也就是说，（根据刑期的长短）依次从 10 等级（长的刑期）到 1 等级（参照组的成员不赞成）或是到 0 等级（无处罚的角色范围）进行排列（Dahrendorf, 1968：43, 69, 注释 41）。达伦多夫还赞许地引用了舒曼著作中有关"测量社会制裁的技术理论"（the theory of techniques of measuring social sanctions）的论述（Schumann, 1968）。

② 是否真的是这样，以及规避的程度有多大，都是经验性的问题，值得结合自身具有的能力或品质进行研究。

③ 也许应该简要地提一下另外一种方法，通过这种方法可以间接地测量法律的量。由于法律损害了它所针对的任何人的名望——或规范性地位（normative status）（参阅，例如，Garfinkel, 1965），因此，应当可以根据损害的程度来衡量法律事件的严重程度。例如，被判犯有谋杀罪的人比被指控但被宣告无罪的人失去了更多的这种地位，应当能够衡量出这一差别。由于规范性地位的下降涉及各种各样的社会不利因素，法律事件的量级程度可通过他人造成的能力丧失的确切残疾程度来测量。例如，这个人遭受社会排斥的程度有多大？他或她在找工作方面存在多少生理缺陷？法律的量可以通过其社会影响间接地加以观察，而且，从原则上讲，可以在这些观察的基础上建立一个进行定距测量的间隔尺度。这种办法的可能性可以在施瓦兹和斯科尔尼克（Schwartz and Skolnick, 1962）关于法律制裁的经济后果（the economic consequences of legal sanctions）的研究中发现。法律的量能够通过社会含义间接观察，原则上等距量表能够被构建在这些观察的基础上。

才能看到这些限制的具体性质以及对这些限制可能做出的调整。[①]

* * *

在结束前，需要补充说明的是，法律测量所带来的挑战，通过外推法 217
（extrapolation）适用于每一种社会控制，无论是在一个部落或是一个国际社
会、一个组织、一个家庭中，还是在朋友或邻居之间。这种测量直接关系到
法律行为如何与其他类型的规范生活相联系的问题，这是社会控制普遍论中
的一个主要问题。目前，人们对法律如何在数量上与没有国家参与的各种社
会控制进行比较知之甚少。虽然似乎很明显，除了法律之外，每个社会都有
大量的社会控制，但不可能对每一种社会进行精确的逐一详细叙述。最后，
应当理解，法社会学中的测量挑战产生的影响完全超出了该领域本身的研究
范围。最终，法社会学理论——或任何其他各种社会现象的社会学理论——
要求对社会空间的各个维度进行定量研究。实际上，它需要对一切社会现象
进行量化。[②] 否则只能是见仁见智，漠视事实，不受评价。正如人们所认识
到的，社会学将真正进入测量时代（era of measurement）。

---

① 尖端科学有专门研究测量问题的专业。例如，在物理学中，测温法涉及热量的测量，而电
的测量则称为测电术（electrometry）。或许将"法律计量学"（jurimetrics）这个标签应用到
法社会学领域的测量理论和实践上是合适的，即使其最初的含义——"法律问题的科学调
查"（the scientific investigation of legal problems）（Loevinger, 1949：483）——比这一定义
的内涵要广泛得多。

② 《法律的运作行为》包含了定量概念（quantitative conceptions）——虽然是一些社会现象的
初步研究，包括文化、亲密关系、组织、习俗和名望。可以把医学、艺术甚或一种观念想
法理解为一种定量变量（Black, 1979c）。然而，在所有这些情况下，定距测量标准尺度的
发展几乎还尚未开始。

附录 B　警务观察表

在三个城市的观察研究中，为了记录警察针对警方无线电台调度做出的回应，此处转载了观察员使用的表格。[①] 这类案件源于公民的报警电话，并且解释了巡警处理的绝大部分事件。

然而，需要注意的是当公民在大街上直接呼叫警察，自己到警察局报案时（"不请自来的人"），或者当警官自己注意到发生的事件时（"亲眼所见"），这些案件都会引起他们的关注。[②] 虽然观察员可以获得每一种法律动员形式的表格，但它们的结构和内容基本上与设计的"运行"表格（run form）重叠，因此不包括在本附录中。此外，还为观察员提供了一个小册子，用于记录与特定案件无关的信息 [例如，警官在对话中流露出来的态度，以及他们对巡逻警管区（patrol territory）领地特权特征的看法]。在每 8 小时的观察期结束后，在当事警官不知情的情况下，所有表格都已完成。

密歇根大学社会组织研究中心

警务观察研究　1966

---

① 这个表格也出现在布莱克（Black, 1968：附录 I）和麦考尔（McCall, 1978：附录 A）的著作中。小阿尔伯特·J. 赖斯（Albert J. Reiss, Jr.）负责更大的项目实施，并且与我合作共同设计了研究工具，并善意地允许我在本书中转载此表。我也借此机会感谢唐纳德·迪克森（Donald Dickson）、艾伦·莱维特（Allan Levett）和莫林·米勒斯基（Maureen Mileski）对观察问卷表的设计所提出的建议。

② 在布莱克（Black, 1968：附录 II）的著作中也附有一份视图表。

警务运行观察活页表

R-1　城市_____　　　　　　　　　　　　　　　　　　220

R-2　管辖区号_____

R-3　警管区或辖地区域号_____

R-4　日期：____年____月____日

R-5　星期：（√）____1. 星期日　____2. 星期一　　____3. 星期二

____4. 星期三　____5. 星期四　____6. 星期五　____7. 星期六

R-6　轮班：（√）____1. 午夜 12 点—早上 8 点　____2. 早上 8 点—

下午 4 点　____3. 下午 4 点—午夜 12 点　____4. 其他（规定的重叠轮班

时间）

R-7　在这种情形中警察活动的时间：

开始时间_____

结束时间_____

总运行时间〔小时或分钟〕_____

R-8　编号_____

R-9　观察员姓名_____

1. 因警察报警指挥中心调度产生的情形定义：（√）　　　　　221

第一部分——常见的重罪

__01. 严重侵犯他人身体罪（例如，持刀或持枪）

__02. 汽车盗窃

__03. 入室盗窃——商业场所

__04. 入室盗窃——住宅

__05. 入室盗窃——未指明的或者其他场所〔注明：_____〕

__06. 自杀，与犯罪有关的

__07. 盗窃——偷汽车配件

__08. 盗窃——偷自行车

__09. 盗窃——来自汽车上的偷窃

__10. 盗窃——入店行窃

___11. 盗窃——未指明的或者其他物品［注明：＿＿＿＿＿＿＿＿＿＿＿］

___12. 强奸——未遂

___13. 强奸——暴力

___14. 抢劫——商业场所

___15. 抢劫——街道（包括扒窃）

___16. 抢劫——未指明的或者其他场所［注明：＿＿＿＿＿＿＿＿＿＿＿］

第二部分——其他投诉

___17. 丢弃车辆

___18. 轻微伤害罪（例：人身攻击，威胁等）

___19. 拉警报器

___20. 骚乱或纠纷，在酒吧

___21. 骚乱或纠纷，与家务有关的（家庭纠纷）

___22. 骚乱或纠纷，房东-房客

___23. 骚乱或纠纷，邻里纠纷

___24. 骚乱或纠纷，吵闹或扰乱治安

___25. 骚乱或纠纷，吵闹的聚会

222 ___26. 骚乱或纠纷，未指明的或者其他情况［注明：＿＿＿＿＿＿＿＿＿］

___27. 醉酒的人

___28. 打架斗殴——团伙

___29. 打架斗殴——未成年人或儿童

___30. 打架斗殴——未指明的或者其他情况［注明：＿＿＿＿＿＿＿＿＿］

___31. 赌博

___32. 青少年——青少年和儿童间的问题（例，男孩间的问题）［注明：

＿＿＿＿＿＿＿＿＿＿＿］

___33. 违反酒精饮料法——未成年人饮酒

___34. 违反酒精类饮料法——未指明的或者其他情况［注明：＿＿＿＿＿］

___35. 流浪罪

___36. 窥淫者

___37. 赃物或可疑财产（例，警察检查赃物，买卖）［注明：＿＿＿＿＿＿］

___38. 卖淫罪

__39. 小偷

__40. 性犯罪（例如，露阴）［注明：＿＿＿＿＿＿＿＿＿＿＿＿］

__41. 嫌疑人——有嫌疑的罪犯［注明：＿＿＿＿＿＿＿＿＿＿＿］

__42. 可疑的人或可疑的情形［注明：＿＿＿＿＿＿＿＿＿＿＿＿］

__43. 违反交通——移动的（例如，加速）［注明：＿＿＿＿＿＿＿］

__44. 违反交通——停止的（例如，停车）［注明：＿＿＿＿＿＿＿］

__45. 违反交通——未指明的或者其他［注明：＿＿＿＿＿＿＿＿＿］

__46. 游荡罪

__47. 蓄意破坏——青少年恶意损坏财物

__48. 蓄意破坏——恶意破坏财产，未指明的或者其他［注明：＿＿＿］

__49. 通缉的人或可能通缉的人［注明：＿＿＿＿＿＿＿＿＿＿＿］

__50. 携带或拥有武器

__51. 未指明的或者其他情况［注明：＿＿＿＿＿＿＿＿＿＿＿＿］

第三部分——其他事件或问题

__52. 动物问题——狗咬伤

__53. 动物问题——未指明的或者其他［注明：＿＿＿＿＿＿＿＿＿］

__54. 汽车事故——肇事逃逸

__55. 汽车事故——伤害

__56. 汽车事故——未指明的或者其他［注明：＿＿＿＿＿＿＿＿＿］

__57. 失火

__58. 受害人（除了交通或狗咬伤）

__59. 咨询请求

__60. 警务信息

__61. 失踪人

__62. 失意者

__63. 失踪少年

__64. 失踪人，未指明的或者其他［注明：＿＿＿＿＿＿＿＿＿＿＿］

__65. 警察护送请求

__66. 警察监视请求

__67. 病人（包括孕妇但不是精神病例）

__68. 交通或安全隐患

__69. 精神病人运输

__70. 其他人的运输（例如，运输未成年人到拘留所）

__71. 未指明的或者其他请求或事故［注明：_____］

2. 写下调度员的用语，有关消息的任何额外或不寻常的特征，没有被事件本身所记录。（例如，有人受枪击躺在那里或男孩们又回到那里。）

_____

_____

3. 有其他警员协助吗？

　　__1. 是　　　　　　　__2. 否

4. 警员的反应：

　　__1. 紧急——例如，使用闪光灯、警报和/或快速驾驶

　　__2. 常规——直接进行或以通常的方式

　　__3. 不重要——磨蹭的，在途中打电话

　　__4. 不重要——优先考虑其他事情［指出：_____］

5. 在警员看到情形之前他们对此进行了描绘？（例如，"这个家伙是习惯性的。一个月呼叫几次"或者"我们要迅速地进入和撤回"。）

　　__1. 是　　　　　　　__2. 否

　　如果"是"，具体描述_____

223　6. 普遍场景：

　　__01. 上层阶层公寓大楼

　　__02. 上层阶层住宅

　　__03. 中产阶层公寓大楼

　　__04. 中产阶层住宅

　　__05. 下层阶层公寓大楼或公寓

　　__06. 下层阶层住宅

　　__07. 适合的商业闹市区

　　__08. 商业——其他

　　__09. 混合商业和住宅公寓、酒吧、商店等

　　__10. 过渡或破败的混合区

　　__11. 工业——工厂，仓库

___12. 其他〔指出：_____〕

7. 特殊场景：

  a. 住宅单元内

    ___01. 单间公寓

    ___02. 客厅

    ___03. 厨房

    ___04. 大厅或前厅

    ___07. 其他〔指出：_____〕

  b. 住宅单元附近

    ___10. 在陆地、大厅或楼梯（例如，在公寓大楼内，但在房间外）

    ___11. 在门廊

    ___12. 在大厅

    ___13. 在院子、车道或停车场

    ___14. 小巷、人行道或街道

    ___17. 其他〔指出：_____〕

  c. 商业场所里或附近

    ___20. 公众交易发生的商务区

    ___21. 员工的办公室或私人区域，例如，公共储藏室后台

    ___22. 商务区附近，例如，街道、小巷、停车场

    ___27. 其他〔指出：_____〕

  d. 公共机构里面或附近

    ___30. 医疗环境，前台——公众交易发生地

    ___31. 医疗环境，后台——例如，病人或雇员活动区以及咨询室

    ___32. 非医疗环境，例如，学校、公园、有关官员或雇员的前台

    ___33. 非医疗环境，后台，非公共机构——例如，校长室或雇员活动区

    ___35. 开放公园或操场，可能有时有监督，但在那时没有在场的或相关的官员或员工

    ___37. 其他〔指出：_____〕

  e. ___40. 公共场所——街道、小巷等，但与其他环境无关〔指出：_____〕

　　__50. 不适用的（环境不能确定）

224　8. 特定环境的状况是？

　　　　__1. 破败、肮脏等

　　　　__2. 维护良好、干净等

　　　　__3. 不恰当（即上述情形不能描述这个环境，例如，繁忙的十字路口）

　　　　〔指出：_____〕

9. 案发地址〔使用事件日志地址〕_____

10. 警察到达指定地点：

　　　　__1. 警察进入公民或警官视为需要警察注意的位置。（注意：公民可能在场或可能不在场，例如，报废车辆。）〔继续做第 11 项〕

　　　　__2. 警察不能确定指定位置（例如，方位不明或不存在）

　　　　__3. 没有人应答——警察离开。〔跳至第 28 项〕

　　　　__4. 公民否认呼叫过警察——警察离开。〔跳至第 28 项〕

　　　　__5. 公民说不想要或不需要警察——警察离开。〔跳至第 28 项〕

　　　　__6. 警察发现其他警察正在处理并不需要援助——警察离开。〔跳至第 28 项〕

　　　　__7. 其他——警察离开。〔指出：_____〕〔跳至第 28 项〕

11. 警察与公民是否有互动？

　　　　1. 是〔继续做第 12 项〕

　　　　2. 否〔进入第 19 项〕

12. 主要参与的公民在场景中的特征：（每一个参与者使用一栏。把核心人物放在第一，第二核心人物其次，等等。）

姓名																															
性别		男			女			男			女			男			女			男			女			男			女		
种族		白人	黑人	其他	白人	黑人	其他	白人	黑人	其他	白人	黑人	其他	白人	黑人	其他	白人	黑人	其他	白人	黑人	其他	白人	黑人	其他	白人	黑人	其他	白人	黑人	其他
年龄——勾选	0~10 岁儿童																														
	10~18 岁																														
	18~25 岁																														
	25~45 岁成年人																														
	45~60 岁中年人																														
	60 岁以上老年人																														
公民的普遍角色	普通公民																														
	业务经理/老板																														
	雇员																														
	公务员																														
	公职人员																														
	客户或顾客																														
	不知道																														
公民的阶层	白领																														
	蓝领																														
	不知道																														
公民的收入	高收入																														
	中等收入																														
	低收入																														
	不知道																														
公民的说话方式	普通或中产阶层																														
	外国或民族口音																														
	下层阶层																														

指出其他语言的显著特征，例如，口吃、做作、异常粗俗、可理解：＿＿＿＿＿＿＿＿＿＿

225　**13. 主要参与的公民在场景中的表现：**

一般状况	激动					
	冷静					
	非常冷淡					
	不知道					
对待警察	非常尊重					
	有礼貌					
	敌意					
	不知道					
清醒状态	清醒					
	有饮酒迹象					
	喝醉了					
	不知道					
公民向警官提出了明确的，特殊的请求注明：	是的	没有	是的	没有	是的	没有	是的	没有	是的	没有

14. 主要参与的公民在场景中的特定角色：

原告					
罪犯——有嫌疑的或被指控的罪犯					
受害者——例如病人、失踪儿童的父母					
原告群体成员					
罪犯群体成员					
受害者群体成员					
检举者					
旁观者					
不知道					

15. 其他参与的公民在场景中的特征：（如果在该场景中不止 5 位公民，本项才会使用。对他们应该进行总体的描述，取决于在场景中的特定角色，正如第 14 项展示的内容。）

226

总数		原告群体			罪犯群体			受害者群体			检举者			旁观者			不知道
性别：男,女,两者		男	女	两者	男	女	两者	男	女	两者	男	女	两者	男	女	两者	两者
年龄:青少年,成年人,两者		青少年	成年人	两者	青少年	成年人	两者	青少年	成年人	两者	青少年	成年人	两者	青少年	成年人	两者	两者
普通角色	普通公民																
	商人																
	雇员																
	公务员																
	公职人员																
	客户或顾客																
	混合的																
	不知道																
阶层	白领																
	蓝领																
	混合的																
	不知道																
收入	高收入																
	中等收入																
	低收入																
	混合的																
	不知道																
方式（一般状况）	激动																
	冷静																
	非常冷淡																

续表

总数		原告群体			罪犯群体			受害者群体			检举者			旁观者			不知道		
性别：男，女，两者		男	女	两者	男	女	两者	男	女	两者	男	女	两者	男	女	两者	男	女	两者
年龄：青少年，成年人，两者		青少年	成年人	两者	青少年	成年人	两者	青少年	成年人	两者	青少年	成年人	两者	青少年	成年人	两者	青少年	成年人	两者
	混合的																		
	不知道																		
方式（对待警察）	非常恭敬																		
	礼貌																		
	敌对																		
	混合的																		
	不知道																		
其他相关信息：[指出]																			

227 16. 在场景中角色分配给主要公民或其他公民是否存在任何困难？

　　1. 是　　　　　　2. 否

　　如果"是"——指出：＿＿＿＿＿＿＿＿＿＿＿＿＿＿＿＿＿

17. 场景中公民之间的关系：[指出各种角色的在位者的先前关系——使用下列的编码：]

　　1. 家人

　　2. 朋友或熟人

　　3. 邻居

　　4. 混合的——1—4

　　5. 生意关系

　　6. 其他正式关系（例如，教师-学生）

　　7. 无明显的关系

　　8. 关系未知的

　　9. 混合的——1—8

0. 毫无关系的

	原告									
原告		罪犯								
罪犯			受害人							
受害者				原告群体						
原告群体					罪犯群体					
罪犯群体						受害者群体				
受害者群体							检举者			
检举者								旁观者		
旁观者									不知道	
不知道										

18. 目击者：有目击者或可能有目击者的"事件"？　　　　　　　　228

　　1. 是　　　　　2. 否（例如，病人）

　　a. 如果"是"：目击者数目＿＿＿＿＿＿＿＿＿＿＿＿＿＿＿＿

　　b. 有目击者的事件：

　　目击者是：1. 与警察合作的

　　　　　　　2. 不与警察合作的

　　　　　　　3. 冷漠的或疏远的

　　　　　　　4. 混合的——1—3

　　　　　　　9. 不祥的

　　非目击者是：1. 与警察合作的

　　　　　　　　2. 不与警察合作的

　　　　　　　　3. 冷漠的或疏远的

　　　　　　　　4. 混合的——1—3

　　　　　　　　9. 不祥的

　　c. 如果必要，详细说明上述内容：

＿＿＿＿＿＿＿＿＿＿＿＿＿＿＿＿＿＿＿＿＿＿＿＿＿＿＿＿＿＿＿

＿＿＿＿＿＿＿＿＿＿＿＿＿＿＿＿＿＿＿＿＿＿＿＿＿＿＿＿＿＿＿

19. 现场警察与公民人数：

    a. 相关场景中的公民的总数：［不算向导，旁观者和身份不明的人］

————

    b. 向导，旁观者和身份不明者的总人数————

    c. 公民总数［加上 a 和 b］————

    d. 在场警员总数————

20. 大概描述刚开始的情景：（例如，指出警察介入任何骚乱的原因）

—————————————————————————————————

—————————————————————————————————

229 21a. 警察到达后情形的界定：［勾选公民对问题的说明。如果公民不在场或不能沟通，勾选警官的界定。］

    第一部分——常见的重罪

  __01. 严重侵犯他人身体罪（例如，持刀或持枪）

  __02. 汽车盗窃

  __03. 入室盗窃——商业场所

  __04. 入室盗窃——住宅

  __05. 入室盗窃——未指明的或者其他场所［注明：——————————］

  __06. 自杀，与犯罪有关的

  __07. 盗窃——偷汽车配件

  __08. 盗窃——偷自行车

  __09. 盗窃——来自汽车上的偷盗

  __10. 盗窃——入店行窃

  __11. 盗窃——未指明的或者其他物品［注明：——————————］

  __12. 强奸——未遂

  __13. 强奸——暴力

  __14. 抢劫——商业场所

  __15. 抢劫——街道（包括扒窃）

  __16. 抢劫——未指明的或者其他场所［注明：——————————］

    第二部分——其他投诉

  __17. 丢弃车辆

__18. 轻微伤害罪（例：人身攻击，威胁等）

__19. 拉警报器

__20. 骚乱或纠纷，在酒吧

__21. 骚乱或纠纷，与家务有关的（家庭纠纷）

__22. 骚乱或纠纷，房东-房客

__23. 骚乱或纠纷，邻里纠纷

__24. 骚乱或纠纷，吵闹或扰乱治安

__25. 骚乱或纠纷，吵闹的聚会

__26. 骚乱或纠纷，未指明的或者其他情况〔注明：＿＿＿＿＿＿＿＿〕

__27. 醉酒的人

__28. 打架——团伙

__29. 打架——未成年人或儿童

__30. 打架——未指明的或者其他情况〔注明：＿＿＿＿＿＿＿＿〕

__31. 赌博

__32. 青少年——青少年和儿童间的问题（例，男孩间的问题）〔注明：
＿＿＿＿＿＿＿〕

__33. 违反酒法——未成年人饮酒

__34. 违反酒法——未指明的或者其他情况〔注明：＿＿＿＿＿＿＿〕

__35. 流浪罪

__36. 窥淫者

__37. 赃物或可疑财产（例，警察检查赃物，买卖）〔注明：＿＿＿＿
＿＿＿＿＿＿＿〕

__38. 卖淫罪

__39. 小偷

__40. 性犯罪（例如，露阴）〔注明：＿＿＿＿＿＿＿＿＿＿＿＿＿〕

__41. 嫌疑人——有嫌疑的罪犯〔注明：＿＿＿＿＿＿＿＿＿＿＿〕

__42. 可疑的人或可疑的情形〔注明：＿＿＿＿＿＿＿＿＿＿＿＿〕

__43. 违反交通——移动的（例如，加速）〔注明：＿＿＿＿＿＿＿＿〕

__44. 违反交通——停止的（例如，停车）〔注明：＿＿＿＿＿＿＿＿〕

__45. 违反交通——未指明的或者其他〔注明：＿＿＿＿＿＿＿＿＿〕

__46. 游民罪

230

__47. 蓄意破坏——青少年恶意损坏财物

__48. 蓄意破坏——恶意破坏财产，未指明的或者其他〔注明：_____〕

__49. 通缉的人或可能通缉的人〔注明：_____〕

__50. 携带或拥有武器

__51. 未指明的或者其他情况〔注明：_____〕

第三部分——其他事件或问题

__52. 动物问题——狗咬伤

__53. 动物问题——未指明的或者其他〔注明：_____〕

__54. 汽车事故——肇事逃逸

__55. 汽车事故——伤害

__56. 汽车事故——未指明的或者其他〔注明：_____〕

__57. 失火

__58. 受害人（除了交通或狗咬伤）

__59. 咨询请求

__60. 警务信息

__61. 失踪人

__62. 失意者

__63. 失踪少年

__64. 失踪人，未指明的或者其他〔注明：_____〕

__65. 警察护送请求

__66. 警察监视请求

__67. 病人（包括孕妇但不是精神病例）

__68. 交通或安全隐患

__69. 精神病人运输

__70. 其他人的运输（例如，运输未成年人到拘留所）

__71. 未指明的或者其他请求或事故〔注明：_____〕

b. 如果涉及任何刑事损害或财产或金钱的损失，指出损害或损失的大概价值：_____

22. 公民口头是否提出特殊服务？

　　__1. 是　　　　__2. 否　　　　__0. 不适用的

如果"是"——勾选或写下：

　__1. 送达医疗场所

　__2. 逮捕

　__3. 争论或纠纷的解决

　__4. 建议或咨询

　__5. 特殊警察监视或居留

　__7. 其他——指出：＿＿＿＿＿＿＿＿＿＿＿＿＿＿＿＿＿

23. 公民对待警察是否有不寻常表现？（例如，老板对员工歇斯底里等。）

　__1. 是　　　　__2. 否

　如果"是"——指出：

24. 场景在公民间的合理定义，是否有明显分歧？

　__1. 是　　　　__2. 否　　　　__9. 不知道　　　　__0. 不适用的

　如果"是"——指出：＿＿＿＿＿＿＿＿＿＿＿＿＿＿＿＿＿

25. 对于场景的一般定义，警察的反应是？

　__1. 同意并继续采取某种行动（口头或其他的）

　__2. 不同意但是继续采取警方行动——指出分歧：＿＿＿＿＿＿＿

＿＿＿＿＿＿＿

　__3. 看作没有根据（毫无事实根据）

　__4. 看作民事案件或非警方事务

　__7. 其他——指出：＿＿＿＿＿＿＿＿＿＿＿＿＿

　__9. 不知道

26. 在碰面期间，场景的位置变化是否显著？　〔不包括到医疗地点或派出所。〕

　__1. 是　　　　__2. 否

　如果"是"——指出变化的本质和事件处理的变化影响：

＿＿＿＿＿＿＿＿＿＿＿＿＿＿＿＿＿＿＿＿＿＿＿＿＿＿＿＿＿

＿＿＿＿＿＿＿＿＿＿＿＿＿＿＿＿＿＿＿＿＿＿＿＿＿＿＿＿＿

27. 在碰面期间，是否有任何新的参加者介入？

　__1. 是　　　　__2. 否

　如果"是"——指出有多少，他们扮演什么样的角色（原告、检举者等），而且他们的介入对于事件的处理有怎样的影响：

231

_____

_____

28. 警察行动：

　　a. 正式或官方行动

　　__1. 实施逮捕 ［指出：_____］

　　__2. 因涉嫌或调查而逮捕 ［指出：_____］

　　__3. 给予交通罚款 ［指出：_____］

　　__4. 给予其他罚款 ［指出：_____］

　　__5. 提交官方报告 ［指出：_____］

　　__6. 带到派出所

　　__7. 该区域其他的 ［指出：_____］

　　b. 非正式权力的使用

　　__8. 使用武力对付

　　__9. 以武力相威胁

　　__10. 以逮捕相威胁

　　__11. 交通警告

　　__12. 其他威胁或警告（例如，未指明的警告）［指出：_____］

　　__13. 告诫或说教

　　__14. 该区域其他的（例如，其他各种诋毁手段）［指出：_____]

232　c. 非正式警察行动

　　__15. 调查案发地点

　　__16. 调查案发地点以外的地方

　　__17. 讯问案发地的嫌疑人

　　__18. 讯问案发地以外的嫌疑人

　　__19. 搜查案发地点的财产

　　__20. 搜查案发地点以外的财产

　　__21. 搜查案发地点的人

　　__22. 搜查案发地点以外的人

　　__23. 在离开后给予特别的监视或注意

　　__24. 该区域其他的 ［指出：_____]

d. 准备或提议未来的行动

___25. 呼叫更多的警察到现场

___26. 拒绝其他警察小组［指出：_____］

___27. 提议进一步使用警察服务［指出：_____］

___28. 适用于非警察机构［指出：_____］

___29. 提议使用非警察服务［指出：_____］

___30. 鼓励想提起诉讼的公民［指出：_____］

___31. 询问公民是否愿意提起诉讼——公民同意［指出：_____］

___32. 询问公民是否愿意提起诉讼——公民拒绝［指出：_____］

___33. 提供或承诺调查

___34. 提供或承诺特殊的监控或注意

___35. 该区域其他的［指出：_____］

e. 实际服务

___36. 运送到医疗地点

___37. 运送到其他地点——［指出：_____］

___38. 护送到医疗地点

___39. 护送到其他地点——［指出：_____］

___40. 实施急救或其他物质救助

___41. 履行其他物质救助（例如，清除死狗）［指出：_____］

f. 社会服务或"抚慰"

___42. 纠纷仲裁（做出裁断）

___43. 纠纷调解（作为裁判或中间人）

___44. 提供建议或咨询

___45. 给予安慰或情感支持

___46. 劝说或让人们冷静处理自己的问题

___47. 劝说或让人们冷静视警察行为不受欢迎由于它的影响

___48. 劝说或让人们冷静否决存在问题

___49. 劝说或让人们冷静视问题得到解决或关注事后的警察行动

___50. 劝说或让人们冷静延缓他们的担忧或提议等等看（例如，"我会建议你再等等看"）

___51. 运用其他抚慰策略技巧或给予其他社会服务［指出：_____］

g. 其他

__52. 获取信息或中断碰面［指出：_____］

__53. 提供或交换信息以及终止碰面［指出：_____］

__54. 继续其他业务并没有采取任何行动［指出该情形的最初定义_____

_____］

__55. 采取其他行动——不属于上面情形［指出：_____］

233 29. 警察是否遵照中心要求或提出要求？

__1. 是   __2. 否   __9. 不知道   __0. 不适用的

如果"否"——指出差异：

_____

_____

234 30. 警察对主要公民和其他参与者的行为方式：

a. 公民控制［每个空格只用一个数字］

1. 牢牢控制   2. 保持控制   3. 从属性为

主要公民

警官	#1	#2	#3	#4	#5
#1					
#2					
#3					
#4					

b. 自我控制［每个空格只用一个数字］

1. 牢牢的自我控制   2. 保持自我控制   3. 失去自我控制

主要公民

警官	#1	#2	#3	#4	#5
#1					
#2					
#3					
#4					

c. 控制技巧［使用尽可能多的数字］

　　1. 提出特别的请求（例如，我也是爱尔兰人。）

　　2. 保持幽默和愉悦

　　3. 轻微的威胁

　　4. 保持沉默

　　5. 尝试改变公民对其他事情的关注焦点（转移注意力的技巧）

　　6. 运用推理或解决问题技巧

　　7. 运用其他控制技巧

主要公民

警官	#1	#2	#3	#4	#5
#1					
#2					
#3					
#4					

d. 通用方式［使用尽可能多的数字］

　　1. 敌对，讨厌，煽动　　　　2. 粗暴，霸道，独裁

　　3. 公开调侃或蔑视　　　　　4. 巧妙调侃或蔑视

　　5. 认真，遵循常规，客观　　6. 高兴，幽默，愉快

主要公民

警官	#1	#2	#3	#4	#5
#1					
#2					
#3					
#4					

e. 偏见［每个空格只用一个数字］　　　　　　　　　　235

　　1. 明显的偏见　　　2. 显露出偏见　　　3. 没有显露出偏见

主要公民

警官	#1	#2	#3	#4	#5
#1					
#2					
#3					
#4					

f. 公民控制 ［每个空格只用一个数字］

　1. 牢牢控制　　　　2. 保持控制　　　　3. 从属性为

其他公民

警官	原告群体	罪犯群体	受害者群体	检举者	旁观者	不知道
#1						
#2						
#3						
#4						

236　　g. 自我控制 ［每个空格只用一个数字］

　1. 坚守自我控制　　　2. 保持自我控制　　　3. 失去自我控制

其他公民

警官	原告群体	罪犯群体	受害者群体	检举者	旁观者	不知道
#1						
#2						
#3						
#4						

h. 控制技巧 ［使用尽可能多的数字］

　1. 提出特别的请求（例如，我也是爱尔兰人。）

　2. 保持幽默和愉悦

　3. 轻度的威胁

　4. 保持沉默

5. 尝试改变公民对其他事情的关注焦点（转移注意力的技巧）

6. 运用推理或解决问题技巧

7. 运用其他控制技巧

其他公民

警官	原告群体	罪犯群体	受害者群体	检举者	旁观者	不知道
#1						
#2						
#3						
#4						

i. 通用方式［使用尽可能多的数字］

237

1. 敌对，讨厌，煽动

2. 粗暴，霸道，独裁

3. 公开调侃或蔑视

4. 巧妙调侃或蔑视

5. 认真，遵循常规，客观

6. 高兴，幽默，愉快

其他公民

警官	原告群体	罪犯群体	受害者群体	检举者	旁观者	不知道
#1						
#2						
#3						
#4						

j. 偏见［每个空格只用一个数字］

1. 明显的偏见　　2. 显露出偏见　　3. 没有显露出偏见

其他公民

警官	原告群体	罪犯群体	受害者群体	检举者	旁观者	不知道
#1						
#2						
#3						
#4						

238　31. 在整个事件的过程当中，任何参与者都被视为可能的罪犯或是罪犯群体的成员？

　　__1. 是　　　　__2. 否［接着第 37 项］

32. 警察企图或实施了人身或财产搜查？

　　__1. 是　　　　__2. 否［接着第 33 项］　　　　__3. 不知道

　　如果"是"：

　　a. 试图或实施了何种搜查？

　　__1. 身体（"搜身"）［接着"b"］

　　__2. 财产（例如，汽车或住房）［接着"c"］

　　__3. 两者都有［接着"b"和"c"］

　　b. 如果是"身体"：

　　（A.）为保护警员，观察员是否说明此次搜身的必要性？

　　__1. 是　　　　__2. 否　　　　__9. 不知道

　　（B.）在实施搜身之前，警察是否向搜查对象征得允许？

　　__1. 是　　　　__2. 否　　　　__9. 不知道

　　（C.）搜查对象是否反对搜身？

　　__1. 是［指出双方的谈话内容＿＿＿＿＿＿＿＿＿＿＿＿＿＿＿＿＿＿］

　　__2. 否

　　（D.）搜身被实施？

　　__1. 是　　　　__2. 否

　　（E.）是否发现武器或其他潜在证据？

　　__1. 是［什么？＿＿＿＿＿＿＿＿＿＿＿＿＿＿＿＿＿＿＿＿＿＿＿＿＿］

　　__2. 否

　　__0. 不适用的（没有实施搜身）

　　c. 如果是"财产"：

　　（A.）搜查是否发生在逮捕之前？

　　__1. 是　　　　__2. 否　　　　__9. 不知道

　　（B.）警察如何试图或设法进入？

　　__1. 没有请求许可直接进入

　　__2. 请求并被授予许可［双方谈话内容？＿＿＿＿＿＿＿＿＿＿＿＿］

　　__3. 请求准许，被拒绝——没有进入

　　__4. 请求准许，被决绝——进入（不包括使用搜查证）［双方之间发生何事？_____］

　　__5. 凭搜查证获得进入

　　__7. 其他［指出：_____］

　　__9. 不知道

（C.）是否有人反对搜查？

　　__1. 是［指出双方的谈话内容：_____］

　　__2. 否

　　__9. 不知道

（D.）是否发现武器或其他潜在证据？

　　__1. 是［什么？_____］

　　__2. 否

　　__0. 不适用的

（E.）试图或实施车辆搜查：

（a.）在犯罪现场周遭，警察是否试图或进行了车辆搜查？

　　__1. 是

　　__2. 否［在哪？_____］

　　__9. 不知道

　　__0. 不适用的

（b.）在无法进入车辆的情况下，警察是否有仔细查看？

　　__1. 是　　__2. 否　　__9. 不知道　　__0. 不适用的

（c.）警察是否进入车辆并搜查？

　　__1. 是　　__2. 否　　__9. 不知道　　__0. 不适用的

33. 警察讯问可能的罪犯？

　　__1. 是　　　　__2. 否［接着第 34 项］

　　如果"是"：

　　a. 讯问发生地点？［尽可能地勾选］

可能的罪犯

	#1	#2	#3
1. 在现场	_____	_____	_____
2. 去派出所的路上	_____	_____	_____

239

3. 在派出所　　　＿＿＿＿　　＿＿＿＿　　＿＿＿＿

4. 其他地点　　　＿＿＿＿　　＿＿＿＿　　＿＿＿＿

b. 警察如何对待？

可能的罪犯

	#1	#2	#3
1. 简单地开始质疑	＿＿＿	＿＿＿	＿＿＿
2. 有礼貌地请求	＿＿＿	＿＿＿	＿＿＿
3. 客观地传唤	＿＿＿	＿＿＿	＿＿＿
4. 粗暴或险恶地命令	＿＿＿	＿＿＿	＿＿＿
5. 其他［指出］	＿＿＿	＿＿＿	＿＿＿

c. 人们为什么被讯问？

#1

#2　＿＿＿＿＿＿＿＿＿＿＿＿＿＿＿＿＿＿＿＿＿＿＿＿＿

#3　＿＿＿＿＿＿＿＿＿＿＿＿＿＿＿＿＿＿＿＿＿＿＿＿＿

240　d. 人们反对被讯问？

＿1. 是　　　　＿2. 否

如果是，指出双方？

#1

#2　＿＿＿＿＿＿＿＿＿＿＿＿＿＿＿＿＿＿＿＿＿＿＿＿＿

#3　＿＿＿＿＿＿＿＿＿＿＿＿＿＿＿＿＿＿＿＿＿＿＿＿＿

e. 对人们施加了什么样的限制？［多选］

	#1	#2	#3
1. 带到派出所	＿＿＿	＿＿＿	
2. 固定在车里	＿＿＿	＿＿＿	
3. 其他身体限制	＿＿＿	＿＿＿	
4. 口头限制	＿＿＿	＿＿＿	
5. 没有语言限制	＿＿＿	＿＿＿	
7. 其他［指出］	＿＿＿	＿＿＿	

f. 人们反对任何约束？

1. 是　　　　2. 否

如果是，指出双方的谈话内容：

#1 _____

#2 _____

#3 _____

　g. 在逮捕或释放之前，人们被要求在警官的陪同下要多长时间？〔具体到分钟〕

#1 _____　　　#2 _____　　　#3 _____

　h. 人们没有被带至派出所就被释放？

　　　　　　　　　　#1　　　　#2　　　　#3

1. 是　　　　　_____　　_____　　_____

2. 否　　　　　_____　　_____　　_____

　i. 人们被带至派出所但是没有被逮捕？

　　　　　　　　　　#1　　　　#2　　　　#3

1. 是　　　　　_____　　_____　　_____

2. 否　　　　　_____　　_____　　_____

3. 不知道　　　_____　　_____　　_____

　j. 人们承认罪行？　　　　　　　　　　　　　　　　241

__1. 是　　　　　__2. 否　　　　　__9. 不知道

如果"是"

（A.）什么时候供认的？

　　　　　　　　　　　　#1　　　　#2　　　　#3

1. 从一开始——自愿的　_____　　_____　　_____

2. 讯问后〔指出多久〕　_____　　_____　　_____

（B.）发生在哪个具体的阶段

　　　　　　　　　　　　#1　　　　#2　　　　#3

1. 询问前　　　　　_____　　_____　　_____

2. 搜身前　　　　　_____　　_____　　_____

3. 搜财产前　　　　_____　　_____　　_____

4. 现场逮捕时　　　_____　　_____　　_____

5. 在逮捕或留局查看时　_____　　_____　　_____

7. 其他〔指出〕　　　_____　　_____　　_____

　k. 指出任何有关讯问的其他信息：（例如，警官实施的压力数量，指控和供认的关系，等等。)

_____

_____

34. 是否用逮捕，拘留或去派出所做威胁？

　　__1. 是　　　　__2. 否

　　如果"是"，指出，引用如果可能：

_____

_____

35. 当观察员在场时，人们被告知权利？

　　__1. 是　　　　__2. 否　　　　__9. 不知道

　　如果"是"：

　　a. 人们在哪里被告知？

　　__1. 在现场

　　__2. 在去派出所的路上

　　__3. 在派出所［指出到达后多久：_____］

　　__7. 其他［指出：_____］

　　b. 发生在哪个具体的阶段？

　　__1. 询问前

　　__2. 搜身前

　　__3. 搜财产前

　　__4. 现场逮捕时

　　__5. 在逮捕或留局查看时

　　__6. 在供认的时候

　　__7. 其他［指出：_____］

242　　c. 警官说了什么？［如果可能引用。］

_____

_____

36. 人们表达了向律师或其他第三方咨询？

　　__1. 是　　　　__2. 否　　　　9. 不知道

　　如果选择"是"

　　a. 他向谁咨询？

	#1	#2	#3
1. 律师	_____	_____	_____
2. 家庭成员	_____	_____	_____
3. 朋友	_____	_____	_____
4. 其他	_____	_____	_____

b. 发生在具体的阶段？

	#1	#2	#3
1. 讯问前	_____	_____	_____
2. 搜身前	_____	_____	_____
3. 搜财产前	_____	_____	_____
4. 现场逮捕时	_____	_____	_____
5. 在逮捕或留局查看时	_____	_____	_____
6. 在供认的时候	_____	_____	_____
7. 其他 ［指出］	_____	_____	_____

c. 警察和罪犯之间说了什么？

#1 _____

#2 _____

_____

#3 _____

_____

37. 在碰见期间任何人被带至派出所？

__1. 是 　　　　__2. 否 ［接着第 43 项］

如果"是"，指出在各种角色中人们的数目：

原告和或原告群体 　　　　_____

罪犯和或罪犯群体 　　　　_____

受害者和或受害者群体 　　　_____

检举者 　　　　_____

旁观者 　　　　_____

不知道 　　　　_____

总数 　　　　_____

38. 罪犯和/或罪犯群体被带至派出所？

__1. 是　　　　__2. 否［接着第 43 项］

如果"是"，指出下列事项：［给出 3 个人的信息，合计剩余的在"其他人"下面。］

243　　　#1　　　　　　　　#2　　　　　　　　　#3　　　　　　　其他

性别		男	女	男	女	男	女	男女 混合的		
种族：白人，黑人，其他		白人	黑人	其他	白人	黑人	其他	白人	黑人	其他 混合的	
年龄	0～10 岁儿童										
	10～18 岁										
	18～25 岁										
	25～45 岁成年人										
	45～60 岁中年人										
	60 岁以上老年人										
使用武力对付罪犯的程度	公然使用										
	严格处理										
	允许自由										
警察的行为	讨厌或嘲笑										
	说教										
	认真和客观										
	友好										
罪犯的行为	暴力，好斗										
	不满，不高兴										
	被动，未表达										
	合作										
罪犯的言语行为	无礼，暴躁										
	争论										
	被动，安静										
	和蔼，愉快										

续表

性别	男	女	男	女	男	女	男女		
							混合的		
种族： 白人，黑人，其他	白人	黑人	其他	白人	黑人	其他	白人	黑人	其他
							白人	黑人	其他
							混合的		
他被逮捕？	否			否			否		否
	是			是			是		是
以嫌疑或调查被逮捕？	否			否			否		否
	是			是			是		是
指出指控的本质：									
	不适用的			不适用的			不适用的		不适用的

39. 人们是否清楚自己是否会被逮捕？ 244

　　__1. 是　　　　　__2. 否　　　　　__9. 不知道

40. 受怀疑和调查的任何人是否会被逮捕？

　　__1. 是　　　　　__2. 否 ［接着第 41 项］

　　a. 谁做出实施逮捕的决定？

　　__1. 拘留他的巡警

　　__2. 在派出所的警官 ［指出他的警衔：_____］

　　__9. 不知道

　　b. 在什么时候，知道会被逮捕？

　　1. 在现场 ［指出碰面后多久_____：］

　　2. 在去派出所的路上

　　3. 在派出所 ［指出到达后多久：_____］

　　C. 在被逮捕和在警察局登记之间，花了多少时间？具体到分钟_____

　　d. 被登记前，在派出所待了多久？具体到分钟

　　e. 有关逮捕的其他相关信息：

41. 如何做出带罪犯到派出所的决定？

　　__1. 呼叫派出所或其他警察局

__2. 在场的另一名警官

__3. 警官自己的意志

__9. 不知道

42. 指出受到下列观察的罪犯数目：

a. 讯问

b. 指纹对比　　　　　　　　_____

c. 控告　　　　　　　　　　_____

d. 监禁　　　　　　　　　　_____

e. 转移到青年或妇女部门　　_____

f. 粗暴对待　　　　　　　　_____

g. 指出在派出所观察到的其他任何处理或相关事实：

_____

245　43. 在碰面后警察记录了日志或备忘录？

__1. 是　　　　__2. 否　　　　__9. 不知道

如果"是"

a. 指出情形的特点：

b. 观察员与描述的特征是否一致？

__1. 是　　　　__2. 否

如果"是"，指出差异：

44. 当警察离开时公民的普遍心态是？

a. 原告/原告群体　　　　　b. 罪犯/罪犯群体

受害者/受害者群体

__1. 十分感激　　　　　　__1. 十分感激

__2. 满意　　　　　　　　__2. 满意

__3. 漠不关心　　　　　　__3. 漠不关心

__4. 有点不满意　　　　　__4. 害怕的

__5. 非常不满意　　　　　__5. 有点不高兴

__9. 不知道　　　　　　　__6. 非常不高兴

__0. 不适用的　　　　　　__9. 不知道

　　　　　　　　　　　　__0. 不适用的

c. 如果必要详细阐述:

45. 结束后如果警察口头上描述了该情形,指出:

_____

46. 警察非正式地指出他想要采取的行动或是应该能够采取但是他认为是禁止的或不恰当的?

    __1. 是   __2. 否   __0. 不适用的

    如果 "是",详细地说明:

_____

_____

47. 如果警察描述了任何参与碰面的人的特征,指出和确认他们所起的作用(原告、受害者等):

    A. 根据警察非正式类别,例如,他是合乎规范的

    B. 根据种族的刻板印象,例如,一文不值的黑驴

    C. 根据社会阶层印象,例如,有钱的婊子

    D. 根据其他社会类别或身份,例如,妓女,邻里抱怨等等

48. 对于情形或有助于总体描述的内容请写下: 246

_____

_____

_____

_____

参考文献

Alexander, Christopher

1967 "The city as a mechanism for sustaining human contact." Pages 60 – 102 in *Environment for Man*: *The Next Fifty Years*, edited by William R. Ewald. Jr. Bloomington: Indiana University Press.

Andenaes, Johannes

1966 "The general preventive effects of punishment." *University of Pennsylvania Law Review*, 114 (May): 949–983.

Angel, Shlomo

1968 "Discouraging crime through city planning." A report prepared for the National Aeronautics and Space Administration. Space Sciences Laboratory and Center for Planning and Development Research. Working Paper Number 75. Berkeley: University of California.

Anonymous

1972 "The women in blue." *Time* 99 (May 1): 60.

1974 "Cops and couples." *Newsweek* 84 (July 8): 79.

1977 "Citizen Dispute resolution: whose property?" *The Mooter* 1 (Fall): 2–4.

Arrow, Kenneth J.

1972 "Gifts and exchanges." *Philosophy and Public Affairs* I (Summer): 343–362.

Aubert, Vilhelm

1967 "Courts and conflict resolution." *Journal of Conflict Resolution* 11

（March）：40-51.

Bacon，Seldon D.

1939 The Early Development of American Municipal Police：A Study of the Evolution of Formal Controls in a Changing Society，Unpublished doctoral dissertation. Department of Political Science. Yale University.

Banton，Michael

1964 *The Policeman in the Community.* London：Tavistock.

Bard，Morton and Joseph Zacker

1976 "How police handle explosive squabbles." *Psychology Today* 10 （November）：71ff.

Barton，Roy Franklin

1919 *Ifugao Law.* Berkeley：University of California Press. 1969.

Bateson，Gregory，Don D. Jackson. Jay Haley，and John H. Weakland   248

1956 "Toward a theory of schizophrenia." Pages 201 – 227 in *Steps to an Ecology of Mind*，by Gregory Bateson，New York：Ballantine Books，1972.

Baumgartner. M. P.

1980a "Aspects of social control in a suburban town." Paper presented at the annual meeting of the American Sociological Association，New York，August，1980.

1980b "Law and the middle class：evidence from a suburban town." Paper presented at the annual meeting of the Law and Society Association. Madison，June，1980.

1981a "Social control and culture." Forthcoming in *Toward a General Theory of Social Control.* Edited by Donald Black. New York：Academic Press.

1981b Social Control in a Suburban Town：An Ethnographic Study. Unpublished doctoral dissertation，Department of Sociology，Yale University.

Baumgartner. M. P. ，and Donald Black

1981 "Toward a theory of the third party." Forthcoming in Empirical Theories about Courts. Edited by Lynn Mather and Keith Boyum. New York：Longman.

Bayley，David H.

1971 "The police and political change in comparative perspective." *Law and Society Review* 6 (August): 91–112.

1976 Forces of Order: *Police Behavior in Japan and the United States.* Berkeley: University of California Press.

Beaumont, Gustave de, and Alexis de Tocqueville

1833 *On the Penitentiary System in the United States and Its Application in France.* Carbondale: Southern Illinois University Press, 1964.

Becker, Howard S.

1963 *Outsiders: Studies in the Sociology of Deviance.* New York: Free Press.

Bennis, Warren G., and Philip Slater

1968 *The Temporary Society.* New York: Harper and Row.

Bercal, Thomas E.

1970 "Calls for police assistance: consumer demands for governmental service." *American Behavioral Scientist* 13 (May-August): 681–691.

Beresford, M. W.

1957 "The common informer, the penal statutes and economic regulation." Economic History Review 10 (December): 221–238.

Berger. Morroe

1967 *Equality by Statute: The Revolution in Civil Rights.* Garden City: Doubleday (second edition: first edition. 1952).

Bergesen, Albert

1977 "Political witch hunts: the sacred and the subversive in cross-cultural perspective." *American Sociological Review* 42 (April): 220–233.

1980 "Official violence during the Watts, Newark, and Detroit race riots of the 1960s." Pages 138–174 in*A Political Analysis of Deviance.* Edited by Pat Lauderdale. Minneapolis: University of Minnesota Press.

Berk, Richard A., Harold Brackman, and Selma Lesser

1977 *A Measure of Justice: An Empirical Study of Changes in the California Penal Code,* 1955–1971. New York: Academic Press.

Berman, Harold J.

1963 *Justice in the U. S. S. R. : An Interpretation of Soviet Law.* New York:

Random House (second edition: first edition, 1950).

Berman, Jesse

1969 "The Cuban popular tribunals." *Columbia Law Review* 69 (December):
1317–1354.

Best, Arthur, and Alan R. Andreasen   249

1977 "Consumer response to unsatisfactory purchases: a survey of perceiving
defects, voicing complaints, and obtaining redress." *Law and Society Review* 11
(Spring): 701–742.

Bickman, Leonard

1971 "The effect of another bystander's ability to help on bystander
intervention in an emergency." *Journal of Experimental Social Psychology* 7 (May):
367–379.

Biderman, Albert D.

1967 "Surveys of population samples for estimating crime incidence." *The
Annals or the American Academy of Political and Social Science* 374 (November):
16–33.

Biderman, Albert D. , and Albert J. Reiss. Jr.

1967 "On exploring the 'dark figure' of crime." *The Annals of the American
Academy of Political and Social Science* 374 (November): 1–15.

Bittner, Egon

1967a "Police discretion in emergency apprehension of mentally ill persons. "
Social Problems 14 (Winter): 278–292.

1967b "The police on skid-row: a study of peace keeping. " *American
Sociological Review* 32 (October): 699–715.

1974 "Florence Nightingale in pursuit of Willie Sutton: a theory of the
police. " Pages 17–44 in *Sage Criminal Justice System Annuals*, Volume 3; *The
Potential for Reform of Criminal Justice*, edited by Herbert Jacob. Beverly Hills:
Sage.

1976 "Policing juveniles: the social context of common practice. " Pages
69–93 in *Pursuing Justice for the Child*, edited by Margaret Rosenheim. Chicago:
University of Chicago Press.

Bittner. Egon, and Sheldon L. Messinger

1966 "Some reflections on the police and professional crime' in West City." Unpublished paper, Center for the Study of Law and Society, University of California, Berkeley.

Black, Donald

1968 Police Encounters and Social Organization: An Observation Study. Unpublished doctoral dissertation, Department of Sociology, University of Michigan.

1970 "Production of crime rates." *American Sociological Review* 35 (August): 733-748. *Reprinted as Chapter 3 of the present volume.*

1971 "The social organization of arrest." *Stanford Law Review* 23 (June): 1087-1111. *Reprinted as Chapter 4 of the present volume.*

1972 "The boundaries of legal sociology." *Yale Law Journal* 81 (May): 1086-1100.

1973 "The mobilization of law." *Journal of Legal Studies* 2 (January): 125-149. *Reprinted as Chapter 2 of the present volume.*

1976 *The Behavior of Law.* New York: Academic Press.

1979a "Common sense in the sociology of law." *American Sociological Review* 44 (February): 18-27.

1979b "A note on the measurement of law." *Information brief fur Rechtssoziologie,* Sonderheft 2 (April): 92-106. *Reprinted as Appendix A of the present volume.*

1979c "A strategy of pure sociology." Pages 149-168 in *Theoretical Perspectives in Sociology.* Edited by Scott G. McNall. New York: St. Martin's Press.

Black, Donald. And M. P. Baumgartner

1981 "On self-help in modern society." *Dialectical Anthropology* 5: forthcoming. *Reprinted as Chapter 6 of the present volume.*

Black, Donald, and Albert 1. Reiss, Jr.

1967 "Patterns of behavior in police and citizen transactions." Pages 1-139 in U. S. President's Commission on Law Enforcement and Administration of Justice, *Studies in Crime and Law Enforcement in Major Metropolitan Areas,* Field Surveys Ⅲ, volume 2, Washington, D. C. : U. S. Government Printing Office.

1970 "Police control of juveniles." American Sociological Review 35   250
(February): 63-77.

Bohannan, Paul

1965 "The differing realms of the law." Pages 33-42 in The Ethnography of
Law, edited by Laura Nader. Published as supplement to*American Anthropologist*,
volume 67. December.

Bordua, David J. , and Albert J. Reiss. Jr.

1967 "Law enforcement." Page, 275-303 in *The Uses of Sociology*, edited
by Paul F. Lazarsfeld, William Sewell and Harold Wilensky. New York: Basic
Books.

Brown, Michael E.

1969 "The condemnation and persecution of hippies." Trans-Action 6
(September): 33-46.

Brown, Richard Maxwell

1969 "The American vigilante tradition." Pages 154 - 226 in*Violence in
America: Historical and Comparative Perspectives*, edited by Hugh Davis Graham and
Ted Robert Gurr. A report submitted to the national Commission on the Causes
and Prevention of Violence. New York: Bantam Books.

Bryan, James H. , and Mary Ann Test

1967 "Models and helping: naturalistic studies in aiding behavior." *Journal
of Personality and Social Psychology* 6 (August): 400-407.

Buxbaum, David C.

1971 "Some aspects of civil procedure and practice at the trial level in
Tanshui and Hsinchu from 1789 to 1895. " *Journal of Asian Studies* 30 (February):
255-279.

Cardozo, Benjamin N.

1921 *The Nature of the judicial Process.* New Haven: Yale University Press.

1924 *The Growth of the Law.* New Haven: Yale University Press.

Carpenter, Edmund and Marshall McLuhan

1960 "Introduction." Pages ix-xii in*Explorations in Communication: An
Anthology*, edited by E. Carpenter and M. McLuhan. Boston: Beacon Press.

Carroll, Leo, and Pamela Irving Jackson

1979 "On the behavior of law: determinants of the size of municipal police forces." Paper presented at the annual meeting of the Eastern Sociological Society. New York City. March, 1979.

Chambliss, William J.

1967 "Types of deviance and the effectiveness of legal sanctions." *Wisconsin Law Review*, 1967 (Summer): 703–719.

Chan, Janet

1980 "A multivariate analysis of the behavior of law. Paper presented at the annual meeting of the American Sociological Association. New York City, August. 1980.

Chevigny, Paul

1969 *Police Power: Police Abuses in New York City.* New York: Vintage Press.

Christie. Nils

1977 "Conflicts as property." *British journal of Criminology* 17 (January): 1~15.

Cicourel, Aaron V.

1968 *The Social Organization of Juvenile Justice.* New York: John Wiley.

Clébert, Jean-Paul

1963 *The Gypsies.* Baltimore: Penguin Boob. 1967.

Coates, Robert B., and Alden D. Miller

1974 "Patrolmen and addicts: a study of police perception and police-citizen interaction." *Journal of Police Science and Administration* 2 (September): 308–321.

Cohen, Jerome Alan

1966 "Chinese mediation on the eve of modernization." *California Law Review* 54 (August): 1201–1226.

Cohn. Bernard S.

1959 "Some notes on law and change inNorth India." *Economic Development Cultural Change* 8 (October): 79–93.

Colson, Elizabeth

1953 "Social control andvengeance in Plateau Tonga society." *Africa* 23

251

（July）: 199-212.

1974 *Tradition and Contract*: *The Problem of Order*. Chicago: Aldine Press.

Cottrell, Fred

1955 *Energy and Society*: *The Relation between Energy*, *Social Change*, *and Economic Development*. New York: McGraw-Hill.

Cumming, Elaine, Ian Cumming, and Laura Edell

1965 "Policeman as philosopher, guide and friend. " *Social Problems* 12 (Winter): 276-286.

Dahrendorf, Ralf

1968 "Homo sociologicus: on the history, significance, and limits of the category of social role. " Pages 19-87 *in Essays in the Theory of Society*. Stanford: Stanford University Press (revised version: original version. 1958).

Dannefer, W. Dale, and Nicholas Poushinsky

1979 "TheC. B. phenomenon, a sociological appraisal. " *Journal of Popular Culture* 12 (Spring): 611-619.

Danzig, Richard

1973 "Toward the creation of a complementary, decentralized system of criminal justice. " *Stanford Law Review* 26 (November): 1-54.

Darley, John M.

1967 "The sharing of responsibility. " Paper presented at the annual meeting of the American Psychological Association. Washington. D. C. , September. 1967.

Darley, John M. and Bibb Latane

1968 "Bystander intervention in emergencies: diffusion of responsibility. " *Journal of Personality and Social Psychology* 8 (April): 377-383.

Davis, Kenneth Culp

1969 *Discretionary Justice*: *A Preliminary Inquiry*. Baton Rouge: Louisiana State University Press.

Deutscher, Irwin

1966 "Words and deeds: social science and social policy. " *Social Problem* 13 (Winter): 235-254.

Diamond, Stanley

1971 "The rule of law versus the order of custom. " Pages 115–144 in *The Rule of Law*. Edited by Robert Paul Wolff. New York: Simon and Schuster.

Doo, Leigh-Wai

1973 "Dispute settlement in Chinese-American communities. " *American Journal of Comparative Law* 21 (Fall): 627–663.

Durkheim, Emile

1893 *The Division of Labor in Society*. New York: Free Press. 1964.

Ellsworth, Phoebe C. , and Ellen J. Langer

1976 "Staring and approach: an interpretation of the stare as a non-specific activator. " *Journal of Personality and Social Psychology* 33 (January): 117–122.

Engels, Friedrich

1884 *The Origin of the Family, Private Property and the State: In the Light of the Researches of Lewis H. Morgan*. New York: International Publishers. 1942.

Enloe, Cynthia H.

1977 "Police and military in the resolution of ethnic conflict. " *The Annals of the American Academy of Political and Social Science* 433 (September): 137–149.

Erikson, Kai T.

1966 *Wayward Puritans: A Study in the Sociology of Deviance*. New York: John Wiley.

Evans-Pritchard. E. E.

1940 *The Nuer: A Description of the Modes of Livelihood and Political Institution of a Nilotic People*. London: Oxford University Press.

Farley Reynolds and Albert I. Hermalin

1971 "Family stability: a comparison of trends between blacks and whites. " *American Sociological Review* 36 (February): 1–17.

Felstiner, William L. F.

1974 "Influences of social organization on dispute processing. " *Law and Society Review* 9 (Fall): 63–94.

Finestone, Harold

1957 "Cats. kicks and color. " *Social Problems* 5 (July): 3–13.

Fortes, M. , and E. E. Evans-Pritchard

252

1940 "Introduction." Pages 1 – 23 in *African Political Systems*, edited by M. Fortes and E. E. Evans-Pritchard. London: Oxford University Press.

Frazier, E. Franklin

1948 *The Negro Family in the United States*. New York: Citadel Press (revised and abridged edition: first edition. 1939).

Friedrich, Robert James

1977 The Impact of Organizational. Individual and Situational Factors on Police Behavior. Un-published doctoral dissertation. Department of Political Science. University of Michigan.

Fuller, Lon L.

1940 *The Law in Quest of Itself*. Boston: Beacon Press. 1966.

1969 "Two principles of human association." Pages 3 – 23 in *Voluntary Associations* (*Nomos*, Volume 11), edited by J. Rolland Pennock and John W. Chapman, New York: Atherton Press.

1971 "Mediation——its forms and functions." *Southern California Law Review*, 44 (Winter): 305–339.

Furer-Haimendorf, Christoph von

1967 *Morals and Merit: A Study of Values and Social Controls in South Asian Societies*. Chicago: University of Chicago Press.

Gaertner, Samuel and Leonard Bickman

1971 "Effects of race on the elicitation of helping behavior: the wrong number technique." *Journal of Personality and Social Psychology* 20 (November): 218–222.

Gardiner, John A.

1969 *Traffic and the Police. Variations in Law-Enforcement Policy*. Cambridge: Harvard University Press.

Garfinkel, Harold

1956 "Conditions of successful degradation ceremonies." *American Journal of Sociology* 61 (March): 420–424.

Gelles, Richard J.

1972 *The Violent Home: A Study of Physical Aggression between Husbands and*

Wives. Beverly Hills: Sage.

Gibbs, James L. , Jr.

1963 "The Kpelle moot: a therapeutic model for the informal settlement of disputes. " *Africa* 33 (January): 1-10.

Gluckman, Max

1967 *The Judicial Process among the Barotse of Northern Rhodesia.* Manchester: Manchester University Press (second edition: first edition. 1955).

Goffman. Erving

1956a "Embarrassment and social organization. " *American Journal of Sociology* 62 (November): 264-271.

1956b "The nature of deference and demeanor. " *American Anthropologist* 58 (June): 473-502.

1961 *Asylums: Essays on the Social Situation of Mental Patients and Other Inmates.* Garden City: Anchor Books (enlarged version: first version. 1957).

1963 *Behavior in Public Places: Votes on the Social Organization of Gatherings.* New York: Free Press,

Goldman, Nathan

1963 *The Differential Selection of Juvenile Offenders for Court Appearance.* New York: National Council on Crime and Delinquency.

Goldstein, Joseph

1960 "Police discretion not to invoke the criminal process: low-visibility decisions in the administration of justice. " *Yale Law Journal* 69 (March): 543-594.

Gottfredson, Michael R. , and Michael J. Hindelang

1979 "A study of The Behavior of Law. " *American Sociological Review* 44 (February): 3-18.

Gould. Leroy C. , Andrew L. Walker, Lansing E. Crane and Charles W. Lidz

1974 *Connections: Notes from the Heroin World.* New Haven: Yale University Press.

Grace, Roger

253

1970 "Justice, Chinese style." *Case and Comment* 75 (January-February):
50-51.

Green, Edward

1970 "Race, social status, and criminal arrest." *American Sociological Review*
35 (June): 476-490.

Gross, Jan Tomasz

1979 *Polish Society under German Occupation: The General gouvernement*, 1939-
1944. Prince-ton: Princeton University Press.

Gulliver, P. H.

1963 *Social Control in an African Society: A Study of the Arusha, Agricultural
Masai of Northern Tanganyika.* Boston: Boston University Press.

1969 "Dispute settlement without courts: the Ndendeuli of southern
Tanzania." Pages 24-68 in *Law in Culture and Society*, edited by Laura Nader.
Chicago: Aldine Press.

1977 "On mediators." Pages 15-52 in *Social Anthropology and Law*, edited
by fan Hamnet. New York: Academic Press.

1979 *Disputes and Negotiations. A Cross-Cultural Perspective.* New York: Academic
Press.

Gusfield, Joseph R.

1963 *Symbolic Crusade: Status Politics and the American Temperance Movement.*
Urbana: University of Illinois Press.

Hackler, James C., Kwai-Yiu Ho and Carol Urquhart-Ross

1974 "The willingness to intervene: differing community characteristics."
Social Problems 21 (Number 3): 328-344.

Hagan, William T.

1966 *Indian Police and Judges: Experiments in Acculturation and Control.* New
Haven: Yale University Press.

Hall, Jerome

1952 *Theft, Law and Society.* Indianapolis: Bobbs-Merrill (second edition:
first edition. 1935).

Hannerz, Ulf

1970 "What ghetto males are like: another look. " Pages 313－325 in *Afro-American Anthropology: Contemporary Perspectives*, edited by Norman E. Whitten, Jr. , and John F. Szwed. New York: Free Press.

Haskins, George Lee

1960 *Law and Authority in Early Massachusetts: A Study in Tradition and Design.* Hamden: Archon Books. 1968.

Hasluck, Margaret

1954 *The Unwritten Law in Albania*, Cambridge: Cambridge University Press.

254 Hayden, Tom

1967 *Rebellion in Newark: Official Violence and Ghetto Response.* New York: Random House.

Henderson, Dan Fenno

1965 *Conciliation and Japanese Law: Tokugawa and Modern.* Seattle: University of Washington Press. Two volumes.

Hepburn, John R.

1978 "Race and the decision to arrest: an analysis of warrants issued. " *Journal of Research in Crime and Delinquency* 15 (January): 54－73.

Heussenstamm, F. K.

1971 "Bumper stickers and the cops. " *Trans-Action* 8 (February): 32－33.

Hirschi, Travis

1969 *Causes of Delinquency.* Berkeley: University of California Press.

Hobhouse, L. T.

1951 *Morals in Evolution: A Study in Comparative Ethics.* London: Chapman and Hall.

Hoebel, E. Adamson

1954 *The Law of Primitive Man: A Study in Comparative Legal Dynamics.* Cambridge: Harvard University Press.

Hollingshead, August B.

1941 "The concept of social control. " *American Sociological Review* 6 (April): 217－224.

Holmes, Oliver Wendell

1881 *The Common Law.* Boston: Little, Brown.

Hornstein, Haryey A.

1970 "The influence of social models on helping." Pages 29–41 in*Altruism and Helping Behavior: Social Psychological Studies of Some Antecedents and Consequences.* Edited by J. Macaulay and L. Berkowitz. New York: Academic Press.

Hutchison, Ira W.

1975 "Police intervention in family conflict." Paper presented at the annual meeting of the American Sociological Association. San Francisco. September. 1975.

Jacobs, Jane

1961 *The Death and Life of Great American Cities.* New York: Vintage Books.

Jakubs, Deborah L.

1977 "Police violence in times of political tension: the case of Brazil. 1968–1971." Pages 85–106 in Police and Society. edited by David H. Bayley. Beverly Hills: Sage.

Jeffery, C. Ray

1971 *Crime Prevention through Environmental Design.* Beverly Hills: Sage.

Jhering, Rudolph von

1877 *The Struggle for Law.* Chicago: Callaghan. 1879 (fifth edition: first edition. 1872).

Johnson, Weldon T., Robert E. Petersen and L. Edward Wells

1977 "Arrest probabilities for marijuana users as indicators of selective law enforcement." *American Journal of Sociology* 83 (November): 681–699.

Jones, Harry W.

1969 *The Efficacy of Law.* Evanston: Northwestern University Press.

Kaplan, Irving

1965 "Courts as catalysts of change: a Chagga case." *Southwestern Journal of Anthropology* 21 (Summer): 79–96.

Karsten, Rafael

1923 *Blood Revenge, War and Victory Feast among the Jibaro Indians of Eastern Ecuador.* Bureau of American Ethnology. Bulletin 79. Washington. D. C. : D. S.

Government Printing Office.

Kawashima, Takeyoshi

255   1963 "Dispute resolution in contemporary Japan. " Pages 41–72 in Law in Japan: The Legal Order in a Changing Society. Edited by Arthur Taylor van Mehren. Cambridge: Harvard L University Press.

Kelling, George L. , Tony Pate, Duane Dieckman and Charles E. Brown

1974 *The Kansas City Preventive Patrol Experiment: A Technical Report.* Washington. D. C. : Police Foundation. Kerbo, Harold R. , Karrie Marshal, and Philip Holley

1978 "Reestablishing 'Gemeinschaft'? An examination of the CB radio fad. " *Urban Life* 7 (October): 337–358.

Kinberg, Olof

1935 *Basic Problems of Criminology.* Copenhagen: Levin and Munksgaard.

Kitsuse, John I. , and Aaron V. Cicourel

1963 "A note on the uses of official statistics. " *Social Problems* 11 (Fall): 131–139.

Knoohuizen, Ralph, Richard P. Fahey, and Deborah J. Palmer

1972 The Police and Their Use of Fatal Force in Chicago. A Report of the Chicago Law Enforcement Study Group. Evanston.

Koch, Klaus-Friedrich

1974 *War and Peace in Jalemo: The Management of Conflict in Highland New Guinea.* Cambridge: Harvard University Press.

1981 "Toward a general theory of liability. " Forthcoming in *Toward a General Theory of Social Control.* Edited by Donald Black. New York: Academic Press.

Komarovsky, Mirra

1940 *The Unemployed Man and His Family-The Effect of Unemployment upon the Status of the Man in Fifty-Nine Families.* New York: Dryden Press.

Kropotkin, Peter

1914 *Mutual Aid: A Factor of Evolution.* Boston: Extending Horizons Books. 1955 (second edition: first edition. 1902) .

Kruttschnitt, Candace Marie

1979 The Social Control of Women Offenders: A Study of Sentencing in a Criminal Court. Unpublished doctoral dissertation. Department of Sociology. Yale University.

La Fave, Wayne R.

1965 *Arrest: The Decision to Take a Suspect into Custody.* Boston: Little. Brown.

Lasswell, Harold

1956 *The Decision Process: Seven Categories of Functional Analysis.* College Park: Bureau of Governmental Research. College of Business and Public Administration. University of Maryland.

Latane, Bibb and Judith Rodin

1969 "A lady in distress: inhibiting effects of friends and strangers on bystander intervention. " *Journal of Experimental Social Psychology* 5 (April): 189-202.

Lemert, Edwin M.

1967 "The concept of secondary deviation. " Pages 40-64 in *Human Deviance, Social Problems and Social Control.* Englewood Cliffs: Prentice-Hall.

1970 *Social Action and Legal Change: Revolution within the Juvenile Court.* Chicago: Aldine Press.

Lev, Daniel S.

1971 "Judicial institutions and legal change in Indonesia. " Unpublished paper, Department of Political Science. University of Washington.

Levi, Edward H.

1948 *An introduction to Legal Reasoning.* Chicago: University of Chicago Press.

Lewis, I. M.

1961 *A Pastoral Democracy: A Study of Pastoralism and Politics among the Northern Somali of the Horn of Africa.* London: Oxford University Press.

Liebman, Donald A. , and Jeffrey A. Schwartz

1973 "Police programs in domestic crisis intervention: a review. " Pages 421-472 in *The Urban Policeman in Transition: A Psychological and Sociological Review.* Springfield: Charles C Thomas.

Liebow, Elliot

256

1967 *Tally's Corner： A Study of Negro Streetcorner Men.* Boston： Little， Brown.

Lintott， A. W.

1968 *Violence in Republican Rome.* London： Oxford University Press.

Llewellyn， Karl N. ， and E. Adamson Hoebel

1941 *The Cheyenne Way： Conflict and Case Law in Primitive Jurisprudence.* Norman： University of Oklahoma Press.

Lobenthal， Joseph S. ， Jr.

1970 "Buying out， selling out， copping out： law in the city." *Antioch Review* 30 （Summer）： 195-221.

Loevinger， Lee

1949 "Jurimetrics： the next step forward." *Minnesota Law Review* 33 （April）： 455-493.

Lofland， John

1969 *Deviance and Identity.* Englewood Cliffs： Prentice-Hall.

Lowie， Robert H.

1948 "Some aspects of political organization among the American aborigines." *Journal of the Royal Anthropological Institute of Great Britain and Ireland* 78： 11-24.

Lowy， Michael J.

1973 "Modernizing the American legal system： an example of the peaceful use of anthropology." *Human Organization* 32 （Summer）： 205-209.

Lundman， Richard J.

1974a "Domestic police-citizen encounters." *Journal of Police Science and Administration* 2 （March）： 22-27.

1974b "Routine police arrest practices： a commonweal perspective." *Social Problems* 22 （October）： 127-141.

1979 "Organizational norms and police discretion： an observational study of police work with traffic law violators." *Criminology* 17 （August）： 159-171.

Lundman， Richard J. ， Richard E. Sykes and John P. Clark

1978 "Police control of juveniles： a replication." *Journal of Research in Crime and Delinquency* 15 （January）： 74-91.

Macaulay, Stewart

1963 "Non-contractual relations in business: a preliminary study." American Sociological Review 28 (February): 55-67.

MacCormack, Geoffrey

1976 "Procedures for the settlement of disputes in simple societies." *The Irish Jurist* 11 (new series): 175-188.

MacDonald, John Stuart, and Leatrice MacDonald

1978 "The black family in the Americas: a review of the literature." *Sage Race Relations Abstracts* 3 (February): 1-42.

Macfarlane, Alan

1970 *Witchcraft in Tudor and Stuart England: A Regional and Comparative Study.* New York: Harper and Row.

MacLeod, William Christie

1937 "Police and punishment among native Americans of the Plains." *Journal of the American Institute of Criminal Law and Criminology* 28 (July-August): 181-201.

Maine, Henry Sumner

1861 *Ancient Law: It's Connection with the Early History of Society and Its Relation to Modern Ideas.* Boston: Beacon Press, 1963.

Malinowski, Bronislaw

1925 "Magic, science and religion." Pages 17-92 in *Magic, Science and Religion and Other Essays.* Garden City: Doubleday. 1954.

1926 *Crime and Custom in Savage Society.* Paterson: Littlefield. Adams. 1962.

1942 "A new instrument for the interpretation of law-especially primitive." *Yale Law Journal* 51 (June): 1237-1254.

Mannheim, Karl

1940 *Man and Society in an Age of Reconstruction: Studies in Modem Social Structure.* New York: Harcourt. Brace and World (revised edition: first edition. 1935).

Manning, Peter K.

1972 "Observing the police: deviants, respectable, and the law." Pages 213-268 in *Research on Deviance.* Edited by Jack Douglas. New York: Random

257

House.

1974 "Police lying." *Urban Life and Culture* 3 (October): 283-306.

1977 *Police Work: The Social Organization of Policing.* Cambridge: MIT Press.

1980a *The Narcs' Game: Organizational and Informational Constraints on Drug Law Enforcement.* Cambridge: MIT Press.

1980b "Organization and environment: influences on police work." Pages 98-123 in *The Effectiveness of Policing*, edited by R. V. G. Clarke and J. M. Hough. Farnborough: Gower.

Manning, Peter K., and John Van Maanen (editors)

1978 *Policing: A View from the Street.* Santa Monica: Goodyear.

Marx, Gary T.

1974 "Thoughts on a neglected category of social movement participant: the agent provocateur and the informant." *American Journal of Sociology* 80 (September): 402-442.

1980 "The new police undercover work." *Urban Life* 8 (January): 399-446.

1981 "Ironies of social control: authorities as contributors to deviance through escalation. Non-enforcement, and covert facilitation." Forthcoming in *Unanticipated Consequences of Social Action: Variations on a Sociological Theme.* Edited by Robert K. Merton. New York: Academic Press.

Marx, Gary T., and Dane Archer

1971 "Citizen Involvement in the law enforcement process." American Behavioral Scientist 15 (September-October): 52-72.

Marx, Karl

1956 *Selected Writings in Sociology und Social Philosophy*, edited by T. B. Bottomore and Maximilien Rubel. London: Watts.

Massell, Gregory J.

1968 "Law as an instrument of revolutionary change in a traditional milieu: the case of Soviet Central Asia." *Law and Society Review* 2 (February): 179-211.

Mayhew, Leon H.

1968 *Law and Equal Opportunity: A Study of the Massachusetts Commission* against Discrimination. Cambridge： Harvard University Press.

McCall， George J.

1978 *Observing the Law： Field Methods in the Study of Crime and the Criminal Justice System.* New York： Free Press.

McLuhan， Marshall

1964 *Understanding Media： The Extensions of Man.* New York： New American Library.

Merry， Sally Engle

1979 "Going to court： strategies of dispute management in an American urban neighborhood. " *Law and Society Review* 13 (Summer)： 891-925.

Mileski， Maureen

1971a "Courtroom encounters： an observation study of a lower criminal court. " Law and Society Review 5 (May)： 473-538.

1971b Policing Slum Landlords： An Observation Study of Administrative Control. Unpublished doctoral dissertation. Department of Sociology. Yale University.

Mileti， Dennis S. ， Thomas E. Drabek， and J. Eugene Haas

1975 *Human Systems in Extreme Environments： A Sociological Perspective.* Boulder： Institute of Behavioral Science. University of Colorado. Program on Technology. Environment and Man， Monograph Number 21.

Moore， Sally Falk

1970 "Politics， procedures， and norms in changing Chagga law. " *Africa* 40 (October)： 321-344.

1972 "Legal liability and evolutionary interpretation： some aspects of strict liability. Self-help and collective responsibility. " Pages 51-107 in *The Allocation or Responsibility*， edited by Max Gluckman. Manchester： Manchester University Press.

Morrison， William Douglas

1897 "The interpretation of criminal statistics. " *Journal of the Royal Statistical Society* 60 (March)： 1-24.

Muir， William Ker， Jr.

258

1977 *Police*：*Street corner Politicians*. Chicago：University of Chicago Press.

Murray, Henry A,

1951 "Toward a classification of interactions. " Pages 434 – 464 in *Toward a General Theory of Action*, edited by Talcott Parsons and Edward A. Shils. Cambridge：Harvard University Press.

Nader, Laura

1964 "An analysis of Zapotec law cases. " *Ethnology* 3 (October)：404–419.

1978 "The direction of law and the development of extra-judicial processes in nation state societies. " Pages 78–95 in *Cross-Examination*：*Essays in Memory of Max Gluckman*, edited by P. H. Gulliver. Leiden：E. J. Brill.

Nader, Laura, and Duane Metzger

1963 "Conflict resolution in two Mexican communities. " *American Anthropologist* 65 (June)：584–592.

Nader, Laura, and Harry F. Todd, Jr.

1978 "Introduction. " Pages 1 – 40 in The Disputing Process-Law in Ten Societies, edited by L. Nader and H. F. Todd, Jr. New York：Columbia University Press.

Nader, Laura, and Barbara Yngvesson

1973 "On studying the ethnography of law and its consequences. " Pages 883 – 921 in *Hand-book of Social and Cultural Anthropology*, edited by John J. Honigmann. Chicago：Rand McNally.

Newman, Oscar

1972 *Defensible Space*：*Crime Prevention through Urban Design*. New York：Macmillan.

Northrop, F. S. C.

1958 "The mediational approval theory of law in American legal realism. " *Virginia Law Review* 44 (April)：347–363,

Ogburn, William F.

1964 *On Culture and Social Change*：*Selected Papers*, edited by Otis Dudley Duncan. Chicago：University of Chicago Press.

Olson, Mancur, Ir.

1965 *The Logic of Collective Action: Public Goods and the Theory of Groups*. New York: Schocken Books, 1968.

Osmond, Humphrey

1957 "Function as the basis of psychiatric ward design. " *Mental Hospitals* 8 (April): 23-29.

Parnas, Raymond I.

1967 "The police response to the domestic disturbance. " *Wisconsin Law Review* 1967 (Fall): 914-960.

1970 "Judicial response to intra-family violence. " *Minnesota Law Review* 54 (January): 585-644.

Parsons, Talcott

1954 "A sociologist looks at the legal profession. " Pages 370-385 in *Essay in Sociological Theory*. New York: Free Press (revised edition; first edition. 1949).

Pashukanis, E. B.

1927 "The general theory of law and Marxism. " Pages 111-225 in *Soviet Legal Philosophy*, edited by Hugh W. Babb. Cambridge: Harvard University Press. 1951 (third edition; first edition, 1924).

Pastor, Paul A. , Jr.

1978 "Mobilization in public drunkenness control: a comparison of legal and medical approaches. " *Social Problems* 25 (April): 373-384.

Peabody, Robert L.

1964 *Organizational Authority Superior-Subordinate Relationships in Three Public Service Organizations*. New York: Atherton Press.

Peattie, Lisa Redfield

1968 *The View from the Barrio*. Ann Arbor: University of Michigan Press.

Pepinsky, Harold E.

1976a *Crime and Conflict: Study of Law and Society*. New York: Academic Press.

1976b "Police patrolmen's offense-reporting behavior. " *Journal of Crime and Delinquency* 13 (January): 33-47.

259

Peters, E. L.

1967 "Some structural aspects of the feud among the camel-herding Bedouin of Cyrenaica." *Africa* 37 (July): 261-282.

Petersen, David M.

1971 "Informal norms and police practice: the traffic ticket quota system." *Sociology and Social Research* 55 (April): 354-362.

Piliavin, Irving M., and Scott Briar

1964 "Police encounter with juveniles." *Americal1 Journal of Sociology* 70 (September): 206-214.

Piliavin, Irving M., Judith Rodin, and Jane Allyn Piliavin

1969 "Good Samaritanism: an underground phenomenon?" *Journal of Personality and Social Psychology* 13 (December): 289-299.

Pollock, Frederick, and Frederic William Maitland

1898 *The History of English Law: Before the Time of Edward I.* Cambridge: Cambridge University Press (second edition; first edition, 1895). Two volumes.

Posner, Richard A.

1972 "A theory of negligence." *Journal of Legal Studies* I (January): 29-96.

Pospisil, Leopold

1971 *Anthropology of Law: A Comparative Theory.* New York: Harper and Row.

Pound, Roscoe

1917 "The limits of effective legal action." *International Journal of Ethics* 27 (January): 150-167.

1942: *Social Control through Law.* New Haven: Yale University Press.

Preiss, Jack J., and Howard J. Ehrlich

1966 *An Examination of Rote Theory: The Case of the State Police.* Lincoln: University of Nebraska Press.

Prucha, Francis Paul

1962 *American Indian Policy in the Formative Years: The Indian Trade and Intercourse Acts,* 1790-1834. Lincoln: University of Nebraska Press.

Radcliffe-Brown, A. R.

1965 Structure and Function in Primitive Society: Essays and Addresses. New

York: Free Press.

Rainwater, Lee

1966 "Work and identity in the lower class. " Pages 105-123 in *Planning for a Nation of Cities*, edited by Sam Bass Warner, Jr. Cambridge: MIT Press. 260

1970 *Behind Ghetto Walls: Black Families in a Federal Slum*. Chicago: Aldine Press.

Ranulf, Svend

1938 *Moral Indignation and Middle Class Psychology: A Sociological Study*. New York: Schocken Books, 1964.

Reiss, Albert J. , Jr.

1967 "Measurement of the nature and amount of crime. " Pages 1-183 in U. S. President's Commission on Law Enforcement and Administration of Justice, *Studies in Crime and Law Enforcement in Major Metropolitan Areas*. Field Surveys Ⅲ, Volume 1. Washington. D. D. : U. S. Government Printing Office.

1968a "Police brutality-answer to key questions. " *Trans-Action* 5 (July-August): 10-19.

1968b "Stuff and nonsense about social surveys and observation. " Pages 351-367 in *Institutions and the Person: Papers Presented to Everett C. Hughes*, edited by Howard S. Becker, Blanche Geer, David Riesman, and Robert S. Weiss. Chicago: Aldine Press.

1971a *The Police and the Public*. New Haven: Yale University Press.

1971b "Systematic observation of natural social phenomena. " Pages 3-33 in *Sociological Methodology*: 1971. Edited by Herbert L. Costner. San Francisco: Jossey-Bass.

Reiss, Albert J. , Jr. , and Donald Black

1967 "Interrogation and the criminal process. " *The Annals of the American Academy of Political and Social Science* 374 (November): 47-57.

Reiss, Albert J. , Jr. , and David J. Bordua

1967 "Environment and organization: a perspective on the police. " Pages 25-55 in *The Police: Six Sociological Essays*. Edited by David J. Bordua. New York: John Wiley.

Rickett, W. Allyn

1971 "Voluntary surrender and confession in Chinese law: the problem of continuity." *Journal of Asian Studies* 30 (August): 797–814.

Roberts, Simon

1979 *Order and Dispute: An Introduction to Legal Anthropology*. New York: Penguin Books.

Rockwell International, Space Division

1977 Industries in Space to Benefit Mankind: A View Over the Next 30 Years. Los Angeles: A report prepared for the National Aeronautics and Space Administration.

Rokeach, Milton, Martin G. Miller, and John A. Snyder

1977 "The value gap between police and policed." Pages 149–157 in *Law, Justice, and the Individual in Society: Psychological and Legal Issue*. Edited by June Louin Tapp and Felice J. Levine. New York: Holt, Rinehart and Winston.

Ross, Edward Alsworth

1901 *Social Control: A Survey of the Foundations of Order*. New York: Macmillan.

Ross, H. Laurence

1960 "Traffic lawviolation: a folk crime." *Social Problems* 8 (Winter): 231–241.

Rotenberg, Daniel L.

1967 "Encouragement and entrapment." Pages 207–282 in *Detection of Crime: Stopping and Questioning, Search and Seizure, Encouragement and Entrapment*, by Lawrence P. Tiffany, Donald M. McIntyre, Jr., and Daniel L. Rotenberg. Boston: Little, Brown.

Rubinstein, Jonathan

1973 *City Police*. New York: Farrar, Straus and Giroux.

Russell, Francis

1975 *A City Ill Terror: 1919–The Boston Police Strike*. New York: Viking Press.

Sacks, Harvey

1972 "Notes on police assessment of moral character." Pages 280–293 in *Studies in Social Interaction*, edited by David Sudnow. New York: Free Press.

261

Sanders, William B.

1977 *Detective Work: A Study of Criminal Investigations.* New York: Free Press.

Scheff, Thomas J.

1966 *Being Mentally Ill: A Sociological Theory.* Chicago: Aldine Press.

Schulz, David A.

1969 "Some aspects of the policeman's role as it impinges upon family life in a Negro ghetto." *Sociological Focus* 2 (Spring): 63–72.

Schumann, Karl

1968 *Zeichen der Unfreiheit: Zur Theorie und Messung sozialer Sanktionen.* Freiburg: Verlag Rombach.

Schur, Edwin M.

1965 *Crimes without Victims.* Englewood Cliffs: Prentice-Hall.

1968 *Law and Society: A Sociological View.* New York: Random House.

1971 *Labeling Deviance Behavior: Its Sociological Implications.* New York: Harper and Row.

Schwartz, Barry

1968 "The social psychology of privacy." *American Journal of Sociology* 73 (May): 741 –752.

Schwartz, Richard D.

1954 "Social factors in the development of legal control: a case study of two Israeli settlements." *Yale Law Journal* 63 (February): 471–491.

Schwartz, Richard D., and James C. Miller

1964 "Legal evolution and societal complexity." *American Journal of Sociology* 70 (September): 159–169.

Sehwartz, Richard D., and Jerome K. Skolnick

1962 "Two studies of legal stigma." *Social Problems* 10 (Fall): 133–142.

Sellin, Thorsten

1931 "Crime." Pages 563–569 in *Encyclopedia of the Social Sciences.* Edited by Edwin R. A. Seligman. New York: Macmillan. Volume 4.

Sellin, Thorstcn, and Marvin E. Wolfgang

1964 *The Measurement of Delinquency.* New York: John Wiley.

Selznick, Philip

1961 "Sociology and natural law." *Natural Law Forum* 6: 84–108.

1963 "Legal institutions and social controls." *Vanderbilt Law Review* 17 (December): 79–90.

1968 "The sociology of law." Pages 50–59 in *International Encyclopedia of the Social Sciences*. Edited by David L. Sills. New York: Free Press. Volume 9.

Selznick, Philip (with the assistance of Philippe Nonet and Howard M. Vollmer)

1969 *Law, Society, and Industrial justice.* New York: Russell Sage Foundation.

Sennett, Richard

1970 *The Uses of Disorder: Personal Identity and City Life.* New York: Random House, 1971.

Sherman, Lawrence W.

1978 *Scandal and Reform: Controlling Police Corruption.* Berkeley: University of California Press.

1980a "Causes of police behavior: the current state of quantitative research." *Journal of Research in Crime and Delinquency* 17 (January): 69–100.

1980b "Execution without trial: police homicide and the Constitution." Vanderbilt Law Review 33 (January): 71–100.

Silver, Allan

1967 "The demand for order in civil society: a review of some themes in the history of urban crime, police, and riot." Pages 1–24 in *The Police: Six Sociological Essays*, edited by David J. Bordua. New York: John Wile.

Simmel, Georg

1908 *The Sociology of Georg Simmel*, edited by Kurt H. Wolff. New York: Free Press. 1960.

Singer, Peter

1973 "Altruism and commerce: a defense of Titmuss against Arrow." *Philosophy and Public Affair* 2 (Spring): 312–320.

Skolnick, Jerome K.

1965 "The sociology of law in America: overview and trends." Pages 4–39

262

in *Law and Society*. Published as supplement to Social Problems, Volume 12.

1966 *Justice Without Trial*: *Law Enforcement in Democratic Society*. New York: John Wiley.

Slater, Philip

1970 *The Pursuit of Loneliness*: *American Culture at the Breaking Point*. Boston: Beacon Press.

Solzhenitsyn, Aleksandr I.

1973 *The Gulag Archipelago*. 1918-1956: *An Experiment in Literary Investigation*. New York: Harper and Row. Parts 1-2.

Sommer, Robert

1969 *Personal Space*: *The Behavioral Basis of Design*. Englewood Cliffs: Prentice-Hall.

Spence, A. Michael

1974 *Market Signaling*. Cambridge: Harvard University Press.

Spitzer, Steven

1979 "Notes toward a theory of punishment and social change." Pages 207-229 in *Research in Law and Sociology*: *All Annual Compilation of Research*, Volume 2, edited by S. Spitzer, Greenwich: JAI Press.

Spradley, James P.

1970 *You Owe Yourself a Drunk*: *An Ethnography of Urban Nomads*. Boston: Little, Brown.

Stack. Carol B.

1974 *All Our Kin*: *Strategies for Survival in a Black Community*. New York: Harper and Row.

Stark, Rodney

1972 *Police Riots*: *Collective Violence and law Enforcement*. Belmont: Wads worth Press.

Starr, June, and Jonathan Pool

1974 "The impact of a legal revolution in rural Turkey." *Law and Society Review* 8 (Summer): 533-560.

Stinchcombe, Arthur L.

1963 "Institutions of privacy in the determination of police administrative practice." *American Journal of Sociology* 69 (September): 150-160.

Suttles, Gerald D.

1968 *The Social Order of the Slum: Ethnicity and Territory in the Inner City.* Chicago: University of Chicago Press.

Sykes, Richard E., and John P. Clark

1975 "A theory of deference exchange in police-civilian encounters." American Journal of Sociology 81 (November): 584-600.

Tannenbaum, Frank

1938 *Crime and the Community.* Boston: Ginn and Company.

Taylor, Michael

1976 *Anarchy and Cooperation.* New York: John Wiley.

Terry, Robert M.

1967 "The screening of juvenile offenders." *Journal of Criminal Law, Criminology and Police Science* 58 (June): 173-181.

Thoden van Velzen, H. C. E., and W. van Wetering

1960 "Residence, power groups and intra-societal aggression: an enquiry into the conditions leading to peacefulness within non-stratified societies." *International Archives of Ethnography* 49 (Part2): 169-200.

Tien, James M., Thomas A. Reppetto, and Lewis F. Hanes

1976 *Elemems of CPTED (Crime Prevention through Environmental Design)*. Arlington: National Issues Center, Westinghouse Electric Corporation (second edition; first edition. 1975).

Tiffany, Lawrence P., Donald M. McIntyre, and Daniel L. Rotennerg

1967 *Detection of Crime: Stopping and Questioning, Search and Seizure, Encourgement and Entrapment.* Boston: Little. Brown.

Titmuss, Richard M.

1971 *The Gift Relationship: From Human Blood to Social Policy.* New York: Pantheon Books.

Tönnies, Ferdinand

1887 *Community and Society.* New York: Harper and Row. 1963.

263

Trubek, David M.

1971 "Law planning, and economic development." Unpublished paper. Law and Modernization Program. Yale Law School

United States Department of Labor, Office of Policy Planning and Research

1965 *The Negro Family: The Case for National Action*. Washington. D. C: U. S. Government Printing Office. ("The Moynihan Report.")

United States Presidents Commission on Law Enforcement and Administration of Justice

1967 *Crime and Its Impact-An Assessment*. Washington, D. C: U. S. Government Printing Office.

van der Sprenkel, Sybille

1962 *Legal Institution in Manchu China: A Sociological Analysis*. New York: Humanities Press. 1966.

Van Maanen, John

1974 "Working the street: a developmental view of police behavior." Pages 83–130 in *Sage Criminal Justice System Annuals*, Volume 3: *The Potential for Reform of Criminal Justice*, edited by Herbert Jacob. Beverly Hills: Sage.

1978 "On watching the watchers." Pages 309–349 in *Policing: A View from the Street*, edited by Peter K. Manning and John Van Maanen. Santa Monica: Goodyear.

Van Velsen, J.

1969 "Procedural informality, reconciliation, and false comparisons." Pages 137–152 in *Ideas and Procedures in African Customary Law*, edited by Max Gluckman. London: Oxford University Press.

Vera Institute of Justice

1977 *Felony Arrest: Their Prosecution and Disposition in New York City's Courts*. New York: Vera Institute of Justice.

Wahrhaftig, Paul (editor)

1978 *The Citizen Dispute Resolution Organizer's Handbook*. Pittsburgh: Grassroots Citizen Dispute Resolution Clearinghouse (revised edition; first edition. 1977) .

Wallace, Samuel E.

1965 *Skid Row as a Way of Live.* Totowa：Bedminster Press.

Wambaugh，Joseph

1970 *The New Centurions.* New York：Dell.

Waskow，Arthur I.

1966 *From Race Riot to Sit-In.* 1919 *and the* 1960s：*A Study in the Connections between Conflict and Violence.* Garden City：Doubleday.

Weber，Max

1922 *The Theory of Social and Economic Organization*，edited by Talcott Parsons. New York：Free Press. 1964.

1925 *Max Weber on Law in Economy and Society*，edited by Max Rheinstein. Cambridge：Harvard University Press. 1954（second edition；first edition，1922）．

264

Wertheimer，Roger

1975 "Are the police Necessary?" Pages 49 – 60 in *The Police in Society*，edited by Emilio C. Viano and Jeffrey H. Reiman. Lexington：Lexington Books.

Werthman，Carl，and Irving Piliavin

1967 "Gang members and the police." Pages 56 – 98 in *The Police：Six sociological Essays*，edited by David J. Bordua. New York：John Wiley.

Westley，William A.

1953 "Violence and the police." *American Journal of Sociology* 59（August）：34-41.

1970 *Violence and the Police：A Study of Law，Custom，and Morality.* Cambridge：MIT Press.

Wheeler，Stanton

1967 "Criminal statistics：a reformulation of the problem." *Journal of Criminal Law，Criminology and Police Science* 58（September）：317-324.

White，Lynn，Jr.

1962 *Medieval Technology and Social Change.* Oxford：Clarendon Press.

Wilson，James Q.

1963 "The police and their problems：a theory." *Public Policy* 12：189-216.

1964 "Generational and ethnic differences among career police officers."

American Journal of Sociology 69 (March): 522-528.

1968 *Varieties of Police Behavior: The Management of Law and Order in Eight Communities.* Cambridge: Harvard University Press.

1974 "The police and crime." Pages 81-97 in *Thinking about Crime.* New York: Basic Books, 1975.

Winick, Charles

1961 "Physician narcotic addicts." *Social Problems* 9 (Fall): 174-186.

Wiseman, Jacqueline P.

1970 *Stations of the Lost: The Treatment of Skid Row Alcoholics.* Englewood Cliffs: Prentice-Hall.

Wolosin, Robert J., Steven J. Sherman, and Clifford R. Mynatt

1975 "When self-interest and altruism conflict." *Journal of Personality and Social Psychology.* 32 (October): 752-760.

Wood, Elizabeth

1961 *Housing Design: A Social Theory.* New York: Citizens' Housing and Planning Council of New York, Inc.

Yale Law Journal Editors

1967a "Interrogations in New Haven: the impact of Miranda." *Yale Law Journal* 76 (July): 1519-1648.

1967b "Program budgeting for police departments." *Yale Law Journal* 76 (March): 822-838.

Yngvesson, Barbara

1970 Decision-Making and Dispute Settlement in a Swedish Fishing Village: An Ethnography of Law. Unpublished doctoral dissertation. Department of Anthropology, University of California, Berkeley.

Youngblood, Gene

1970 *Expanded Cinema.* New York: E. P. Dutton.

作者索引

斜体数字参看已在参考文献中完整列出的文献作者。

A

Alexander, Christopher, 克里斯托弗·亚
历山大, 201, *247*

Andenaes, Johannes, 约翰尼斯·安德里
亚斯, 41, 101, 198, *247*

Andreasen, Alan R., 艾伦·R. 安德烈亚
森, 194, *249*

Angel, Shlomo, 什洛莫·安杰尔, 200, *247*

Archer, Dane, 戴恩·阿切尔, 203, *257*

Arrow, Kenneth J., 肯尼思·J. 阿罗,
197, *247*

Aubert, Vilhelm, 维尔赫尔姆·奥伯特,
43, *247*

B

Bacon, Seldon D., 塞尔登·D. 培根, 24,
45, *247*

Banton, Michael, 迈克尔·班顿, 110, 140,
141, *247*

Bard, Morton, 莫顿·巴德, 189, *247*

Barton, Roy Franklin, 罗伊·富兰克林·

巴顿, 110, 189, *247*

Bateson, Gregory, 格雷戈里·贝特森,
30, *248*

Baumgartner, M. P., M. P. 鲍姆加特纳,
11, 23, 108, 116, 125, 191, 192,
193, 198, 248, *249*

Bayley, David H., 大卫·H. 贝利, 55,
190, *248*

Beaumont, Gustave de, 古斯塔夫·迪·
博蒙特, 65, *248*

Becker, Howard S., 霍华德·S. 贝克尔,
23, *248*

Bennis, Warren G., 沃伦·G. 本尼斯, 59,
248

Bercal, Thomas E., 托马斯·E. 伯卡尔,
6, *248*

Beresford, M. W., M. W. 贝雷斯福德,
45, *248*

Berger, Morroe, 莫洛·伯杰, 45, *248*

Bergesen, Albert, 阿尔伯特·伯格森,
37, 39, *248*

Berk, Richard A., 理查德·A. 伯克,

Y

Z

主题索引

W

Y

图书在版编目（CIP）数据

执法的边界：警察惯常的行为方式／（美）唐纳德
·布莱克（Donald Black）著；彭静，代孟良译. -- 北
京：社会科学文献出版社，2023.1
（安全治理丛书）
书名原文：The Manners and Customs of the
Police
ISBN 978-7-5228-0515-3

Ⅰ.①执… Ⅱ.①唐… ②彭… ③代… Ⅲ.①警察-
工作-研究 Ⅳ.①D035.3

中国版本图书馆 CIP 数据核字（2022）第 169536 号

· 安全治理丛书 ·

执法的边界：警察惯常的行为方式

著　　者／〔美〕唐纳德·布莱克（Donald Black）
译　　者／彭　静　代孟良
校　　译／但彦铮

出 版 人／王利民
组稿编辑／恽　薇
责任编辑／胡　楠　武广汉
责任印制／王京美

出　　版／社会科学文献出版社·经济与管理分社（010）59367226
　　　　　　地址：北京市北三环中路甲 29 号院华龙大厦　邮编：100029
　　　　　　网址：www.ssap.com.cn
发　　行／社会科学文献出版社（010）59367028
印　　装／三河市龙林印务有限公司

规　　格／开本：787mm×1092mm　1/16
　　　　　　印张：20.75　字数：349 千字
版　　次／2023 年 1 月第 1 版　2023 年 1 月第 1 次印刷
书　　号／ISBN 978-7-5228-0515-3
著作权合同
登 记 号／图字 01-2015-0726 号
定　　价／98.00 元

读者服务电话：4008918866